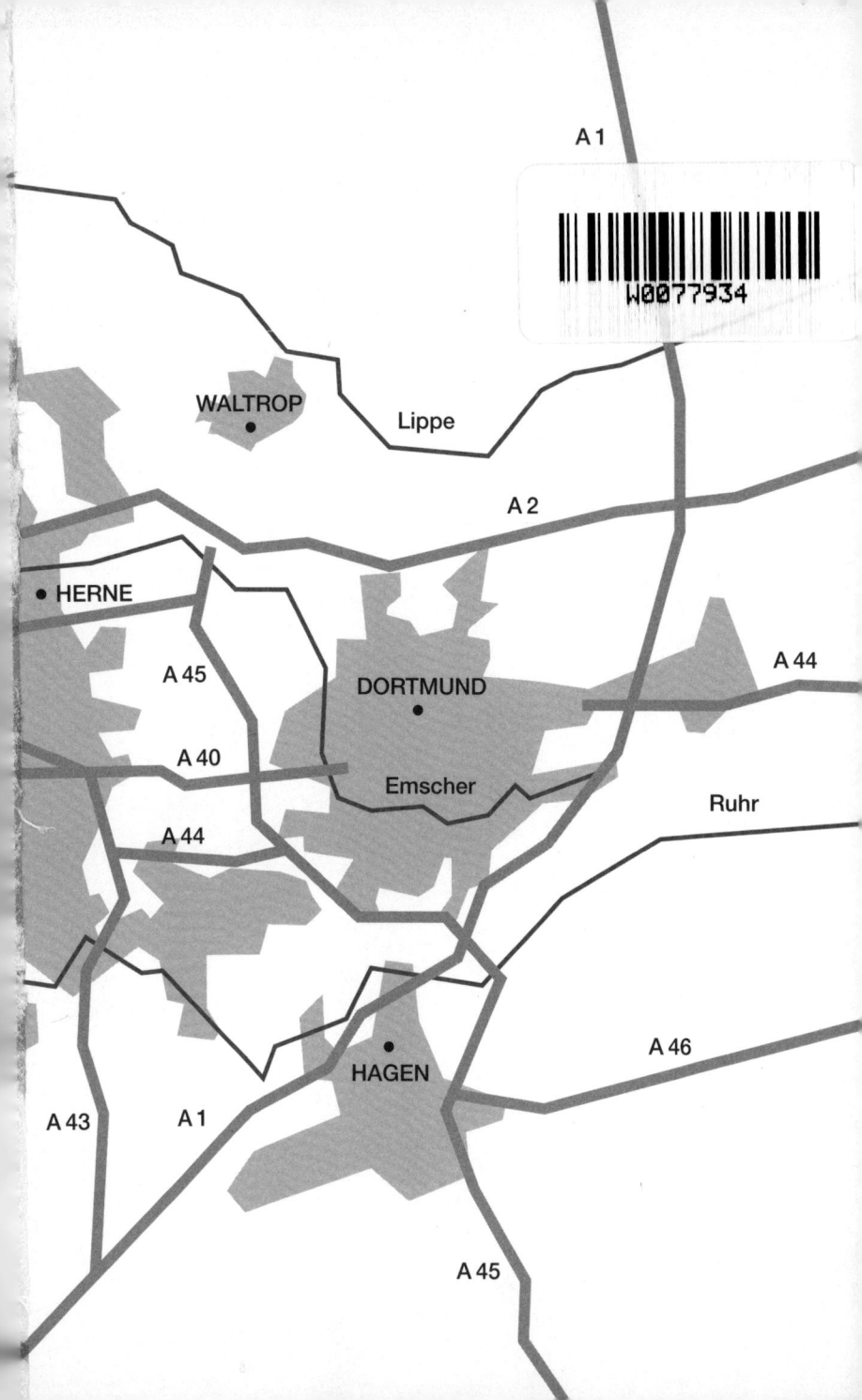

A 1

WALTROP

Lippe

A 2

HERNE

A 45

DORTMUND

A 44

A 40

Emscher

Ruhr

A 44

A 46

A 43

A 1

HAGEN

A 45

Andreas Rossmann

Der Rauch verbindet die Städte nicht mehr

Ruhrgebiet: Orte, Bauten, Szenen

mit Photographien von Barbara Klemm und
einem Vorwort von Karl Ganser

Verlag der Buchhandlung Walther König, Köln, 2012

Für Hinweise und Hilfe danke ich:

Anja Blöcher-Fürste, Ludger Claßen, Axel Föhl, Julia Frohnhoff, Karl Ganser,
Haiko Hebig, Lutz Heidemann, Andrea Hummerich, Olaf Jacobsen, Bernd Langmack,
H. Peter Rose, Erich Rossmann †, Hanna Schmandin, Klaus Tenfelde †

Inhalt

Turmschreiber des Reviers

„Der Rauch verbindet die Städte nicht mehr". Aber was verbindet sie dann? Andreas Rossmann gibt darauf keine Antwort, er schreibt darüber. Man kann in seinem Buch, das Texte über das Ruhrgebiet aus mehr als zwanzig Jahren bündelt, an jeder Stelle mit der Lektüre beginnen. Immer entsteht die Lust, noch eine dieser erklärenden, aufklärenden und meist hintersinnigen Reportagen zu lesen.

„Förderturm der Forschung", „Die Brücke hinter der Jahrhunderthalle fährt S-Bahn", „Karajan zum Cappuccino", „Fünf Finger sind keine Faust", „Blauer als Schalke 04" – schon die Kapitelüberschriften machen neugierig. Sie sagen viel über diesen Journalisten: Seine Formulierungen sind ein Genuss. Er schreibt originell, weil er die Dinge an den Ursprung führt. Seit 1986 ist Andreas Rossmann Kulturkorrespondent der *Frankfurter Allgemeinen Zeitung* in Nordrhein-Westfalen: Er lebt in Köln, doch das Ruhrgebiet ist das Zentrum seines Berichtsgebiets. Er ist wie ein „Turmschreiber", den sich Städte gelegentlich leisten, um ihren Bürgern eine andere Sicht der Dinge zu gönnen. Aber das Ruhrgebiet hat ihn nicht in eine Schreibstube auf dem Doppelbock des Welterbes Zollverein eingeladen. Die *Frankfurter Allgemeine Zeitung* ermöglicht ihm Weitblick, Unabhängigkeit und Kontinuität.

Andreas Rossmann hat in den Jahren 1989 bis 1999 auch die Internationale Bauausstellung Emscher Park journalistisch begleitet. Nach der Lektüre seiner Berichte habe ich mich gefragt: Was hast Du gelernt? Stets war da ein Ansatz, die Dinge beim nächsten Mal gründlicher zu sehen. Seine Darlegungen zu den Ereignissen waren im Ruhrgebiet nicht sonderlich beliebt. Sie sind geerdet und der Wirklichkeit zugewandt in einer Region, die endlich wegfliegen will, dorthin, wo die anderen auch schon sind. Gerade in seiner kritischen Distanz ist Rossmann dem Ruhrgebiet zugeneigt. Er will aufklären, für Verständnis sorgen und an einer der Vernunft zugetanen Entwicklung mitwirken.

Von der „Metropole Ruhr" möchte Andreas Rossmann nicht schreiben, solange diese Schlagwort-Werbung keine Inhalte nachschiebt. Und doch: Je mehr Kurzgeschichten man gelesen hat, umso mehr wächst das Gefühl, dass da etwas ist, das nach dem „Rauch" die Region, das Revier von einst, verbindet.

Nicht ohne Absicht wird dieses Lesebuch mit einem der jüngsten Texte eröffnet: „Landmarken im Ruhrgebiet, Denk-Male eines neuen Typs von Kulturlandschaft: Ausrufezeichen des Strukturwandels". Aufgereiht werden die Landmarken von Kamp-Lintfort im Westen bis nach Bönen im Osten, die als Zeichen der Vergangenheit das Labor für einen Kulturraum der Zukunft abstecken. Wie keiner vor ihm enthüllt Rossmann den Geist und die Botschaft dieser Zeichen. Die Lektüre macht Lust, sofort loszufahren und sie alle zu bereisen. Wer sie mit ihrer Landschaft drumherum gesehen hat, der hat ein Bild und ein Gefühl von der Transformation im Ruhrgebiet.

So ist Andreas Rossmann nicht nur ein sprachschöner Berichterstatter, Historiker und Architekturkritiker, sondern auch ein wunderbarer Reiseleiter für alle, die bereit sind, Reisende zu sein und nicht nur Touristen.

Karl Ganser
Breitenthal, Mai 2012

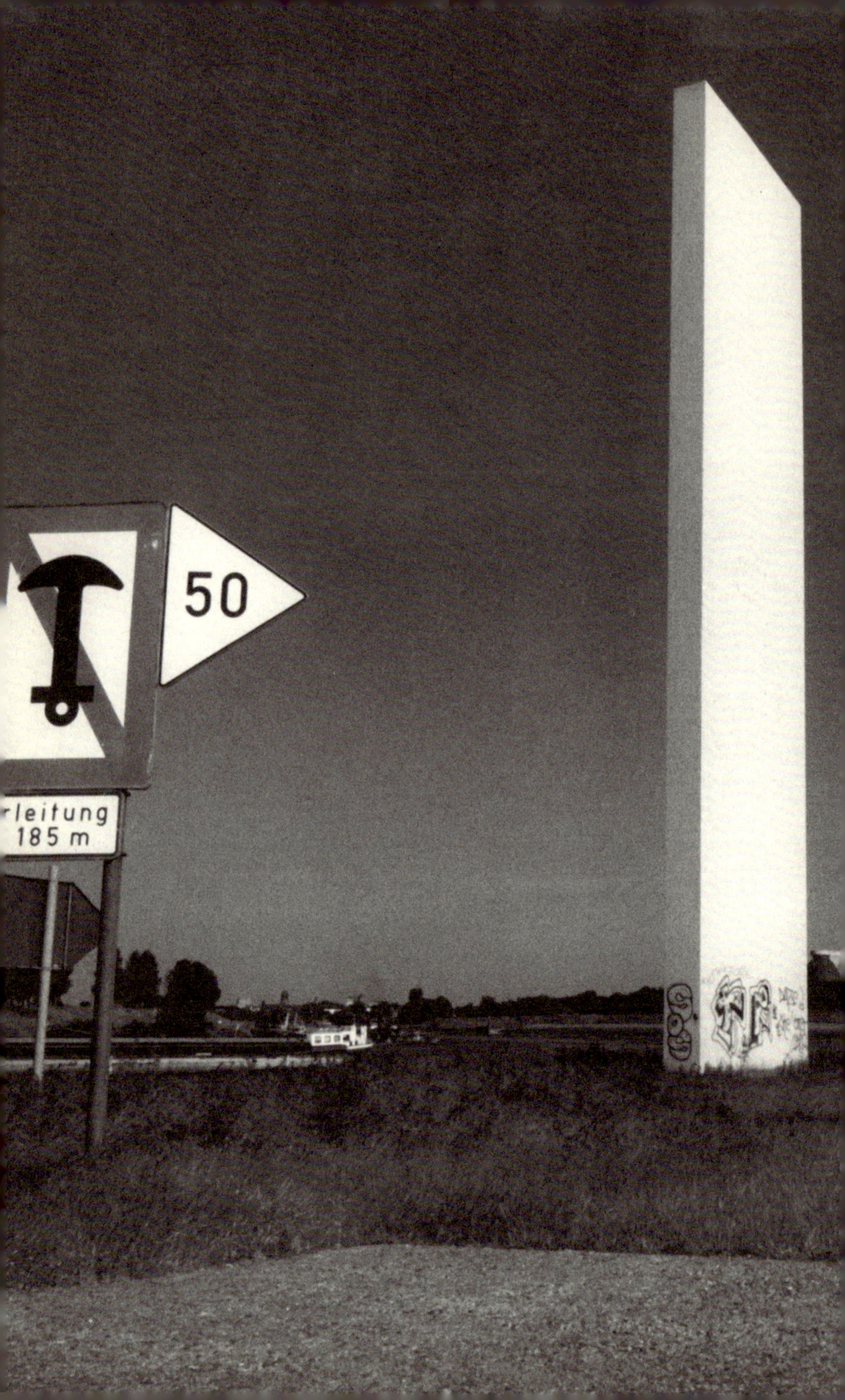
50
rleitung
185 m

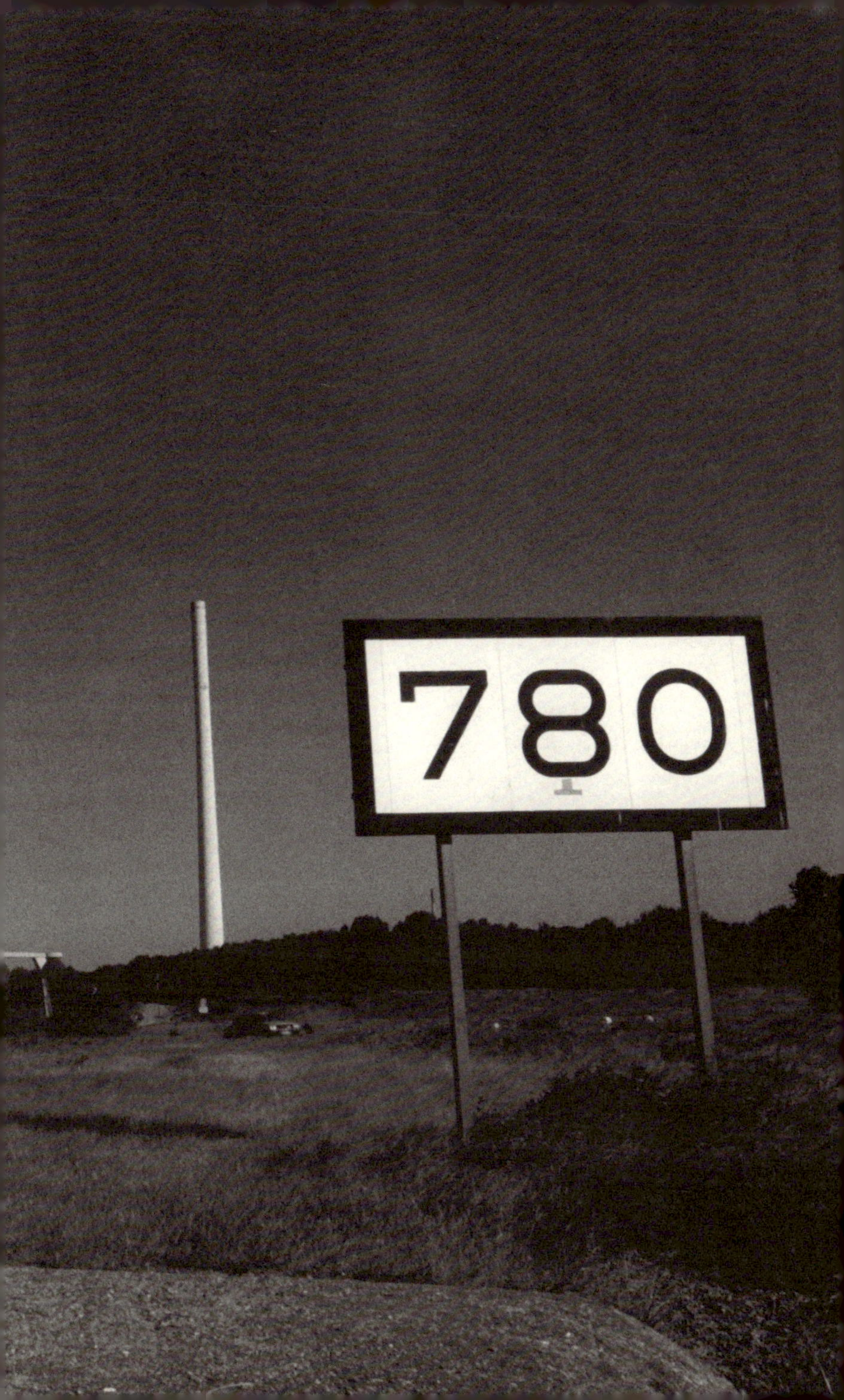
780

Gesehen werden und sehen: Landmarken im Ruhrgebiet,
Denk-Male eines neuen Typs von Kulturlandschaft

Ausrufezeichen des Strukturwandels

„Wie und wo beginnt das Revier?" Die Frage ist nicht neu. Schon Heinrich Hauser hat sie (sich) gestellt, als er 1928 für eine Reportage im offenen Cabriolet kreuz und quer durchs Ruhrgebiet gefahren ist: „Es ist schwer, Grenzen zu ziehen, einen Anfang zu finden, ebenso schwer, wie man bei der Anfahrt nach Berlin sagen kann: ‚Hier beginnt die Stadt.'"

Gebietspolitisch ist die Antwort eindeutig: Der Regionalverband Ruhr umfasst elf kreisfreie Städte und vier Kreise, 53 Kommunen insgesamt. Doch Verwaltungen, Natur und Industrie, auch Kirchen, Parteien und Medien ziehen jeweils eigene Grenzen. Und die Kohle, unterirdisch und unsichtbar, wieder andere. Mischa Kuball hat sie 2001 kenntlich gemacht. Der gelbe Filzstift, nach dem seine Doppel-Installation *Yellow Marker* in Kamp-Lintfort und Bönen benannt ist, streicht sie an: „Ostpol" und „Westpol". Zwei Lichtröhren, die senkrecht auf einander gegenüberliegenden Ecken die Kanten von Industriegebäuden entlanglaufen, markieren die Orte, wo die Kohlenabbauzone endet.

Knapp achtzig Kilometer voneinander entfernt, nehmen beide Außenposten Bezug auf Topographie, Geschichte und auch auf Kunst. Denn ziemlich genau auf halber Strecke, auf der Schurenbachhalde in Essen, steht seit 1998 die *Bramme* von Richard Serra. Die rostige Stahlplatte setzt ein strenges, vieldeutiges Zeichen, in dem die Geschichte der Montanindustrie förmlich zusammenläuft. Scheinbar einsinkend, versinnbildlicht sie deren Verschwinden. Allein übrig geblieben, steht die *Bramme* in Beckett'scher Einöde: Epitaph und Endspiel der Produktion auf vernutztem, keine Natur mehr zulassendem Grund. „Wie ein Messer steckt sie in der Erde", sagt Serra. Das Bild unterstreicht die Autonomie des Werks. Ein Messer, das einer ermordeten Landschaft in den Rücken gerammt wurde, ist frei für andere Bedeutungen.

Yellow Marker und *Bramme* sind Projekte der Internationalen Bauausstellung Emscher Park (IBA), die von 1989 bis 1999 Impulse für die Erneuerung der Region initiiert hat. Wie andere Themenfelder – Stadtteilentwicklung, Wohnen in Siedlungen oder Industriekultur – war ihr Landmarkenprogramm als Prozess angelegt: als Teil eines großen Puzzles, offen für Fortschreibungen, Weiterentwicklungen, Nachzügler.

Als „Vorzügler" trat die Skulptur *Rheinorange* auf, die Lutz Fritsch 1992 in Duisburg, an der Mündung der Ruhr in den Rhein, aufgestellt hat. Der monumentale Quader erscheint als – so der Volksmund – „glühende Stahlbramme": Einerseits fügt er sich ein in die Hafenlandschaft mit ihren Kränen, Schiffsmasten, Containerlagern und Verladeplätzen, andererseits setzt er sich farblich ab und lässt das funktionale Gefüge aus horizontalen und vertikalen Linien bildhaft wahrnehmen. Das leuchtende Orange rückt ihn in die Nähe einer Lichtstele und symbolisiert zugleich, was in wechselndem Aggregatzustand – fest, flüssig, gasförmig – das Ruhrgebiet bis heute definiert: Energie.

Die Positionierung und Verteilung der Landmarken folgt keinem Masterplan. Dass sie überwiegend im Norden des Reviers anzutreffen sind, kommt nicht von ungefähr. Anders als am Hellweg mit der mittelalterlichen Gründung Essen oder der Hansestadt Dortmund, sind die Städte hier erst mit der Industrie entstanden und amerikanisch schnell gewachsen. Zeit, sich Wahrzeichen zu leisten, hatten sie nicht. So konnten Landmarken zu solchen werden.

Der *Tetraeder* auf der Halde Beckstraße in Bottrop, einem neunzig Meter hohen Abraumberg der Zeche Prosper II, ist das beste Beispiel dafür. Entworfen von dem Darmstädter Architekten Wolfgang Christ und dem Frankfurter Tragwerksplaner Klaus Bollinger, ragt die Stahlrohrkonstruktion, eine dreiseitige Pyramide, die auf vier Stahlbetonsäulen zu schweben scheint, fünfzig Meter in den Himmel. Wie gigantische Gelenkknochen binden 28 Gussstahlknoten das Raumgerüst, das seine Konstruktion ausstellt und nachts, durch die Lichtinszenierung *Fraktal* von Jürgen LIT Fischer, den Anschein der Entmaterialisierung buchstäblich auf die Spitze treibt. Über frei schwebende Treppen mit insgesamt 38 Stufen lässt es sich besteigen, und die drei Plattformen auf 18, 32 und 38 Metern Höhe bieten grandiose Ausblicke. Weithin, auch von der Autobahn A 42 aus sichtbar, ist der 1995 eröffnete *Tetraeder* zum Wahrzeichen der kleinen Großstadt geworden, die bis heute vom Bergbau geprägt ist. Denn mit Prosper/Haniel ist in Bottrop eine der letzten Zechen in Betrieb, noch arbeiten hier viertausend Kumpel unter Tage.

Weiter westlich, an der Stadtgrenze zu Oberhausen, hat die Halde Haniel mehrere Besetzungen erfahren: mit dem *Gipfelkreuz,* das 1987 zum Besuch von Papst Johannes Paul II. gefertigt wurde, mit einem Amphitheater, das 1999 als Ausgleichsleistung für die längere Nutzung eingekerbt wurde, vor allem aber mit der Installation *Totems.* Zur ersten Ruhrtriennale 2002 von Agustín Ibarrola errichtet, soll sie, so der baskische Bildhauer, „die scheinbaren Gegensätze von Industrieraum und Natur" verbinden: Mehr als hundert bearbeitete Eisenbahnschwellen formieren, vertikal aufgestellt und unterschiedlich hoch, einen bemalten Wald, der den Bogen zu einer anderen Montanregion, der Nervión-Mündung um Bilbao, schlägt.

Etwa zur gleichen Zeit wie Richard Serra auf der Schurenbachhalde hat Herman Prigann die Halde Rheinelbe im Süden von Gelsenkirchen gestaltet: Aus 35 unregelmäßig großen Betonquadern, Abrissbrocken einer Dortmunder Zeche, wurde die zwölf Meter hohe Skulptur *Himmelstreppe* aufeinandergesetzt. Die Markierungen spannen ein weites Assoziationsfeld: Die scheinbar provisorische Schichtung lässt an archaische Kultstätten denken, die Wegeführung an Spiralnebel aus der Astronomie, der steile, geradlinige Treppenverlauf an eine Maya-Pyramide, und aus der Vogelperspektive wird die Verbundenheit mit einer Ikone der Land Art, *Spiral Jetty* (1970) von Robert Smithson, deutlich.

Die Lichtplastik *Nachtzeichen* von Klaus Noculak und Hermann Es Richter auf der Halde Rungenberg im Süden von Gelsenkirchen-Buer erhellt seit 1999 eine Erhebung, auf die ein zweiter, unbegrünter Kunstberg gesetzt wurde. Die ihn durchschneidende Kerbe zieht – so das Konzept des Schweizer Architekten Rolf Keller – eine Achse vom Neubauteil der Siedlung Schüngelberg und führt sie über eine Treppe fort. Auf beiden Kuppen wurden Lichtkanonen installiert, deren Strahlen die Außenseiten des Doppelgipfels so in den Nachthimmel verlängern, dass sie ein zweites, negatives Dreieck bilden und sich kreuzen.

Den Schlusspunkt des Landmarkenprogramms der IBA setzte die Installation *über(n)ort* von Kirsten Kaiser auf der Halde Lothringen in Bochum-Gerthe. Nur an der Südseite, wo sie eine scharfe Kante bildet, ist die in Stufen abfallende Plateaulandschaft als künstliche Schüttung zu erkennen: Hier erstreckt sich die gelbe, 220 Meter lange Stahlkonstruktion linear über den Haldenkörper und macht ihn, indem das waagrecht verlaufende Rohr auf gleicher Höhe bleibt, während die Trägerrohre über den gesamten Verlauf ansteigen, ablesbar.

Spätere Landmarken fielen hinter das Reflexionsniveau der IBA zurück: So sieht die Skulptur *Geleucht* von Otto Piene auf der Halde Rheinpreußen in Moers aus, als habe ein Riese seine Grubenlampe abgestellt. Der mit 35 Leuchtmarken bespickte Turm taucht das Gelände nachts, auf den Rhein und die A 42 ausstrahlend, in rotes Licht. Das wenige Kilometer flussaufwärts stehende *Rheinorange* wird mit plumper Gegenständlichkeit konterkariert: An die Stelle von Geschichtsbewusstsein tritt Nostalgie in Form von Folklore.

Noch effektbewusster koalieren Gigantomanie und rückwärtsgewandtes Kunstverständnis für den „Hochpunkt", den sich die Europäische Kulturhauptstadt Ruhr 2010 als Krone aufsetzte. Der achtzehn Meter große *Herkules,* den Markus Lüpertz auf den Förderturm der Zeche Nordstern in Gelsenkirchen-Horst hieven ließ, knüpft ungebrochen und ironieblind an die Kolossalstatuen des 19. Jahrhunderts an. Die Kombination von Industriedenkmal und figürlicher Plastik triumphiert als hybride Verlegenheitslösung: Wie die Architektur die Skulptur auf die Schulter nimmt, verlieren beide an Eigenständigkeit und Eigenwert.

Die Großskulptur *Tiger & Turtle – Magic Mountain* von Heike Mutter und Ulrich Genth, die vor einer Woche im Süden von Duisburg eingeweiht wurde, wagt einen neuen Ansatz. Die auf siebzehn Stützen ruhende Endlosschleife scheint mit ihren verschlungenen Windungen schwer überschaubar und wirkt nicht als Silhouette, sondern dreidimensional. Zwar ist sie nicht die erste auf Partizipation ausgelegte Landmarke – auch der *Tetraeder* lässt sich begehen, auch das *Geleucht* sich besteigen –, doch keine formuliert die Einladung ähnlich verlockend. Von wegen kurvenreiche Jahrmarktsattraktion: Die abenteuerliche Streckenführung muss durchlaufen, ihre Aussichtspunkte müssen erklommen werden.

Lichtskulpturen, *Bramme, Tetraeder, Himmelstreppe, Geleucht, Herkules* – autonome Setzungen, die sich von ikonographischen Gebäuden im Ruhrgebiet, die ebenfalls als Landmarken bezeichnet werden, unterscheiden: Vom Doppelbockfördergerüst der Zeche Zollverein XII in Essen, dem Dortmunder U oder dem Gasometer Oberhausen geradeso wie von den verbliebenen Förder-, Malakow- und Wassertürmen. Die Kette hat ungleiche Glieder. Eines aber verbindet die Landmarken bei aller auch qualitativer Verschiedenheit: Indem sie auf den Ort und seine Geschichte Bezug nehmen, geben sie ihm Sinn-Bilder.

Die Relikte der aufgegebenen, oft anonymen Industrieflächen werden identifizierbar, die Brachen zurückerobert. Altlasten werden zu Neuland, Unorte zu Orten, No-go-Areas zu Ausflugszielen. Die Landmarken stehen für die Wende vom industriellen zum postindustriellen Zeitalter: Ausrufezeichen des Strukturwandels. Der Funktionalität entzogen, öffnen sie Frei-, Spiel- und Projektionsräume: Auf den Halden behaupten sie Gegenpositionen zur Kunst auf den Plätzen, Straßen und Fußgängerzonen der Städte, die von Konsum und Unterhaltung reglementiert werden. Inseln des Zweckfreien. Der Raum, in dem sie stehen, zuvor nicht selten Terrain einer „verbotenen Stadt", die nur Werksangehörigen zugänglich war, ist inzwischen offen. Zum öffentlichen Raum aber machen ihn erst die Landmarken, indem sie Anlässe schaffen, ihn aufzusuchen. Doch geben sie sich nicht umstandslos preis.

Es ist weniger eine intellektuelle als eine physische Anstrengung, die sie abverlangen. Wer sie (sich) anschauen will, muss sich in unwirtliche Zwischenstadträume begeben. Das geht nur zu Fuß und dient so der Einstimmung und Konzentration. Oben angekommen, sieht der Wanderer sich einem unbekannten Ort ausgesetzt. Doch erst im dialektischen Umschlag vollendet sich die Kunst der Landmarke: Sobald der Besucher dem Hochpunkt, den sie einnimmt, den Rücken kehrt, eröffnet sich ihm ein Panorama des Ruhrgebiets, das auf den nur von hier aus möglichen zweiten Blick seine Zerrissenheit und Unfertigkeit, sein Pathos und seine Grandeur offenbart: Seine „andere" Schönheit.

Wie und wo beginnt das Revier? Die Frage ist heute, da sich die Manifestationen der Montanindustrie verflüchtigen, nicht leichter zu beantworten. Doch setzen die Landmarken zwischen „Ostpol" und „Westpol", nachts deutlicher als tagsüber, Eck- und Identifikationspunkte eines postindustriellen Ballungsraums und sichern ihm Unverwechselbarkeit. Im Ruhrgebiet sind sie Denk-Male eines neuen Typs von Kulturlandschaft.

Das Haus der Geschichte des Ruhrgebiets:
Gedächtnis einer Region

Förderturm der Forschung

„Bochum stinkt" steht auf einem der Transparente, mit denen Studenten der Geschichtswissenschaft 1995 in Bielefeld demonstrieren. Auf mehreren Photos, die, sorgfältig auf ein großes weißes Blatt geklebt, an der Wand hängen, ist ihre Aktion festgehalten, in der sie auch – so ein anderes Spruchband – „Bleiberecht für Tenfelde" fordern. Um den Historiker Klaus Tenfelde, der einen Ruf der Ruhr-Universität erhalten hat, zum Bleiben zu bewegen, sind sie nicht zimperlich. Auch davor, wider besseres historisches Wissen längst überkommene Kohlenpott-Klischees aufzuwärmen, schrecken sie nicht zurück.

Wenn Klaus Tenfelde von seinem Schreibtisch aufschaut, sieht er diese Photos. Ganz unbeeindruckt kann ihn die Bielefelder Sympathiebekundung nicht gelassen haben. Doch die Verlockung, an die Ruhr-Universität zu wechseln, war größer. Nicht weil der Himmel über Bochum heute genauso blau und genauso grau ist wie über Bielefeld, sondern weil sich der Historiker dem Ruhrgebiet seit Jahrzehnten verbunden fühlt und nur hier mit der Übernahme des Lehrstuhls für Sozialgeschichte und soziale Bewegungen eine Idee realisieren kann, die nicht nur seiner eigenen Arbeit und der Universität, sondern auch der Stadt und der gesamten Region neue Perspektiven eröffnet: die Errichtung der Bibliothek des Ruhrgebiets.

Drei große Buchbestände sollen dafür zusammengeführt und aufeinander abgestimmt werden: Die bisher in Essen-Kray ansässige

Bergbau-Bücherei mit etwa 240 000 Bänden, die aus der Gebrauchs-
bibliothek des 1859 gegründeten Vereins für bergbauliche Interessen hervorgegangen ist und einen technisch-naturwissenschaftlichen
Schwerpunkt hat, die Bibliothek des Instituts zur Erforschung sozialer
Bewegungen (vormals: zur Erforschung der europäischen Arbeiterbewegung), die sich mit ihren rund 140 000 Büchern im Besitz der Ruhr-
Universität befindet, sowie die Bibliothek der ehemaligen IG Bergbau
und Energie, die etwa 35 000 Titel umfasst. Weitere Überlieferungen
wie das Archiv der früheren Gewerkschaft Leder könnten hinzukommen. Um ein Archiv für soziale Bewegungen ergänzt, sollen sie das
„Gedächtnis des Ruhrgebiets" bilden und, so Tenfelde, „vielleicht so
etwas wie eine mentale Leitfunktion übernehmen".

Als Ort, der diesen Schatz von fast einer halben Million Bücher
aufnehmen soll, hat sich das Haus des Berg-Verlags in der Clemensstraße 17–19 angeboten, das früher der IG Bergbau und Energie gehörte und nach deren 1997 erfolgter Fusion mit der IG Chemie, Papier und Keramik frei wurde. Für 7,2 Millionen Mark hat das
Land Nordrhein-Westfalen die Immobilie erworben und umbauen lassen, eine Investition im Sinne des Strukturwandels, der Symbolwert
zukommt. Denn die vormals schwerindustriell geprägte Region, in der
es bis Mitte der sechziger Jahre keine Universität gab, soll auch zur
Wissenschaftslandschaft ausgebaut werden: In ihr kann die Bibliothek des Ruhrgebiets zum Förderturm der Forschung werden.

Es beansprucht gut zwei Jahre, um das Projekt auf den Weg zu
bringen. Klinken müssen geputzt, Partner gewonnen, Mittel einge-
worben, politische und rechtliche Voraussetzungen geklärt werden. Schließlich wird eine Stiftung gegründet, an der sich seitens
der öffentlichen Hand die Stadt Bochum und die Ruhr-Universität
und von privater Seite die Ruhrkohle AG, der Unternehmensver-
band Ruhrbergbau, die Deutsche Montan Technologie-Gesellschaft
für Lehre und Bildung mbH sowie die IG Bergbau, Chemie, Energie

beteiligen. Auf 10,6 Millionen Mark beläuft sich das Stiftungskapital, das die public-private-partnership einbringt.

Es dauert weitere anderthalb Jahre, ehe die Bibliothek des Ruhrgebiets eröffnet wird. Am heutigen Montag ist es endlich so weit. Zur feierlichen Einweihung, die am Freitagabend stattfand, ist der Ministerpräsident gekommen. Der Andrang ist groß, und so muss in die Kammerspiele des Schauspielhauses ausgewichen werden. Für Wolfgang Clement, den gebürtigen Bochumer, ist es ein Heimspiel. In dieser Gegend der Stadt ist er aufgewachsen, im Berg-Verlag hat er sich, gleich nach dem Abitur 1960, als freier Mitarbeiter des Gewerkschaftsorgans *Einheit* die ersten journalistischen Sporen und „acht, später neun Pfennig die Zeile" verdient. Wie er davon erzählt, wie er die eigene Biographie mit der Geschichte der Stadt verbindet, werden die Zuhörer zu Zeugen einer staunenswerten Begebenheit. Der Politiker, der als kühler Technokrat gilt, legt dieses Image Satz für Satz ab und zeigt, leger im Gestus und verbindlich im Auftreten, etwas Unvermutetes: Herzenswärme.

Vielleicht hat Clement ja auch nur begriffen, dass er nach den erdrutschartigen Verlusten der SPD bei den Kommunalwahlen im September stärker auf die Menschen zugehen muss, wenn er im Mai nächsten Jahres die Landtagswahlen gewinnen will. Jedenfalls nimmt er an diesem Abend einen sehr langen, von vielen persönlichen Erinnerungen markierten Anlauf, ehe er zur politischen Tagesordnung kommt: Nachdrücklich erneuert er das Angebot der Landesregierung an die Kommunen, die Agentur Ruhr einzurichten, die, aufgaben- und projektorientiert, eine beteiligungsoffene und bürgernahe Form der Politik und der Planung entwickeln soll, angesichts der neuen Mehrheitsverhältnisse in den Städten aber nur noch geringe Chancen hat. Schließlich lässt Clement sein Publikum ausführlich teilhaben an seinem Lieblingsspiel, das da heißt: Satellitenbilder gucken. Nachtaufnahmen, so sagt er, hätten es ihm besonders angetan. Gebe es doch keinen Ballungsraum in Europa, der so groß und so hell leuchtet wie die grenzübergreifende Region Benelux und Nordrhein-Westfalen. Daneben fänden sich noch zwei kleinere helle Flecken, nämlich Paris und London, und viele helle Punkte wie Berlin oder Madrid. Der Beifall, der ihm daraufhin entgegenschlägt, erreicht Orkanstärke.

Wo im Haus Clemensstraße 17–19 vor kurzem noch Rotationsmaschinen surrten, ist ein heller, ruhiger Lesesaal mit Grundlagen- und Nachschlagewerken sowie einer weitläufigen Zeitschriftensammlung entstanden, die sich auch über mehrere eingebaute Stahlemporen erstreckt. Die alte Bergbau-Bücherei und das Archiv füllen fast das gesamte erste Obergeschoss, im Stockwerk darüber sind Seminarräume und die Büros der Mitarbeiter untergebracht. Auch ein Graduiertenkolleg wurde eingerichtet, eine Gastprofessur soll folgen. Die Grundausstattung wirkt, wie sie sich an die Industriearchitektur anlehnt, ausgesprochen nüchtern und alles andere als aufwendig. Neben der Bibliothek beherbergt das Haus, das über eine Nutzfläche von 3100 Quadratmetern verfügt, auch das Institut für soziale Bewegungen und das Zentrum für interdisziplinäre Ruhrgebietsforschung der Universität, die, 1965 als Campus angelegt, sich damit auch im Weichbild der Stadt festsetzt und sich ihr mit Vortragsreihen, Fortbildungsveranstaltungen und Kongressen öffnet.

Schließlich versteht sich die Stiftung auch als Auffangstelle für Archive von Unternehmen, die sich ihr historisches Erbe nicht länger leisten können (oder wollen): So war dem Ruhrgebiet vor fünf Jahren mit dem Archiv der Gutehoffnungshütte, das die Haniel-Gruppe an das Rheinisch-Westfälische Wirtschaftsarchiv in Köln abstieß, das „wichtigste Industriearchiv der Bundesrepublik Deutschland" (Hans Mommsen) abhandengekommen. Um das Schrifttum zum Revier bibliographisch über die modernen Medien weltweit verfügbar zu machen, wird in der Bibliothek eine Dokumentationsstelle Ruhrgebietsforschung eingerichtet, der die Alfried Krupp von Bohlen und

Halbach-Stiftung fünf Jahre lang je 150 000 Mark als Anschubfinanzierung bereitstellt. Leicht erhöht, zwischen Schauspielhaus und
„Bermuda-Dreieck", dem Bochumer Kneipenviertel, gelegen, nimmt
sich der 1952 errichtete Stahlbetonskelettbau, dessen Fassade mit
Ziegelfüllungen ausgeführt ist, wie ein markanter Wellenbrecher aus,
der den Wogen der Spaßkultur, den subventionierten diesseits wie
den kommerziellen jenseits des Bahndamms, trotzt.

Am schönsten und größten Schreibtisch im Haus sitzt Klaus Tenfelde, der als Institutsleiter auch Vorstandsvorsitzender der Stiftung
ist. Der Historiker erscheint dabei selbst als eine Allegorie des Strukturwandels, hat er doch eine Lehre als Bergmann gemacht, ehe er das
Abitur nachgeholt, Geschichte studiert und die akademische Laufbahn
eingeschlagen hat. Holzgetäfelt und schwer möbliert, hat sein Dienst-
zimmer auch etwas von der Kommandozentrale eines Grubenbarons.
Nur der Blick aus dem Fenster will davon nichts wissen. Denn der Himmel über der Ruhr leuchtet, und Bochum stinkt schon lange nicht mehr.

Wo sich kurz nach Jahrtausendbeginn die Erde auftat,
liegt der Hund begraben

Weltuntergang in Wattenscheid

Zehn, zwölf Scheinwerfer sind aufgestellt und tauchen die nächtliche
Szene in gleißendes Licht. Doch kein Film wird hier gedreht, Schauspieler Fehlanzeige, der Ort selbst ist der Hauptdarsteller. Typen wie
die Abfahrer fänden die bessere Wohngegend viel zu piefig, um sich
hier herumzutreiben, und für ein Ruhrgebietsepos wie *Rote Erde* fehlt
schlichtweg die industriehistorische Kulisse. Bergbau, das ist hier, im

Süden des Potts, lange her; schon 1904 wurde, nach nur 34 Jahren Tagebau, die Grube „Anna und Steinbank" in Höntrop geschlossen. Dennoch sieht es hier aus wie vielerorts im Revier: Vorne die vierspurige Hauptstraße, die hier Wattenscheider Hellweg heißt, mit Läden, Sonnenstudio, Spielsalon, Trinkhalle, Pizzeria und einer Apotheke, die den Namen „Glück auf" trägt, dann zwei, drei Straßen mit vierstöckigen Häusern und dahinter ein paar Mehr- und meist kleinere Einfamilienhäuser, ziemlich eng aufeinander und irgendwie ungeordnet. Zwischen zwei von ihnen geschah es am Sonntagmorgen, 33 Stunden nach Jahrtausendbeginn: Die Erde tat sich auf und schluckte Beete, Sträucher und Bäume, auch mehrere Garagen und ein Golf-Cabrio sanken gespenstisch langsam in die Tiefe. Erst war das Loch, so berichten Anwohner, so groß wie eine Pfütze, dann aber sei es schnell gewachsen, inzwischen ist zu dem mächtigen Krater ein kleinerer Trichter hinzugekommen, zusammen messen sie siebenhundert Quadratmeter. „Tagesbruch" nennen das die Leute vom Bergamt, mehr als fünfzigmal kommt das jährlich im Ruhrgebiet vor. In dieser Größenordnung aber hat es das lange nicht mehr gegeben.

Die Zufahrt zur Emilstraße ist abgesperrt, am Eingang patrouillieren zwei Feuerwehrleute, lassen Anwohner passieren und fragen freundlich: „Na, wo wollen Sie denn hin?" Die Evangelische Grundschule vorne an der Ecke ist um neun Uhr abends noch hell erleuchtet, hier hat sich der Krisenstab einquartiert, in der Einfahrt steht ein Bus der Bochumer Feuerwehr. Die Unfallstelle liegt etwa zweihundert Meter die Straße hinunter, Fahrzeuge des Technischen Hilfswerks stehen zwischen den Mittelklasse-Limousinen in den Parkbuchten vor den Häusern, auch zwei Übertragungswagen des WDR haben sich gute Plätze gesichert, während die private Konkurrenz weiter hinten lauert. Doch an die Krater kommen auch Journalisten nicht heran, das Areal ist weiträumig abgesperrt, und es bedarf schon der etwas ehrfürchtigen Anrede eines Polizisten, um von ihm bis wenige Schritte vor das Schild

„Betreten der Einsatzstelle verboten – Lebensgefahr!" geleitet zu werden. Die Bruchkante verläuft zwischen den Häusern 41 und 43, die in der zweiten Reihe der Emilstraße stehen: Vor ihnen tut sich metertief die Erde auf, und der dicke schwarze BMW mit den grün phosphoreszierenden Rallyestreifen, der ganz brav in der inzwischen halb weggebrochenen Garage abgestellt wurde, scheint, wie er mit einem Rad schon in der Luft hängt, wahrlich filmreif geparkt. Aber am Mittag im Fernsehen, das den Tatort auch vom Hubschrauber aus in Augenschein genommen hatte, war das alles viel besser zu sehen gewesen.

Höntrop ist ein Stadtteil von Wattenscheid, und Wattenscheid ist – nicht ganz freiwillig, wie alteingesessene Wattenscheider grollen – seit 1975 ein Stadtteil von Bochum, und Bochum wäre ein Stadtteil von „Ruhrstadt", das, wenn sich das größte Ballungszentrum in Deutschland als eine Stadt begreifen würde, viermal so groß wie Berlin wäre und anderthalb mal so viele Einwohner hätte. Höntrop läge dann im südwestlichen Zentrum einer Metropole, aber so, wie es ist und wohl auch noch lange bleiben wird, liegt es an der Peripherie, und die ist hier, wo es nicht ein Zentrum, sondern derer gleich mehrere gibt, fast überall.

An diesem Montag aber steht Höntrop im Mittelpunkt, in jeder Nachrichtensendung wird es genannt, am frühen Abend war der Ministerpräsident zu Besuch gekommen und hatte versichert, die Landesregierung würde für die Schäden aufkommen, falls der Urheber nicht mehr zur Verantwortung gezogen werden könne. Punkt Mitternacht spielt hier die „Top Story" von RTL. Nur zwei Tage nach dem Jahrtausendbeginn ist nicht viel los rund um den Globus, die internationale Nachrichtenlage ist überaus spärlich, und so bleibt Höntrop lange im Rampenlicht.

Es ist abends zwischen neun und zehn, und in den Fenstern blinken die Weihnachtssterne. Die Katastrophentouristen sind längst wieder abgereist, viele sollen es nicht gewesen sein, nur „Rentner aus Wattenscheid", wie ein Helfer weiß. Die Polizisten und Mitarbeiter des

THW, die die Zufahrten zwischen den haushohen Gitterabsperrungen bewachen, stehen sich die Beine in den Bauch und halten sich an den Kaffeebechern fest, mit denen eine Anwohnerin sie versorgt hat. Die drei Fernsehteams vor Ort müssen froh sein, wenn sie überhaupt einen Zeugen vor die Kamera bekommen. Ein Ehepaar, so um die fünfzig, das noch etwas Luft schnappen geht, gibt gerne Ankunft: „Haben Sie nicht Angst, wenn Sie heute ins Bett gehen?" will die Reporterin von SAT.1 immer wieder wissen. „Nö", sagt der Mann, „Angst eigentlich nicht", und erzählt, dass der Schacht doch schon in den frühen neunziger Jahren mit Beton verfüllt wurde, anderthalb Jahre lang habe täglich ein Wagen hier gestanden, noch zwischen Weihnachten und Neujahr hätten Messungen stattgefunden. Für das Unglück hat er eine denkbar nüchterne Erklärung: Entweder sei dieser Arm des Stollens übersehen worden oder die Stopfmasse inzwischen versackt, sodass neue Hohlräume entstanden. Eine Nachbarin kann den Hunger der Fernsehleute mit heißerem Futter stillen: An das unbebaute Grundstück hinter ihrem Garten grenze die Unglücksstelle, und dort hätten sie am Sonntagmorgen plötzlich eine Staubwolke gesehen, erzählt sie sicher nicht zum ersten Mal. Erst hätten sie gedacht, die Kinder hätten noch alte Silvesterböller gezündet, doch dann seien auch schon Polizei und Feuerwehr da gewesen. Die Bewohnerin des einen Hauses, das geräumt werden musste, hätte gerade ihren Hund ausgeführt – „da hat sie noch Glück gehabt". Der Krater zum Kater, diesen Jahresanfang werden die Leute in Höntrop nie vergessen: „Das ist hier wie bei einem Weltuntergang."

Der Weltuntergang, der viel erwartete, der weltweit ausfiel, in Bochum, der Theatermetropole, hat er stattgefunden. Doch nicht auf der Bühne des Schauspielhauses, dort wurde nur *Dinner for One* aufgewärmt: Tana Schanzara, die Duse vom Pott, hat Miss Sophie, den alten Drachen, gespielt und, ganz unaristokratisch, „Vatta, aufstehen!" geträllert. Nicht in Leander Haußmanns Spaßbude wurde die

Apokalypse geprobt, sondern in einem unscheinbaren Wohngebiet in Wattenscheid. Rache der Natur, die hier, fast hundert Jahre ist es her, verletzt und ausgebeutet wurde? Oder eine Schlamperei des Bergamts, das den eingestürzten Stollen in keiner Karte verzeichnet hat? Wohl weder das eine noch das andere: Experten vermuten, dass hier Kohle, vielleicht sogar erst nach dem letzten Krieg, illegal abgebaut wurde. Schwarze Flöze damals, schwarze Kassen heute.

Im Schnellimbiss auf der Westfälischen Straße, gleich um die Ecke von der Emilstraße, ist an diesem Abend auch um 23 Uhr noch geöffnet. „Normalerweise mach' ich um zehn Uhr zu", sagt die Wirtin, die „Pommes Schranke" – mit Mayonnaise und Ketchup – serviert und mit dem Tagesgeschäft, „gut war das", zufrieden ist. „Eigentlich ist hier der Hund begraben", klagt die junge Frau, die ihr aushilft, „manchmal muss ich fliehen." Die Wirtin sieht das anders und widerspricht: „Schön isses hier, einfach schön." Derweil rattern vor ihrer Tür fast im Minutentakt die Betonmischer vorbei. Auch der Kunde in der Tankstelle, der kurz vor Mitternacht seinen Tageseinkauf nachholt, schaut ihnen kopfschüttelnd nach: „Aber das läuft doch unten, in Australien, alles wieder 'raus."

Die Jahrhunderthalle wird Festspielhaus der Ruhrtriennale

Die späte Rückkehr eines Vorzeigestücks

Das Jahrhundert, das ihr den Namen gibt, steckt ihr inzwischen selbst in den Knochen, einem Skelett aus Stahl, das sich als dreischiffige Basilika mit neugotischen Spitzbögen, vertikalen Fensterbändern und gläsernem Stufendach zu einer der elegantesten Industriekathedralen des Ruhrgebiets erhebt. Seit 1903 steht die Jahrhunderthalle in

Bochum-Stahlhausen, eine Pionierleistung der Ingenieurbaukunst, deren Konstruktion mit bis zum Boden durchgezogenen Bogenbindern eher wie eine Fest- oder Bahnhofshalle als wie eine Werkhalle anmutet. Dem Schmutz der Produktion wurde sie nie ausgesetzt, von Anfang an war sie ein Vorzeigestück: Im Jahr zuvor, 1902, hatte der Bochumer Verein für Bergbau und Gußstahlfabrikation sie auf dem Areal der *Industrie- und Gewerbeausstellung für Rheinland, Westfalen und benachbarte Bezirke* in Düsseldorf errichtet, um darin seine Erzeugnisse, von Rädern für Eisenbahnen bis zu Kirchenglocken, zu präsentieren. Da war sie noch vollkommen in Putz verpackt und von einem Glockenturm flankiert, ehe sie niedergelegt und in Bochum, unverkleidet und überragt von einem Kühlwasserturm, wieder aufgestellt wurde. Gips und Stuck wichen massiven Backsteinmauern.

Wie kein anderes Gebäude reflektiert die Jahrhunderthalle den Aufstieg und Niedergang Bochums als Montanstadt. Die Gussstahlfabrik, die der Krupp-Konkurrent Jacob Mayer, gemeinsam mit seinem Partner Eberhard Kühne, 1842 auf dem Gelände gründet, wächst innerhalb weniger Jahrzehnte um vier Hochöfen, Stahl- und Walzwerk sowie Waggonfabrik zu einem gigantischen Industriekomplex, der zwischen den Kriegen mehr als 16 000 Menschen Lohn und Brot gibt. Nicht zuletzt die Nutzung der im Hochofen erzeugten Gichtgase führt zum Bau der Jahrhunderthalle, die die Gaskraftzentrale aufnimmt und, um einen Querflügel ergänzt, mehrfach erweitert wird: 158 Meter Länge, 34 Meter Breite und 21 Meter Höhe machen sie zu einer majestätischen Erscheinung. Bis 1964 dient die Jahrhunderthalle, die 1951 mit dem Bochumer Verein von Krupp übernommen wird, der Krafterzeugung. Vier Jahre später werden die letzten Hochöfen stillgelegt und die Maschinen abgebaut, ihre große Zeit geht zur Neige, zunächst als Schlosserei und Seilerei, später gar als Hauptlager fristet sie ein Schattendasein: In den achtziger Jahren gilt sie, wo einst Bochums Herz aus Stahl schlug, als „tote Stadt".

Von der Industrie aufgegeben, wird die Jahrhunderthalle 1991 von der Landesentwicklungsgesellschaft NRW übernommen und von dem damaligen Bochumer Generalmusikdirektor aus ihrem Dornröschenschlaf wachgeküsst: Eberhard Kloke entdeckt sie als einen Konzertort, dessen Räume die Werke neuen Spannungsverhältnissen aussetzen können. Auch Theater und Ausstellungen, selbst Disconächte und Markttage finden statt. Schon 1994/95 „nutzungsneutral" als Veranstaltungsort hergerichtet, wird die Jahrhunderthalle erst in den letzten acht Monaten einem aufwendigen Ausbau unterzogen, der ihr zweites Leben sichern soll: Für 37 Millionen Euro, davon knapp zwölf für die technische Ausstattung, wird sie von dem Düsseldorfer Büro Petzinka Pink Architekten zum Festspielhaus der Ruhrtriennale umgestaltet und aufgerüstet.

Im Innern scheint, zumindest auf den ersten Blick, fast alles beim Alten: Der Charakter als Industriehalle ist gewahrt, die technischen Einbauten der frei laufenden Kräne, massiven Stahlstützen und filigranen Dachkonstruktion blieben erhalten. Die Kranbahnen, die unter dem Dach entlanglaufen, wurden mit neuen Brücken versehen, an denen diskret Bühnenbeleuchtung und -technik angebracht sind: Trennelemente und Vorhänge wurden installiert, um die bestehende Architektur mit ihren vier unterschiedlich großen Hallen in verschiedene Räume und Raumfolgen unterteilen und das Verhältnis von Szene und Publikum für jede Inszenierung neu bestimmen zu können. So viel Funktionalität aber wird, wie erst der zweite Blick offenbart, mit erheblichen Verlusten am Baudenkmal bezahlt: Nicht nur, dass die Dacheinbauten vor allem in der hinteren Halle den Blick auf die schönen Bogenbinder beeinträchtigen, auch die stählernen Fußgelenke, die – und das ist ihr herausragendes Novum – nur grazil aufsitzen und nicht fest eingebunden sind, verschwinden in der Aufhöhung des Bodens. Diese sichert der Halle eine Heizung und nimmt ihr den besonderen Charakter: Den Eindruck einer Leichtigkeit, die sie förmlich über dem Boden schweben lässt.

Außen schaffen die Anbauten neue Schauwerte: Vor die eher unscheinbare Südfassade ist ein riesiges Foyer, in dem zwei Freitreppen eine Galerie erschließen, gesetzt, das mit grauen runden Stahlträgern, Glasfront und weit ausladendem Vordach fast den Gestus des Stadionbaus aufnimmt. Respektvoll wurde zum Hof hin ein vierstöckiges Haus mit Satteldach ergänzt, das die Garderoben und Diensträume der Künstler beinhaltet und mit einem weitmaschigen Stahlblech „industriemäßig" verkleidet ist.

Am vergangenen Sonntag haben die Bochumer die Jahrhunderthalle, inzwischen Mittelpunkt eines postindustriellen Landschaftsparks, der die Innenstadt nach Westen gleichsam verdoppelt, in neugierigen Augenschein und öffentlichen Besitz genommen. Mehr als 20 000 Besucher wurden am Tag der offenen Tür gezählt. Heute wird zunächst in das vordere Drittel der großen Halle eins, wo auf gegeneinandergestellten Tribünen nur zweimal knapp dreihundert Zuschauer Platz finden, die Kunst der Tragödie einziehen: Mit Patrice Chéreaus triumphaler Inszenierung von Racines *Phädra* geht die Ruhrtriennale in ihre erste Hauptsaison.

Die Brücke hinter der Jahrhunderthalle fährt S-Bahn

Kür der Ingenieurbaukunst

Neue Zugänge zur Bochumer Jahrhunderthalle, dem vom Ausstellungspavillon zum variablen Festspielhaus umgerüsteten Denkmal der Industriearchitektur, zu finden: Diese Herausforderung stellt sich nicht nur der Ruhrtriennale mit den Aufführungen, die sie dort bislang mehr hineingeschoben als aus den räumlichen Besonderheiten herausentwickelt hat, sondern auch den Ingenieuren und Landschaftsarchitekten, die das Umfeld des ehemaligen Montanstandorts zum „Stadtpark West" verwandeln. Drei Brücken sind auf dem postindustriellen Areal, das von der Natur zurückerobert wird, inzwischen errichtet worden: eine Steg- und eine Plateaubrücke, um es mit Wegebeziehungen zu erschließen, und nun auch eine Hängebrücke, die, vor wenigen Wochen eröffnet, im Norden eine Anbindung über die Gahlensche Straße schafft. Konstruktiv wie ästhetisch ist sie die aufregendste von allen.

Denn wie sich diese – 130 Meter lange – Hängebrücke dynamisch über eine unübersichtliche Situation aus Straße, Gleisanlagen und Rohrbrücke legt, stellt sie ein ingenieurtechnisches Novum dar. Aufgrund ihrer gekrümmten Form muss sie nur auf einer Seite gestützt werden und braucht statt der üblichen Tragseile nur eines. Weltweit zum ersten Mal wurde damit eine S-förmige Brücke gebaut, die, ausschließlich an den Innenseiten der Kurven aufgehängt, Fuß- und Fahrradverkehr zu tragen imstande ist. Jeder der beiden Halbkreise ist, verbunden mit Stahlseilen, an einem geneigten Pylon befestigt, der wie die Brücke selbst nicht für sich stehen kann. Beide halten sich vielmehr gegenseitig. Die Auflagerpunkte dieser dreißig Meter hohen Masten, die als Landmarken weithin sichtbar sind, haben die Form und die Größe von Salatschüsseln, und da sie die Hälften der Brücke im Schwerpunkt stützen und unter ihr liegen, kann auf Abspannseile zur Sicherung der Massen ganz verzichtet werden. Die Konstruktion stabilisiert sich selbst. Wie von Zauberhand gehalten, stehen die Pylone neben der Brücke, die bei starkem Wind vertikal und horizontal sanft in Schwingung gerät: Leichte Seefahrt, die womöglich auch eine Einstimmung in das, was in der Jahrhunderthalle zu erwarten ist, geben könnte.

Das pfiffige Tragprinzip geht auf eine Entwurfsidee des Stuttgarter Bauingenieurs Jörg Schlaich zurück, der seit seinem Dach für das

Münchner Olympiastadion zu den herausragenden Protagonisten seiner – von der öffentlichen Aufmerksamkeit sträflich vernachlässigten
– Zunft zählt. Mit dem Büro Schlaich Bergermann und Partner hat er
im Ruhrgebiet schon die Bogenbrücke über den Rhein-Herne-Kanal
am Gehölzgarten Ripshorst in Oberhausen und die Hänge-Hubbrü-
cke über den Innenhafen in Duisburg realisiert. Sein neuestes Meisterwerk in Bochum zollt der Geschichte des Ortes ebenso selbstbewusst wie kongenial Tribut, indem es der avancierten, Leichtigkeit
vermittelnden Konstruktion der Jahrhunderthalle von 1902 ein gegen-
wärtiges Pendant zur Seite stellt: So wird es zum Paradigma für die
Kunst, die in der Industriekathedrale stattfinden sollte.

Gestapo-Folterkammer: Gedenkstätte Steinwache

Der vorletzte Kreis der Hölle

Wer den Dortmunder Hauptbahnhof durch den Nordausgang ver-
lässt, kann den Eindruck gewinnen, vor dem Nichts zu stehen: Ein
weites, ödes Areal tut sich auf, das kein Ortsfremder, der ein Photo
davon sähe, im Zentrum einer westdeutschen Großstadt vermuten
würde. Schärfer noch als in anderen Revierstädten ist die Eisenbahn
Trennlinie zwischen attraktivem Süden und tristem Norden. Versuche, die Teilung zu überwinden, stehen erst am Anfang: So zog 1986
die Rheinisch-Westfälische Auslandsgesellschaft (RWAG) auf die
andere Seite, Arbeitsamt und Volkshochschule sollen folgen. Doch
die umfassende Stadtreparatur ist nicht in Sicht: Das urbanistische
Gesamtkonzept, das in verschiedenen Varianten vorliegt, bleibt aus
Finanznot in den Schubladen.

Die Wunde der Stadt, die der Krieg geschlagen hat, ist nicht vernarbt – und enthält eine zweite, die, tiefer und schmerzhafter, erst kürzlich wieder „geöffnet" wurde. Dargestellt wird sie von einem Gebäude, das die Luftangriffe verschont und damit als Mahnmal freigelegt haben. Am nordöstlichen Rand des Areals gelegen, fällt es erst auf den zweiten Blick auf: Ein schmuckloser Kasten mit stumpfem Giebel und kleinen Fenstern mit Gittern und milchigen Scheiben. Der 1926/27 im Stil der Neuen Sachlichkeit errichtete Gefängnistrakt des Polizeireviers an der Steinstraße zählte bis 1933, als hier ein sozial-integrativer Strafvollzug praktiziert wurde, zu den modernsten in Deutschland. Mit der Machtergreifung der Nazis wurde die Steinwache zu einer Nebenstelle der Geheimen Staatspolizei, die hier eine der berüchtigsten Folterstätten des Dritten Reiches einrichtete: Etwa dreißigtausend politisch und rassisch Verfolgte waren hier zwischen 1933 und 1945 inhaftiert.

Nach dem Zweiten Weltkrieg zog zunächst das zentrale Polizeikommando in die Steinwache, von 1968 bis 1986 diente sie als Übernachtungsstätte für Nichtsesshafte. Mehrfach war das Gebäude vom Abriss bedroht, doch setzten sich seit 1982 verschiedene Initiativen, vorneweg der Dortmunder Jugendring, für seine Erhaltung ein. Zu ihrem Kreis zählte auch der Architekt Norbert Wörner, nach dessen Plänen inzwischen realisiert wurde, was der Rat der Stadt 1988 beschlossen hatte: die bauliche Umwandlung der Steinwache zu einer Mahn- und Gedenkstätte, in der die Ausstellung *Widerstand und Verfolgung in Dortmund 1933 bis 1945* eingerichtet wurde.

Der Eingang führt durch das Aufnahme- und Verhörzimmer. Für die vielen, die in den Kellern gequält und umgebracht wurden, war es die Schwelle zum Tod; die noch größere Zahl derer, die von der Steinwache aus in die Konzentrationslager verschleppt wurden, betrat hier den vorletzten Kreis der Hölle. Der mit einem grauen Schreibtisch möblierte Raum ist nur andeutungsweise rekonstruiert: Keine Inszenierung des Schreckens wird veranstaltet, und wo sie – wie mit einer eingeschlagenen Fensterscheibe (aus Plexiglas!) – versucht wird, wirkt das unangemessen und peinlich. Nüchtern und informativ, wie sie weitgehend gestaltet ist, lässt die Präsentation den Besucher nie vergessen, dass er sich in einer Ausstellung befindet.

Die Renovierung ist rücksichtsvoll und dennoch heikel. Das Gebäude war seit 1945 heruntergekommen und konnte nicht in den alten Zustand zurückversetzt werden. So wurden die Wände im originalen ockergelben Farbton neu gestrichen, ein Fluchttreppenhaus wurde als gläserne „Scheibe" seitlich angesetzt. Die Gänge und Treppenhäuser mit stählernen Fangnetzen, die die Gestapo als Schutz gegen Selbstmorde angebracht hatte, sind von Ausstellungsstücken freigehalten, das Beleuchtungssystem wurde auf dem Putz verlegt, Reparaturen wurden nicht vorgenommen und nur wenige der 54 Zellen aus didaktischen Gründen durchbrochen. In der Steinwache sprechen die Wände.

Im Erdgeschoss ist „Das Ende der Weimarer Republik in seiner Auswirkung auf Dortmund" zu besichtigen. In den Zellen schreitet der Besucher dann die Kapitel Wirtschaftskrise, politische Radikalisierung, Wahlkämpfe und Schwerindustrie ab. Die Ausstellung, die mehr als zweitausend Photos, Flugblätter, Plakate, Urkunden, Karten, Schautafeln und Tarnschriften, aber auch Fahnen und Wappen, Modelle und „originale" Einrichtungsgegenstände umfasst, trägt stark biographische Züge. So wird die Gleichschaltung der Zeitungen am Lebenslauf des Pressezeichners Ernst Stumpp, der Hitler noch am 20. April 1933 mit einer bissigen Karikatur „beleidigte", exemplifiziert. So werden Berufsverbote und soziale Absonderung, Terrormorde und Verfolgungen, die Auflösung von Jugend- und Arbeiterverbänden ebenso wie die Vernichtungspolitik gegenüber Juden, Sinti und Roma an Einzelschicksalen aufgezeigt. So werden Widerstandsorganisationen und Protestaktionen in ihren personellen Verflechtungen und

Abhängigkeiten vorgestellt sowie in Photos und Dokumenten, Briefen und persönlichen Berichten festgehalten. Nicht nur Opfer, auch Täter, SS-Oberscharführer ebenso wie furchtbare Juristen und Ärzte werden beim Namen genannt. Als Personen der Zeitgeschichte wird ihnen kein Datenschutz gewährt.

In einem Raum, der „Inschriftenzelle", sprechen die Wände buchstäblich: „Es ist traurig für mich, der ich noch nicht gelebt habe, mich vom Leben zu verabschieden, … ich habe 26 Jahre und drei Monate gelebt", hat ein russischer Zwangsarbeiter namens Waleri, der aus Rostow am Don stammte, hier eingeritzt. Die „Isolierzelle", auch „Fertigmachzelle", vermittelt dagegen nur aufgrund ihrer unmöblierten Enge etwas von ihrem Schrecken; in drei Medienräumen sind Video- und Tondokumente von Zeitzeugen abrufbar, die über Haft und Verfolgung berichten. „Ich sehe das Feixen, ich sehe diese Häme, ich spüre, dass die Degradierung, die damit verbunden war für uns, allen anderen eine Genugtuung war", sagt der in Dortmund aufgewachsene Regisseur Imo Moszkowicz, der 1943 nach Auschwitz deportiert wurde: „Das ist es, was ich nicht verzeihen kann."

Aus der engagierten Mitarbeit von Überlebenden bezieht die Ausstellung ihre Authentizität. Schon 1981 in kleinerer Form konzipiert, wurde sie seitdem im Museum für Widerstand in Kopenhagen sowie in Dortmunds Partnerstädten Rostow, Leeds, Amiens und Netanya gezeigt und von mehr als dreihunderttausend Besuchern gesehen. Für ihre ständige Präsentation in der Steinwache wurde sie um einige Themen erweitert: So bringt sie ausführlich „Rassenhygiene" und NS-Euthanasie zur Sprache. Im Landeskrankenhaus Dortmund-Aplerbeck gab es zahlreiche Morde, Diffamierungen und Zwangssterilisierungen von „Minderwertigen". Das letzte Kapitel behandelt die Ereignisse im Rombergpark und in der Bittermark, wo noch im März und April 1945 mehr als dreihundert Menschen – Widerstandskämpfer und ausländische Zwangsarbeiter – von der Gestapo umgebracht wurden.

Eine Stadt stellt sich, nach fünfzig Jahren, ihrer Vergangenheit. Ein vorzüglicher, materialreicher Katalog vertieft das Thema. Anschaulich wird herausgearbeitet, dass der Raum Dortmund ein Zentrum oppositioneller Haltungen war: KPD und SPD, aber auch die Bekennende Kirche waren hier stark verwurzelt und die Edelweißpiraten wie die lokale Winzengruppe ungewöhnlich aktiv. Gleichwohl wird der Widerstand keineswegs überschätzt oder gar mythisiert. Wie die Welt draußen geordnet und organisiert war, deren menschenverachtende Politik hier eine ihrer konzentriertesten Manifestationen fand, wird einsehbar: die Folterstätte als Fokus.

Dreieinhalb Millionen Mark hat die Umwandlung der Steinwache zur Mahn- und Gedenkstätte gekostet – eine Ausgabe, die in Dortmund nicht unumstritten war. „Über den lokalgeschichtlichen Bezug hinaus stellt die Ausstellung einen wichtigen Beitrag zur weiteren Erschließung der Geschichte des Dritten Reiches dar, für die die Vorgänge auf lokaler Ebene zunehmend Gewicht erhalten", schreibt der Bochumer Historiker Hans Mommsen in der Einleitung des Katalogs: „Zugleich freilich ist die Identifikation mit dem historisch Handelnden und Leidenden auf dieser Ebene unmittelbar möglich. Ihrer bedarf es, um sich innerlich von der Bürde, die der Nationalsozialismus für jeden Deutschen bedeutet, in einer aufrechten Form zu befreien."

Das verspätete Konzerthaus: Klangkörper
der Stadterneuerung

Karajan zum Cappuccino

Die Gegend hat bessere Zeiten gesehen. Und schlechtere. Schon vor dem Ersten Weltkrieg klimperten hier Konzertcafés, danach wurde ein Lichtspielpalast gebaut, Kabaretts und Varietés eröffneten, und in den fünfziger Jahren sprossen die Kinos und Kneipen wie Pilze. Der Niedergang begann in den Siebzigern mit Drogen und Rotlicht, Sexshops und Spielhallen, da verkam das Gebiet in Bahnhofsnähe zur Schmuddelecke. Inzwischen geht es dank Sanierungsmitteln und Stadtmarketing wieder aufwärts. Tagsüber wirkt das Brückstraßenviertel, ein enges Quartier im Nordosten der Dortmunder City, sehr lebendig, bunt, kleinteilig, ein Dorado der Nischen mit Einzelhandel und Modemärkten, Leihhäusern und Wettbüros, dazwischen auch Brachen und Leerstand, mit Imbissbuden und Restaurants. Zumindest die Gastronomie ist international. Nirgends in Westfalen scheint Napoli näher.

„Activissimo" heißt denn auch – in klassischem Küchenitalienisch – der CD-Laden hinter der Glasfront des neuen Konzerthauses, das, entworfen von den örtlichen Architekten Schröder, Schulte-Ladbeck und Strothmann, auf der Ecke Brück- und Ludwigstraße errichtet wurde. Noch findet der Musentempel, der wie ein Multiplex auftritt, hier kein angemessenes Umfeld. Doch nicht zuletzt deshalb fiel die Wahl auf diesen Standort. Denn gerade Kultureinrichtungen, das ist nordrhein-westfälische Landespolitik, sollen die Städte erneuern helfen, ihr Image aufpolieren. Das Konzerthaus in Dortmund könnte dafür ein Musterbeispiel geben, doch Landessubventionen – für den

Erwerb der Altbausubstanz und den Abriss acht Millionen Euro – flossen eher spärlich. Das 48,3 Millionen Euro teure Projekt, angeschoben von der Initiative „Pro Philharmonie" und der Kulturstiftung, ist von Bürgerengagement getragen, das die Stadt, nachdem der traditionsreiche Dreiklang Kohl – Stahl – Bier zerbrochen ist, auch musikalisch zu neuen Ufern führen will. Die Trennung von Konzert- und Opernleben, in vielen kleineren Städten längst selbstverständlich, sollte endlich auch Dortmund erreichen. Für die siebtgrößte deutsche Stadt ist das eine Etappe im Strukturwandel: Die Philharmonie für Westfalen – ein verspätetes Haus.

Das Gebäude, das an der Stelle des 1996 geschlossenen Universum-Kinos auf einem zweitausendfünfhundert Quadratmeter großen Grundstück entstanden ist, steht nicht frei. Und fällt doch auf, großflächig und wuchtig, wie es die Ecke besetzt und fünf Säulchen als Kulturzitate aufbietet. Um so mehr nachts, wenn die vorgehängte Glasfassade, die tagsüber moosgrün schimmert, zu leuchten, zu schreiben und in vielen Farben zu changieren beginnt. Auch mit einem repräsentativen Vorplatz kann der Bau nicht aufwarten, und so wurde versucht, einen solchen förmlich in das Konzerthaus hineinzuziehen: Als „Stadtfoyer" öffnet sich das Entree zur Straße und nimmt sie, mit einem dunklen Granitboden, gleichsam in sich auf. Die S-förmige „Hör-bar" links des Eingangs, die den Ohrstöpsel mit Karajan zum Capuccino anbietet, kontrastiert mit dem kreisrunden Ticket-Counter rechts, und an der Rückwand paradieren die ersten Stargäste in überlebensgroßen Porträtphotos vor den Garderoben. Nur ja keine Schwellenangst aufkommen lassen, scheint der Eingangsbereich, in dem täglich bis 18 Uhr ein Blumenstand wuchern wird, von allen Ecken und Enden zu rufen. Vielstimmig, wie er sich geriert, fehlt es an Stimmigkeit: ein Konglomerat von Kopien, das nichts Eigenes auszeichnet.

Eine breite Treppe rechts des Eingangs erschließt über vier Ebenen den Konzertsaal, dessen lichte, strenge Festlichkeit dann umso mehr überrascht: Seine schlichte Rechteckform ist dem Saal des Wiener Musikvereins nachempfunden, doch im Unterschied zu diesem mit einem ansteigenden Parkett versehen, wo sich – helles Holz, schwarze Bezüge – achthundert der 1550 Plätze befinden. Die übrigen verteilen sich auf drei Ränge, die mit jeweils zwei Sitzreihen über beide Längsseiten bis zur Stirnwand laufen und deren beiden oberen an der Rückwand große Balkone ausbilden. Über dem variablen, 212 Quadratmeter großen Podium hängt die Konzertorgel, für Kammermusik lässt sich der Saal durch eine absenkbare Trennwand auf neunhundert Plätze verkleinern. Die Lichtregie kann, mit roten Lämpchen unter jeder Treppenstufe, jede gewünschte Stimmung herbeiführen. Elemente aus profiliertem Gips kleiden den inneren Stahlbetonkern aus, der den Saal umschließt. „Schallleitend" sollen sie der Akustik, für die optimale Nachhallwerte versprochen werden, ebenso dienen wie das helle Holz des Parketts: kanadischer Ahorn, der sich hier auf das Nashorn mit Flügeln reimt, das sich das Haus – als Eisenskulptur von Stephan Balkenhol steht es auf einer Außenterrasse – zum Emblem erkoren hat. Kunst überzieht auch die oberen Foyers: Ein Triptychon von Oliver Jordan, das Mahler, Schönberg und Strawinski überlebensgroß an die Wand wirft, ist auf alle Fälle gewichtig, wurden doch, wie vermerkt wird, auf jedes Gemälde zweihundert Kilogramm Farbe verwendet.

„Philharmonie für Westfalen" nennt sich das Konzerthaus Dortmund im Untertitel. Denn sein Einzugsgebiet, in dem zweieinhalb Millionen Menschen leben, liegt im Osten, wo es weit ins Münsterland, die Soester Börde und das Sauerland reicht. Initiator und Intendant Ulrich Andreas Vogt hat hier mächtig die Werbetrommel gerührt und 32 Orte abgeklappert, selbst im feinen Münster soll die Resonanz enorm gewesen sein. Dem Ruhrgebiet wendet das Haus den Rücken zu, obwohl sich die Konkurrenz hier noch formieren muss: Essen hat mit dem Umbau des Saalbaus erst begonnen, und Bochum diskutiert gerade, ob es sich neben der Jahrhunderthalle, die das Land für die Ruhrtriennale herrichtet, ein Konzerthaus leistet.

„Stravinski", so geschrieben, heißt das Restaurant in der Form eines gestreckten Halbkreissegments, das eine Passage vom „Stadtfoyer" trennt. Wie überhaupt viel namedropping – Intendant Vogt verglich die Philharmonie für Westfalen gar mit der Mailänder Scala – diffus-überzogene Bedeutungen suggeriert. Zur Eröffnung an diesem Wochenende wird das Deutsche Symphonie-Orchester Berlin unter Kent Nagano, das am Samstag und Sonntag gastiert, dem Philharmonischen Orchester Dortmund den Vortritt lassen. Ob das weit gefächerte Programm, das folgt, die hohen Erwartungen erfüllen und die gestalterischen Defizite kompensieren kann, muss die Konzertpraxis beantworten.

Jugendstil-Juwel, Industrie-Ikone

Zollern II/IV: Zeche auf der Zeitenwende

Wer mit verbundenen Augen hierher geführt würde und erst auf dem von Linden gesäumten Rasen des „Ehrenhofs" wieder sehen dürfte, könnte die dreiflügelige Anlage für eine englische Universität halten. Oder für eine Perle der norddeutschen Backsteingotik. Oder für ein Königsschloss. Ist sie aber alles nicht. Obwohl sie etwa zur gleichen Zeit wie die „red brick universities" im Industrierevier entstanden ist. Obwohl Staffelgiebel und Zinnenkranz, der Spitzbogen des Portals mit dem Wimperg darüber oder die Türme auf den Ecken des Verwaltungsgebäudes Kirchenarchitektur zitieren und die Herrschaft über den Betrieb sakral legitimieren. Obwohl, was hier um

45

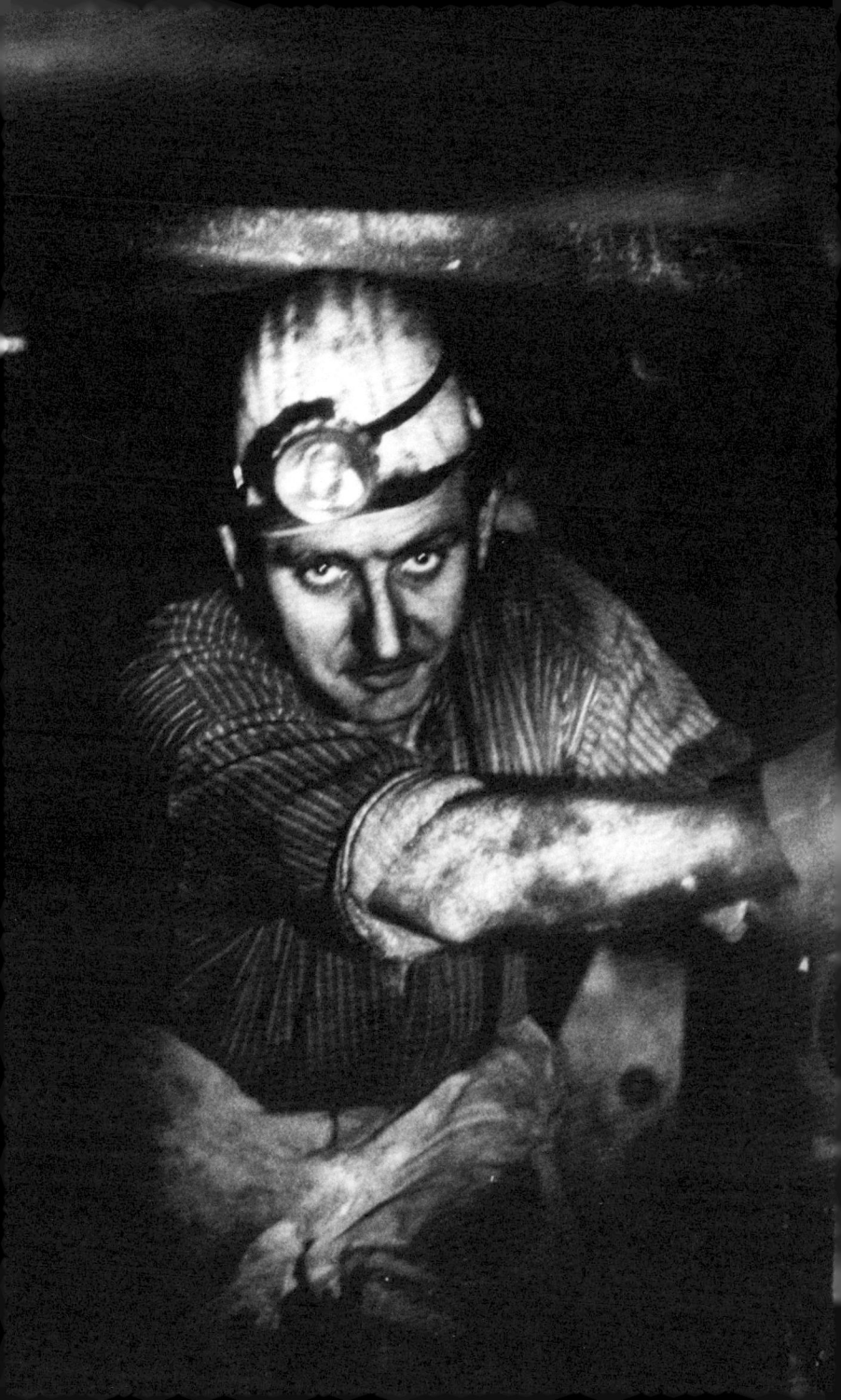

einen „cour d'honneur" gruppiert wurde, auch ein Schloss ist. Ein Schloss der Arbeit.

Wie anstrengend diese Arbeit, der unter Tage nachgegangen wurde, war, wie schmutzig, heiß und lebensverkürzend, darüber täuscht die formvollendete architektonische Hülle der Zeche Zollern II/IV in Dortmund-Bövinghausen, die von 1898 bis 1904 auf dem Gelände eines Bauernguts „aus einem Guss" errichtet und 1966 stillgelegt wurde, heute noch schneller hinweg als zu ihren Lebzeiten. Ruß und Rauch sind Vergangenheit. Eine geradezu idyllische Ruhe liegt über dem Bergwerk, das 1982 zum Museum wurde. Ein Wunder, dass es überhaupt noch steht.

Denn das Todesurteil war schon gesprochen. „Den Abbruch des Maschinenhauses einschließlich der maschinellen Einrichtung haben wir ausgeschrieben", teilte die Grundstücksabteilung der Gelsenberg AG am 6. Oktober 1969 mit. Das Schicksal der Maschinenhalle, des Herzens der Anlage, schien damit besiegelt; als Schrotterlös für das Stahlfachwerk und die beiden Fördermaschinen wurden „etwa 215 000 DM" erwartet. Doch so weit kam es nicht. Denn nun begann ein „Krimi", wie Thomas Parent, der ihre Geschichte erforscht hat, die Rettung der Halle nennt. Drei Wochen später führte Hans Paul Koellmann, der Direktor der Werkkunstschule Dortmund, mehr als fünfzig Teilnehmer einer Tagung der Henry van de Velde-Gesellschaft, darunter der Landeskonservator von Westfalen, Hermann Busen, der Künstler HAP Grieshaber, die Frankfurter Galeristin Dorothea Loehr und der Chefredakteur der *Bauwelt*, Ulrich Conrads, über das Areal, und begeisterte sie für die kunsthistorisch bedeutenden Übertagebauten.

Schon 1966 hatte Koellmann die Maschinenhalle aufgetan und für ihren Erhalt zu werben begonnen. Im Februar 1969 war ein Antrag des Deutschen Werkbundes, im Oktober hier eine Tagung abhalten zu dürfen, aus Sicherheitsgründen abgelehnt worden, und im Mai feierte die *Bauwelt* das Gebäude als „Entdeckung des Jahres". Doch erst die erweiterte Öffentlichkeit der Gruppenführung brachte den Durchbruch. Auf einmal ging alles ganz schnell. Am 30. Oktober schickte eine Gruppe von Kunsthistorikern, Architekten und Künstlern einen Brandbrief an Heinz Kühn, den Ministerpräsident des Landes Nordrhein-Westfalen, der beim Landesdenkmalamt ein Gutachten anforderte. Am 17. Dezember wurde es ihm per Eilboten zugeschickt, und noch vor Ende des Jahres, mit Datum 30. Dezember, stand die Maschinenhalle unter Schutz. Als erster Industriebau in der Bundesrepublik.

Das war knapp. Denn erst im September war das Fördergerüst von Schacht II demontiert worden. Noch erstaunlicher aber waren die Folgen. Die Rettungsaktion wurde zur Initialzündung für die Industriedenkmalpflege in Deutschland, zu der es schon um 1910 und noch einmal 1926/27 Ansätze gegeben hatte. In seiner Wirkung vergleichbar ist dieser Impuls mit dem Schock, den der verlorene Kampf um das „Euston Arch", das 1853 errichtete Portal zur Euston Station in London, 1962 in England ausgelöst hatte. Was über Jahrzehnte allein von funktionalem Interesse gewesen war, gewann unter kulturhistorischen und ästhetischen Aspekten Beachtung. Die Photographie von Bernd und Hilla Becher, die zu den Unterzeichnern des Brandbriefes gehörten, leistete dabei entscheidende Sehhilfen.

Der Strukturwandel fand nun auch in der Wahrnehmung statt. Die Bauten der Schwerindustrie, bis dahin vor allem Monumente von Macht, Höllenfeuer und Maloche, erfuhren eine Neubewertung: Am 29. Dezember 1969 sprach sich NRW-Kultusminister Fritz Holthoff „für eine verstärkte Initiative zur Erhaltung technischer Kulturdenkmale" aus, im März 1970 verabschiedete der Düsseldorfer Landtag das auf fünf Jahre angelegte „NRW Programm 1975", das zwei Millionen Mark für die Erhaltung von technik- und wirtschaftsgeschichtlich charakteristischen Bauwerken in den Haushalt setzte, Ende 1973 stellte das Fachamt in Westfalen den ersten Referenten für Industriedenkmalpflege ein, Mitte 1974 zog das Rheinland nach, und 1980 fanden die tektonischen Verschiebungen Eingang in das neue Denkmalschutzgesetz des Landes. Im Jahr zuvor hatte der Landschaftsverband Westfalen-Lippe das Westfälische Industriemuseum gegründet, in das Zollern II/IV 1982 integriert wurde.

Im Tempo dieser Entwicklung entlädt sich die Wucht ihres Ausgangspunkts. Entworfen von dem Essener Architekten Paul Knobbe, gliedert sich die Schachtanlage in drei Abschnitte: Im ersten sind um einen „Ehrenhof" zwei Torhäuser, Werkstätten, Pferdestall, Verwaltungsgebäude und der Lohnhallenkomplex mit Waschkaue, Lampenstube und Magazin gruppiert, die, durchweg massive Ziegelhäuser, das Stilkleid der Neogotik tragen.

Auch die angrenzende Kolonie „Landwehr" hat Knobbe, zu dessen Bauaufgaben bis dahin vor allem Wohn- und Geschäftshäuser, aber auch Kirchen gehört hatten, geplant: Im Stil einer Gartenstadt umfasst sie die Villa des Betriebsführers, acht Steiger- und dreiundzwanzig Arbeiterhäuser, die, durchweg aufwendig und abwechslungsreich gestaltet, Gärten und Ställe zur Selbstversorgung hatten. Die insgesamt 116 Wohnungen aber reichten nicht aus, sodass schon 1905 – damals hatte die Zeche 1644 Beschäftigte – an der Provinzialstraße mit dem Bau einer „Neuen Kolonie", bestehend aus schlichten Mietshäusern, begonnen wurde.

Die Anlehnung an die Repräsentationsarchitektur ist Ausdruck von ökonomischer Potenz und neuem Selbstbewusstsein: „Im Gegensatz zu der alten Gepflogenheit, Betriebsanlagen ohne Rücksicht auf das äußere Erscheinungsbild zu errichten", so 1905 Paul Randebrock, der Direktor der Zeche, „hat man hier die Schönheitsregeln der Baukunst zur Geltung kommen lassen."

Während auch im dritten Abschnitt, der drei kleinere Gebäude einer Ammoniakfabrik umfasst, Backstein dominiert, wurde dazwischen, im Produktionsbereich mit Kohlenförderung, Kohlenverede-

lung und Energieerzeugung, erstmals ein unverkleideter Stahl-
fachwerkbau errichtet, der seine Konstruktion als technische
Errungenschaft offen vorzeigt. Der Stilwechsel markiert die Zeiten-
wende: Durch Zollern II/IV geht der Bruch zwischen dem Historismus
des 19. Jahrhunderts und der modernen Architektur. Die Maschinenhalle darf weitere Superlative beanspruchen: Erste Zusammenfas-
sung des Maschinenparks einer ganzen Schachtanlage, erste elektrische Fördermaschine der Welt, die 1902 von Siemens & Halske in
Berlin gebaut und in einen 2150 Quadratmeter großen Raum von bis
dahin nicht gekannter Lichtfülle gestellt wurde. Auch hierzu äußerte
sich Paul Randebrock 1905: „Man sagte sich, dass der Bergmann,
dem man in den neueren Kolonien ein behagliches Heim zu schaffen
bemüht ist, es angenehm empfinden müsse, auch an der Arbeits-
stelle schöne Bauten und große luftige Räume zu haben." Doch nur
wenige Bergleute dürften sie je betreten haben: Im Wesentlichen hatten die Fördermaschinisten sowie wenige ausgesuchte Maschinen-
wärter und Elektriker, welche die Anlage im Keller der Halle bedienten
und warteten, hier ihren Arbeitsplatz.

Realisiert wurde hier nicht der Entwurf von Knobbe, vielmehr
arbeitete der Ingenieur Reinhold Krohn mit dem Berliner Architekten Bruno Möhring zusammen. Von diesem hatten die Zechenbarone der Gelsenkirchener Bergwerks-AG auf der großen Industrie-,
Gewerbe- und Kunstausstellung von 1902 in Düsseldorf einen „Pavillon" für die Gutehoffnungshütte gesehen. So etwas, gestaltet in der
neuen Formensprache des Jugendstils, wollten sie auch haben. Die
Schachtanlage, mit der sie zum Marktführer aufstiegen, sollte nicht
nur die modernste Technik nutzen und rationell arbeiten, sondern
auch schön sein, und die neue Maschinenhalle war ihr Prestigepro-
jekt. Der äußerlich unaufwendige, langgestreckte Bau, dessen Satteldach brückenartige Stahlbögen tragen, wird durch einen Mittel-
risaliten gegliedert: Sein elliptisch geformter, bunt verglaster Eingang

kontrastiert die strenge Linienführung des Stahlskeletts mit Pflanzenornamenten des Jugendstils, wie sie Hector Guimard für die Portale der Metro in Paris geflochten hat. In der marmornen Schaltwand prunkt eine Jugendstiluhr aus Messing.

Der Niedergang der Zeche begann früh, und das hat sich positiv auf den Erhalt ihres Erscheinungsbildes ausgewirkt. Schon 1926 galt sie als nicht mehr rentabel. Einschneidende Modernisierungen unterblieben, da die Kohlenförderung auf den neuen Zentralschacht Germania konzentriert wurde, der sich bis 1943 verzögerte. Erst 1955 wurde sie beendet, dem Bergwerk blieb noch die Seilfahrt, 1966 kam „der Deckel auf den Pütt". Doch während die beiden Fördergerüste abgetragen (und inzwischen durch zwei typengleiche Exemplare ersetzt) wurden, gingen der Maschinenhalle in den vierziger Jahren farbige Fensterbahnen und ihrem Portal das muschelförmige Vordach verloren.

Die Dauerausstellung greift das Motiv „Musterzeche" auf und bringt die zeit- und branchentypischen Muster, die sich in der Anlage und den Funktionsbereichen des Bergwerks manifestiert haben, am authentischen Ort zur Anschauung: Ausbildungswesen, Verbesserungen der betrieblichen Hygiene und Gesundheitsfürsorge, Maßnahmen und Versuchseinrichtungen zum Arbeitsschutz, Mechanisierung des Ruhrbergbaus. Bisher sind folgende Themen in den verschiedenen Gebäuden realisiert: „Alles unter Kontrolle" in der Markenstube, „Keine Herrenjahre" in der Schwarzkaue, „Sauber und gesund" in der Jugendkaue, „Ein Licht in der Nacht" in der Lampenstube und „Explosionsgefahr" im Kellergeschoss, wo auch Kinder „Unter Tage" geführt werden.

Mehr als hundert Jahre nach Inbetriebnahme ist die Substanz der Halle angefressen und dringend sanierungsbedürftig. Eine Schadensanalyse hat in den Querriegeln und Kreuzen des Stahlfachwerks sowie in den Fensterumrahmungen morsche Stellen ermittelt.

Auf 6,9 Millionen Euro wird die Restaurierung veranschlagt, die Dirk Zache, seit Herbst 2005 Direktor des Westfälischen Industriemuseums, bis 2010 durchführen möchte. Die architektonische und symbolische Bedeutung der Halle macht die Aufgabe zum Modellfall. So wurde erstmals bei einem Industriedenkmal ein Beirat, bestehend aus dreizehn Fachleuten, berufen, der sich auf ein „defensives Herangehen" verständigt hat: Keine Rekonstruktion wird vorgenommen, die – wie beim benachbarten Kesselhaus – das Ziegelmauerwerk komplett ab- und es, nachdem das Stahlgerüst gesandstrahlt wurde, neu aufbaut. Vielmehr sollen die Schadstellen ermittelt und ausgebessert werden, sodass die Spuren des Verbrauchs sichtbar bleiben. Entscheidungen des Rückbaus (so des historisierend angepassten Toilettenhauses) stehen ebenso an wie Fragen, ob Vordach und Buntglas wiederhergestellt werden sollen.

Die Maßnahme erfolgt in einer besonderen Konstellation. Denn Museum und Landesdenkmalamt arbeiten unter demselben Dach des Landschaftsverbands Westfalen-Lippe. Daraus ergeben sich Chance und Verpflichtung: „Ziel ist es, eine optimale Lösung zwischen Denkmalpflege und Museumsnutzung zu finden", betont Zache, der von dem Einbau einer Heizungsanlage absehen und den grandiosen Raum für Veranstaltungen – „von der Rassengeflügelschau bis zum klassischen Konzert" – breiter öffnen will. Das „Baudenkmal von Weltrang" ist für ihn zuerst Exponat des Museums und erst danach Ausstellungshalle und Veranstaltungsort. Mit dieser Auffassung geht Zache auf kritische Distanz zum Umgang mit der Kohlenwäsche der Zeche Zollverein, die nach einer Brachialentkernung gerade zum Museum umgerüstet wird. Was in Essen fahrlässig in Kauf genommen wird, soll sich in Dortmund nicht wiederholen.

Denkmalschutz für die „schwarz-gelbe Wand"

Borussia stärkt den zwölften Mann

Die Stadt Dortmund drücken Schulden. So hohe, dass der frühere Oberbürgermeister Gerhard Langemeyer das neueste Haushaltsloch erst am Tag nach der Kommunalwahl preisgab. Aber auch wieder nicht so hohe, dass die Stadt ihrem Aushängeschild, dem Ballspielverein 09 Borussia, der am 19. Dezember 1909 in der Gaststätte „Zum Wildschütz" am Borsigplatz gegründet wurde und heute ab 19.09 Uhr – mit Udo Jürgens und Extrabreit – seinen hundertsten Geburtstag feiert, nicht ein Geschenk machen könnte. Das kommt sie ausgesprochen preiswert: „Mit dem Beschluss sind keine finanziellen Auswirkungen verbunden", heißt es in der Vorlage der Unteren Denkmalbehörde („Drucksache Nr. 16439 – 09"), mit der die Südtribüne des Westfalenstadions, das seit 2005 ein unaussprechlicher Park-Name verunglimpft, unter Schutz gestellt wird. Gleich neben der Kampfbahn Rote Erde zur Weltmeisterschaft 1974 errichtet, hat es als erste reine Fußballarena in Deutschland Geschichte geschrieben: Der Fertigteilbau besteht aus vier Tribünen, die ohne trennende Laufbahn direkt ans Spielfeld heranreichen und die Ecken offen lassen. Zwischen 1995 und 2003 wurde er in drei Stufen – nach oben – ausgebaut: Zum mit 80 500 Plätzen größten Stadion der Bundesliga.

„Für die Erhaltung und Nutzung der Südtribüne sprechen wissenschaftliche und volkskundliche Gründe", heißt es in dem Gutachten, das die Authentizität würdigt und sich der Kommerzialisierung und Verbürgerlichung des Fußballs entgegenstemmt: „Dass die Südtribüne weiterhin als Stehtribüne fungiert, belegt eine lange Tradition in der Fußballgeschichte", wird betont, denn „es war nicht das Streben nach Komfort und Luxus, sondern der Wunsch nach enger Gemeinschaft und purem Fußballvergnügen, die sich in der Ausbildung von Stehrängen und deren unveränderter Akzeptanz bis heute nachvollziehen lassen." Was die Vermarkter des Fußballs als Anachronismus abtun, ist für die treuesten Anhänger eine Frage der Haltung: Sie stehen hinter ihrer Mannschaft, solange die sie nicht sitzen lässt.

Es gehört zu den Besonderheiten dieses Denkmals, dass es als „freistehendes" Bauwerk nur einem eingeweihten Kreis, im Zustand der Nutzung, wenn 25 000 Fans es mit Fahnen und Schals, Spruchbändern und Liedern bespielen, aber einem Millionenpublikum bekannt ist. Die „schwarz-gelbe Wand" bildet den sprichwörtlichen zwölften Mann und, so der BVB-Historiker Gerd Kolbe, den „Kreativ-Bereich der Bundesliga": „Hier entstehen viele Lieder, die auch von anderen Vereinen aufgenommen und abgewandelt werden." Schon jetzt werden bei internationalen Begegnungen temporär 10 500 Sitzschalen montiert. Sollte diese Auflage auch in der Bundesliga verbindlich werden, müsse man, so Oberbürgermeister Ullrich Sierau, in Sachen Denkmalschutz neu nachdenken. Dann könnte das preiswerte Geschenk der Stadt dem Verein teuer zu stehen kommen.

Das Kultur- und Stadthistorische Museum
ankert am Innenhafen

Geschichte im Getreidespeicher

Wer das neue Kultur- und Stadthistorische Museum in Duisburg
betritt, kann sich für einen Moment wie Gulliver in Lilliput fühlen.
Gleich im ersten Raum stehen sechs nach historischen und archäologischen Erkenntnissen erbaute Modelle der Stadt und veranschaulichen ihre Geschichte von den Anfängen als burgähnliche Anlage
um 880 bis zum „Oberzentrum des Niederrheins" von 1985. Seinen
Aufenthaltsort kann der Besucher erst auf dem fünften von ihnen entdecken: Um 1940 wurde der rote Klinkerbau am Südufer des Innenhafens, der Ende des 19. Jahrhunderts als Getreidespeicher errichtet
worden war, in dieser Funktion noch genutzt.

Der Zweite Weltkrieg, in dem das historische Zentrum von Duisburg etwa zur Hälfte zerstört worden war, verschonte das Silo, doch
danach stand es lange leer. Vor dreieinhalb Jahren, als die Stadt
seine Umwandlung beschloss, nahm es sich, rauchgeschwärzt und
heruntergekommen, wie ein Rußfleck in dieser Industriezone aus,
die, einst Hauptumschlagplatz für Getreide, als „Brotkorb von West-
europa" längst ausgedient hatte. Heute, da das Mauerwerk sorgfältig ausgeputzt und die Fenster neu eingesetzt sind, ist die schlichte
Schönheit des Gebäudes wieder freigelegt: Neben einem zweiten
Speicher aus den fünfziger Jahren, in den vor ein paar Jahren das
Stadtarchiv eingezogen ist, dokumentiert es ein Stück Sozialgeschichte – und in seiner klaren Formensprache sowohl ästhetisch
als auch funktional die Überlegenheit eines gründerzeitlichen Indu-

striebaus gegenüber einem zweckrationalen Kasten aus der Zeit des Wirtschaftswunders.

Noch das Ergebnis der Umwandlung, mit deren Planung die Architektur-Fabrik-Aachen (afa) beauftragt wurde, ist ein Beleg dafür: Bis auf zwei große Bogenfenster im fünften Stock, die ihre Symmetrie auflockern, wurden die Fassaden behutsam restauriert und nicht einmal die alten Telleranker entfernt, sondern wie die Fensterrahmen türkisfarben angestrichen. Der sechsgeschossige Bau wurde völlig entkernt, die hundertfach durchlöcherten Decken wurden herausgenommen und ersetzt: Die ersten beiden Etagen sind Ausstellungsräumen vorbehalten, von denen sich einer im Erdgeschoss in das angrenzende Stadtarchiv ausdehnt. Im dritten und vierten Stock haben Magazine sowie die Museumspädagogik und die Bibliothek ihren Platz, darüber sind die Museumswerkstätten, und unterm Dach befinden sich ein Zeichensaal und die Verwaltung.

Auch eine Mühle mit Seilzug, alter Waage und entrosteten Transmissionsmaschinen, die allzu idyllisierend im Erdgeschoss reinstalliert wurde, erinnert an die ursprüngliche Nutzung. Daneben befindet sich die Abteilung für Vor- und Frühgeschichte, der rund vier Fünftel der Museumsbestände angehören. Während darüber die Sammlung Köhler-Osbahr, eine Stiftung von rund 70 000 Münzen aus verschiedenen Hochkulturen und fünfhundert anderen Objekten, schon aufgebaut ist, wird der angrenzende Raum mit niederrheinischer Irdenware, Töpfergut des 17. bis 20. Jahrhunderts, erst noch fertiggestellt.

Wie ein Gelenk wirkt der gläserne, spitzwinklig überdachte Eingangstrakt, der den umfunktionierten Speicher mit einem zweigeschossigen Neubau verbindet, in dem ein Vortragssaal, Räume für Wechselausstellungen und die Mercatorsammlung untergebracht sind. Ebenfalls aus rotem Klinker, nimmt er Formen und Gliederungsprinzipien des alten Nachbarn – gleichsam vergrößernd – auf, ohne sie zu imitieren: Geradezu demütig scheint sich das schuppenförmige

Gebäude neben dem Industriedenkmal zu ducken. Doch während die ersten Wechselausstellungen schon vor der offiziellen Eröffnung stattgefunden hatten, ist die Sammlung des Kartographen Gerhard Mercator, die als Juwel des Museums gilt, bisher nur in zwei seiner weltberühmten Globen, einem des Himmels und einem der Erde, präsent.

Das Institut, das zuvor im Kleist-Park residierte, hat mit dem Ort auch den Namen gewechselt. Statt Niederrheinisches heißt es nun Kultur- und Stadthistorisches Museum. Kein Eindruck des Provinziellen soll ihm anhaften, und womöglich ist das neue Haus, das eine Nutzfläche von mehr als fünftausend Quadratmetern aufweist und „nur" 10,6 Millionen Mark gekostet hat, sogar das „spannendste" seiner Art in Deutschland. Sein Umfeld trägt dazu wesentlich bei: Schon der kurze Fußweg vom Burgplatz mit der spätgotischen Salvatorkirche, vorbei an Rathaus, Altem Markt mit seiner archäologischen Zone und der Minoritenkirche mit ihrer barocken Krypta, hinunter zum Johannes-Corputius-Platz, wo Teile der alten Stadtmauer freigelegt wurden, ist eine Zeitreise durch mehrere hundert Jahre Stadtgeschichte.

Doch in ihrem recht pauschal geäußerten Stolz „verraten" die Duisburger auch, dass sie sich schwertun mit ihrem Museum, das erst ganz allmählich in sein neues Domizil hineinwachsen soll. Josef Krings, ihr sympathischer Oberbürgermeister, schien bei der Eröffnung gar nicht verhehlen zu wollen, dass er zur gleichen Stunde lieber im Wedau-Stadion den MSV angefeuert und auf dem Weg aus der Zweitklassigkeit begleitet hätte; Minister Wolfgang Clement, Chef der Düsseldorfer Staatskanzlei und Vertreter des Landes, das sich mit über neun Millionen Mark an den Kosten beteiligte, erwies dem früheren Getreidespeicher Reverenz, indem er das leere Stroh sozialdemokratischer Kulturpositionen drosch; und Gernot Tromnau, der rührige Museumsdirektor, erzählte noch einmal, was er schon im Prospekt geschrieben hatte. Sein Traum ist eine Anlegestelle vor dem

Museum, wo auch schon ein ausgedienter Kran Industriegeschichte repräsentiert, und damit eine Verbindung auf dem Wasserweg zum angegliederten Museum für Binnenschiffahrt in Duisburg-Ruhrort. Na, wenn das alles ist!

Der Innenhafen ist trotz seiner zentralen Lage noch immer ein toter Winkel in Duisburg, schmuddeliger Hinterhof einer grauen City, wo halbzerfallene Silos und Lagerflächen, rostige Schienen und Transportmittel nur noch blass und blätternd bessere Zeiten bezeugen. Mit dem neuen Museum ist hier zugleich der erste Pflock für die Sanierung des Areals eingeschlagen: Eine Uferpromenade wird angelegt und eine Zeile von – merkwürdig mausgrau verputzten – Reihenhäusern hinter der Stadtmauer gerade fertiggestellt. Schon wird der Vergleich mit den Londoner Docklands gewagt, denn in den nächsten Jahren soll hier ein „Multifunktionaler Dienstleistungspark" entstehen. Ein städtebaulicher Wettbewerb, zu dem sechs Architekturbüros, assoziiert jeweils mit einem Developer, aufgefordert wurden, ist bereits in Gang und angebunden an die IBA Emscher Park, die sich von Duisburg bis Kamen durchs nördliche Ruhrgebiet erstrecken soll.

Um den Innenhafen, der auch symbolisch an den früheren Verlauf des Rheins erinnert, zu revitalisieren, wird die Stadt nicht nur Interessenten gewinnen, sondern auch ein Nutzungs- und Gestaltungskonzept konturieren müssen, das die Investoren – in Form einer öffentlich-privaten Partnerschaft – auf qualitative Ansprüche verpflichtet. Es geht darum, hier eine Architektur zu realisieren, die dem Wert und der Bedeutung des Geländes, einem Filetstück in dieser sehnigen Stadt, entspricht. Solange muss offen bleiben, ob das neue Museum „nur" von ihrer großen Vergangenheit kündet oder auch Teil ihrer besseren Zukunft wird.

Norman Fosters erster Bau in Deutschland

Traumschiff und Fata Morgana

Wenn die Sonne mitspielt, lässt es sich für eine Fata Morgana halten. Doch ist es keine Luft-, sondern eine Lichtspiegelung. Weit weg scheint es und ist doch ganz nah, immateriell und doch real, wenn es plötzlich wie der gläserne Rumpf eines Ozeandampfers aus dem Häusermeer entlang der Mülheimer Straße in Duisburg auftaucht: Das siebenstöckige konvexe Gebäude ist ein ästhetisches Wunder und der blendende Blickfang im Stadtteil Neudorf, einem von Kleingewerbe und bürgerlichem Wohnen geprägten Viertel zwischen City und Universität, in dem ein moderner Technologiepark entsteht.

In der vom Strukturwandel erfassten Ruhrgebietsstadt, die sich bisher kaum mit anspruchsvoller Architektur hervortun konnte, hat der britische Baumeister Norman Foster sein erstes Projekt in Deutschland realisiert. Die transparente Skulptur ist zugleich das erste Gebäude mit einer rahmenlosen Structural-Glazing-Fassade hierzulande, die mit Laser und Computer millimetergenau vermessen wurde: Knapp fünfzig Meter lang und bis zu zwanzig Meter breit, wurde das Haus der Wirtschaftsförderung zwischen die verkehrsreiche Straße und eine Häuserreihe geklemmt. Doch seine kühne und kühle Eleganz befreit es förmlich aus dieser Enge, wobei es sich zur City hin von vier auf sieben Stockwerke hinaufschwingt. Die oberen drei sind terrassenförmig angelegt und werden im Bereich der Business Promotion genutzt, in den anderen befinden sich Einzelbüros und Konferenzräume.

Avanciert wie die Hülle des einfachen Stahlskelettbaus ist das neu entwickelte Energiekonzept des Hauses. Die dreifach verglaste, geschraubte Fassadenkonstruktion mit besonders niedrig emissiven Beschichtungen enthält eine nach Lichtstärke geregelte und individuell einstellbare Jalousienanlage, die über Mikroelektronenprozessoren stufenlos die Luft- und Wärmeströme steuert und mit der Haustechnik, besonders der Beleuchtung, koordiniert. Durch eine solargestützte Kraft-Wärme-Kälte-Kopplung können sowohl der Strom als auch die Prozesswärme für Heizung und Absorptionskühlung bereitgestellt werden.

Nur eine Ecke weiter, an der Kreuzung Pappen- und Bismarckstraße, steht ein zweites fünfgeschossiges Glashaus von Foster + Partners, das sich um einen offenes, zwölf Meter breites Atrium rundet: Galerien umkränzen den freien, mit einer formsynchronen Verglasung überdachten Kern, dessen verbreiterte Basis im ersten Untergeschoss für Veranstaltungen, Messen und Märkte, Schulungen und Ausstellungen genutzt werden kann. Das Technologiezentrum III, in dessen Büroräumen kleine und mittlere Betriebe residieren, soll die Zentrale eines Mikroelektronikparks in unmittelbarer Nachbarschaft, zwischen Carstanjens-Garten und Friedrichsruher Weg, werden, mit dessen Bau Mitte des Jahres begonnen wird. Der von Foster inzwischen überarbeitete Entwurf sieht zunächst drei – und später sechs weitere – „Gebäudefinger" vor, die mit verglasten Zwischentrakten verbunden werden.

„I am a Duisburger", könne Sir Norman, so legte ihm Richard Klein, der Oberstadtdirektor von Duisburg, bei der Eröffnung nahe, nun von sich sagen. So weit, dass der Londoner Stararchitekt sich von einer rheinischen Halbmillionenstadt einbürgern lässt, wird es zwar nicht kommen. Andersherum aber würde ein Clou daraus: Duisburg könnte Fosters City werden. Mit dem Eurogate am Innenhafen ist das nächste Bauvorhaben bereits avisiert. Das Wunder kann also wachsen. Schon der Dampfer aus Glas hat Berge versetzt und Horizonte erweitert: Fast scheint es, als hätte die Stadt mit dem größten Binnenhafen der Welt direkten Zugang zum Meer erhalten.

Zwei Bauten von Norman Foster setzen Fortschrittssignale

Zeigefinger der Zukunft

Wann immer Norman Foster zum Richtfest oder zur Eröffnung eines seiner Bauten in Duisburg eine Rede hält, bekennt er, sich in dieser Stadt „at home" zu fühlen. Das klingt glaubwürdiger als sein maßgeschneiderter Anzug aus feinstem Tweed und die blinkende Rolex an seinem Handgelenk den Anschein geben. Denn der Londoner Stararchitekt stammt, und auch davon spricht er dann, aus Manchester, wo er aufgewachsen ist und studiert hat. Die Wiege der Industrialisierung trägt heute, auch wenn sie vor allem eine Stadt der Textilverarbeitung war, ähnlich schwer an ihrer Vergangenheit wie das Ruhrgebiet.

Allerdings hat Foster in Manchester bisher kein einziges Projekt realisiert. Sein Wirken bestätigt die Zweiteilung des Landes: Bauherren, die sich die Besonderheit eines Gebäudes von ihm leisten (können), finden sich ausschließlich im prosperierenden Süden des Landes. Im Ruhrgebiet dagegen, und das wird dort als Indikator für den Strukturwandel verstanden, mangelt es nicht an Selbstbewusstsein, den Meister des Hightech, auf den dieses Etikett immer weniger passt, zu engagieren.

So fand Fosters Entree in Deutschland, lange vor dem Frankfurter Commerzbankturm und dem Berliner Reichstag, ausgerechnet im grauen Duisburg statt, das mit anspruchsvoller Architektur nicht eben gesegnet ist: 1993 wurde hier das Haus der Wirtschaftsförderung in der konvexen Form eines Schiffsrumpfes, 1994 das Telematikzentrum, ein ebenfalls gläserner Rundling mit zylindrischem Atrium, fertiggestellt. Die bis zu sechzehn Stockwerke ansteigende Sichel namens

Eurogate, die einmal den Innenhafen einfassen soll, liegt mangels eines Großinvestors zwar weiter auf Eis, zwei Akzente aber hat der Architekt dort schon gesetzt: das Steiger Schwanentor, einen Anlegepier für Vergnügungsdampfer, und das Hafen-Forum, einen kleinen Speicher, der in Büro- und Ausstellungsräume umgewandelt wurde.

Ganz anderen Aufgaben hat sich Foster in zwei Nachbarstädten von Duisburg gestellt: In Essen hat er das Kesselhaus der Zeche Zollverein XII, unter Wahrung des grandiosen Raumerlebnisses, zum neuen Domizil des Design Zentrums Nordrhein Westfalen verwandelt und in Mülheim für die Firma Agiplan einen sichelförmigen Neubau konzipiert, mit dem die Duisburger Pioniertat die erhoffte ansteckende Wirkung zeigt. Sein jüngstes Projekt im Ruhrgebiet aber lässt Foster dorthin zurückkehren, wo er angefangen hat: Der erste Bauabschnitt des Micro Electronic Centers (MEC) bringt den Electronic Park, in den auch die beiden früheren Häuser über eine öffentliche Grünanlage eingebunden werden sollen, einen großen Schritt voran.

Standort Neudorf: keine bessere, aber auch keine ganz schlechte Gegend von Duisburg, die von innenstadtnahem Wohnen und Kleingewerbe geprägt ist. Doch gibt die Lage zwischen dem Hauptbahnhof im Westen und der 1972 eröffneten Universität im Osten, in deren Nachbarschaft auch das Fraunhofer-Institut für Mikroelektronische Schaltanlagen und Systeme ansässig ist, dem Stadtteil ein Spannungsfeld und ein Entwicklungspotenzial, das der Electronic Park ebenso nutzen wie anstoßen soll. Obwohl immer noch Deutschlands wichtigster Stahlstandort, expandiert Duisburg an der Schnittstelle von Rheinland und Ruhrgebiet vor allem in den Bereichen Verkehr und Logistik.

„Die neuen Industrien verlangen nach einer neuen Spezies von Gebäuden", erklärte Foster in seiner Eröffnungsrede: flexibel, ökologisch und maßgeschneidert für eine neue Mischung von Anwendungen sollen sie sein. Diesen Anspruch löst das Haus auf ebenso eigenwillige wie innovative Weise ein. Ohne herkömmliche Prinzipien der Baukonstruktion grundlegend zu verlassen, entwickelt es eine völlig neue innenräumliche Dynamik: Drei fünfgeschossige „Gebäudefinger" spreizen sich so auf, dass die Zwischenräume zwei interne Atrien bilden, die der inneren Orientierung dienen und offene Zonen für Ausstellungen, Konzerte, Vorträge und Versammlungen schaffen.

Variabilität wird hier Strukturprinzip. Zurückgestaffelte Geschosse erlauben es, Büros, Werkstätten und Labors von vierzig Quadratmetern aufwärts zu unterteilen oder zusammenzufassen. In den Produktionsräumen wurden Kautschukböden, in den Büros Teppiche verlegt, die ebenso wie die Holztüren für überraschend warme Töne sorgen. Jedem Gebäudefinger sind Toiletten, Teeküchen, Kopierräume sowie Putz- und Lagerräume zugeordnet. Die Klimatechnik nutzt, einfach kompliziert, die Speicherfähigkeit des Hauses zu einer zwischen Tag und Nacht phasenverschobenen Temperaturregelung. Ein Metallrahmenmodul nimmt die Beleuchtung, die Kühleinheiten, die Sprinklerzuleitung und die Luftauslässe auf. Ein Stahlbetonskelett mit aussteifenden Kernen bildet das Tragwerk. Das Dach besteht aus einer teilweise vollverglasten Stahlkonstruktion, die das gesamte Gebäude überdeckt. Drei schlanke Stahlsäulen unterstützen, die Räume maßvoll gliedernd, das Dachtragwerk jedes Atriums, das über ein außenliegendes Sonnensystem verfügt.

Assoziationen zur Luftfahrt werden geweckt: Mit seiner gekrümmten Dachschale, die auf einer Seite bis zum Boden hinunterreicht, balanciert das Haus souverän auf dem schmalen Grat zwischen Büro- und Industriebau. Die Form folgt der Funktion. Denn das Gebäude dient Firmen der Mikroelektronik, der Hard- und Software-Entwicklung sowie der Multimedia- und Telekommunikation. Kompetenzen sollen gebündelt, Kooperationen zwischen Forschung und Praxis befördert werden.

Koordiniert werden die diversen Aktivitäten von der Gesellschaft für Technologieförderung und Technologieberatung (GTT) Duisburg mbH, an der die Stadt Duisburg, die Industrie- und Handelskammer Niederrhein sowie drei Geldinstitute beteiligt sind. Zur Eröffnung war knapp die Hälfte der 12 000 Quadratmeter vermietet, vierzehn Firmen haben sich hier bereits niedergelassen, und bis zum Herbst rechnet Wolfgang Burgbacher, einer der drei Geschäftsführer der GTT, mit einer Auslastung von achtzig Prozent. Auch was den zweiten, womöglich in zwei Stufen zu realisierenden Bauabschnitt mit sechs (oder zweimal drei) weiteren „Fingern" (und noch mal 25 000 Quadratmetern Nutzfläche) angeht, ist Burgbacher optimistisch: „Ich kann mir vorstellen, dass es in zwei, drei Jahren weitergeht."

Der Architektur ist das zu wünschen. Denn so unkonventionell und kühn der Baukörper auftritt, er wirkt auch wie ein Torso, das nach Ergänzung auf der anderen Seite der Bismarckstraße und damit nach Fortführung der Linie bis zur Mülheimer Straße verlangt. Für sich betrachtet, ist er vollendet. Leicht befremdlich mutet allein eine Veredelung an, die dem sehr charakteristischen Eingangsbereich im Mittelfinger und der Rezeption, die dem Entree eines Luxushotels nachempfunden scheint, zuteil wurde. Ihre Hervorhebung mit einem französischen Kalkstein, ähnlich jenem, den I. M. Pei am Louvre verwendet hat, setzt sich allzu glatt von der etwas schroffen Eleganz der Umgebung ab. Weniger wäre da mehr. Wie schwer sich viele mit den hohen gestalterischen Anforderungen des Hauses tun, verraten die Beschriftungen, die die Läden und das Restaurant zur Straße hin verunzieren: Grellbunte Lettern, die jeweils „individuell" und ohne Rücksicht auf das Erscheinungsbild der Fassade auf Türen und Fenster geknallt wurden, bilden optische Bruchstellen.

Fosters Solitäre, unverwechselbar, weil sie durch Materialien und Formgebung ihre enge Verwandtschaft betonen und sonst keiner Architektur gleichen, figurieren in Duisburg als Boten einer Zukunft, aus der sie gleichsam in die Gegenwart heruntergefallen sind: Sie sind Signale für den Strukturwandel, der gerade hier, in der bis heute am meisten von der Montanindustrie gezeichneten und abhängigen Großstadt im Ruhrgebiet, nur mühsam vorankommt. Zweihundert neue Arbeitsplätze sind in dem neuen Haus, dessen reine Baukosten 49,5 Millionen Mark betragen, bisher entstanden, und auch wenn es schon bald sechs- oder siebenhundert sein sollten, scheint das marginal angesichts von 38 022 (oder 17,8 Prozent) Beschäftigungslosen, die im März in der Stadt gemeldet waren.

Doch die Fingerzeige, die das Gebäude gibt, weisen weit über dieses hinaus auf hellere Horizonte. „Wir haben den Ehrgeiz, auch sehr bescheidene Aufträge zu übernehmen", hat Norman Foster einmal bekannt. Der Anbau für die Firma Agiplan in der Nachbarstadt Mülheim, ein Zwanzig-Millionen-Projekt, das wenige Tage vor dem Micro Electronic Center eröffnet wurde, ist ein Beispiel dafür. Der Architekt hat es nicht mit der linken Hand erledigt, sondern wieder eine einfach geniale Lösung gefunden: Den „Altbau" von 1972 hat er an einer Längsseite aufgeschnitten und ihm einen sichelförmigen Neubau zur Seite gestellt. In der Horizontalen verknüpfen Brücken, in der Vertikalen Treppen und ein Glaslift die Trakte. Ein Atrium sitzt als verbindendes Gelenk zwischen den beiden Baukörpern, denen es eine einladende Eingangssituation und eine transparente Identität gibt. So ist aus einem auffälligen Kasten ein signifikanter Gebäudekomplex geworden.

Auch der Bauherr ist dafür über seinen Schatten gesprungen. Denn Agiplan, ein weltweit operierendes Beratungs- und Planungsunternehmen, hätte die Erweiterung seines Hauptsitzes, in der mehrere vordem verstreute Büros zusammengezogen wurden, auch der eigenen Bauabteilung übertragen können. Doch der Dienstleister weiß um die Probleme eines Auftraggebers, der zugleich Auftragnehmer ist, und so hat er beherzigt, was er seinen Kunden rät: Sicht und Empfehlung eines externen Experten anzunehmen. Dass Foster sich dafür nicht zu schade war, kam wohl etwas überraschend, doch das Ergebnis ist es noch mehr: Der Firma ist (nicht nur) buchstäblich ein Flügel gewachsen.

Zwei Beispiele für gebaute Unternehmenskultur im Ruhrgebiet. Von einem „Flaggschiff" hat Foster, auch wenn es sich eher um ein Beiboot handelt, in seiner Mülheimer Eröffnungsrede gesprochen. Denn auch hier übertrifft der Symbol- den Funktionswert. Das Revier wird viele solcher Flaggschiffe brauchen, um aus der Krise zu segeln.

Wie Herzog & de Meuron eine Mühle
in ein Museum verwandeln

Außenstelle Innenhafen

Der Rettungsring hängt an der falschen Wand, zur Land- statt zur Wasserseite hin, und viel zu hoch, als dass im Notfall jemand nach ihm greifen könnte. Doch der Rettungsring ist ein „Rettungsring": „The Mystery of Malpica" nennt Rosemarie Trockel ihre Installation von 1992. Seinem Zweck ist er geradeso entfremdet wie das Gebäude, in dem er gezeigt wird, ein ausgedienter Getreidespeicher am Duisburger Innenhafen, der einer neuen Verwendung zugeführt wurde: „Museum Küppersmühle – Sammlung Grothe" mit Namen, gibt er Luthers Wort „Die Kunst geht nach Brot" einen neuen, ungeahnten Sinn.

Von außen ist dem mächtigen Backsteinbau die neue Funktion erst auf den zweiten Blick anzusehen. Wer auf der Trasse der A 59 von Norden her auf die Stadt zufährt, kann sein majestätisches Auftreten erst seit fünf Jahren wahrnehmen, wurde er zuvor doch von einem bunt beschrifteten Stahlbetonsilo namens „Mr. Softy" bedrängt, dessen Sprengung ihn freigestellt hat: Acht Stockwerke hoch, setzt die zwischen 1908 und 1916 in zwei Abschnitten von den Gebrüdern Kiefer und Joseph Weiss errichtete Küppersmühle einen gewichtigen städtebaulichen Akzent am Innenhafen, wo sich von den achtziger Jahren bis in die fünfziger Jahre die größte Mühlenindustrie Westdeutschlands konzentrierte. Denn Duisburg, die „Stadt Montan", war auch der „Brotkorb des Ruhrgebiets". Erst in den sechziger Jahren verliert der Wasserstandort, infolge neuer Fertigungstechniken und besserer Transportmöglichkeiten über die Straße, allmählich an Bedeutung: Die Küppersmühle wird, nachdem sie zuletzt nur noch als Lager genutzt wurde, Ende der siebziger Jahre ganz auf- und dem Verfall preisgegeben. Der Innenhafen, lange die Hauptschlagader der Stadt, verkommt zu ihrem Hinterhof.

Seit Anfang der neunziger Jahre kehrt das Leben auf das citynahe Areal zurück. Im Rahmen der Internationalen Bauausstellung Emscher Park (IBA) wird eine Entwicklungsgesellschaft gegründet, und der englische Architekt Norman Foster erarbeitet einen Masterplan, um die 89 Hektar umfassende Fläche zu revitalisieren: Auf seiner Grundlage soll, so heißt es, „ein multifunktionaler Dienstleistungspark entstehen, in dem ‚Arbeiten, Wohnen, Kultur und Freizeit am Wasser' miteinander verbunden sind". Kontorhäuser und Mühlen werden in Bürogebäude umgewandelt, Miet- und Eigentumswohnungen, eine Kindertagesstätte und ein Seniorenzentrum neu gebaut. Das von Zvi Hecker entworfene Jüdische Gemeindehaus ist fast fertig, Uferpromenaden werden angelegt und Grachten gezogen, hafentypische Anlagen wie Kräne, Elevatoren und Schienenstränge denkmalgerecht saniert. Der neue Altstadtpark, den Dani Karavan gestaltet, wird im Juni eröffnet.

Die Küppersmühle ist, auch weil ihr 1935 ein unverhüllt funktionsästhetisches, aus Stahlblechen zusammengenietetes Batteriesilo angesetzt wurde, der herausragende historische Bau des Innenhafens. Dass sie heute noch monolithischer wirkt als ehedem, hängt mit Maßnahmen an der Fassade zusammen, in der die meisten Fenster geschlossen wurden. Dabei wurde der gleiche Stein wie im Mauerwerk benutzt, sodass die Veränderung erst auf den zweiten Blick zu erkennen ist und weder nach Improvisation noch nach Camouflage aussieht. Neben den wenigen verbliebenen Flachbogenfenstern wurden senkrechte Lichtschlitze eingeschnitten, die den Funktionswandel ablesbar machen.

Die architektonischen Interventionen tragen die Handschrift von Jacques Herzog und Pierre de Meuron, die die Mühle in ein Museum umgebaut und diesem ein wunderbares Licht geschenkt haben. Denn zu der raffiniert dosierten Deckenbeleuchtung tritt durch die nur 1,20 Meter breiten, doch geschosshohen Öffnungen Naturlicht und sorgt für eine tageslichtähnliche Helligkeit, die nicht dumpf oder regelmäßig wird. In die fast einen Meter tiefe Außenwand gesetzt, laden die Fenster den Besucher auch dazu ein, aus den Ausstellungsräumen gleichsam auszutreten und den Blick über die Hafenlandschaft schweifen zu lassen. Nischenhaft isoliert zwischen Kunst und Wirklichkeit, ist deren Abstand geradezu körperlich zu erfahren.

Die Basler Architekten haben die Küppersmühle bei weitgehender Erhaltung der Tragestruktur so weit entkernt, dass jede zweite Geschossdecke herausgenommen und aus sechs Stockwerken drei wurden. So wurde eine Ausstellungsfläche von knapp fünftausend Quadratmetern gewonnen, klar gegliedert in 22, zwischen 5,70 und 6,30 Meter hohe Räume, die sich ganz in den Dienst der Kunst stellen: Weiß die Wände, dunkelgrau der Fußboden aus türkischem Basalt, unter dem die Heizung liegt, an der Decke zwei schmale Neonröhren, zwischen denen die Belüftung versteckt ist, erhalten sie etwas von dem Charakter einer ehemaligen Fabrik, der zum Entstehungszusammenhang der Werke passt.

Wie raffiniert diese Einfachheit ist, erschließt sich aber erst bei genauerem Hinsehen: Keine Sockel schieben sich zwischen Wand und Boden, keine Profile stören, keine komplizierte Lichtumleitung findet statt, überhaupt wird Technik kaum sichtbar, sondern verschwindet in aufwendigen Wandkonstruktionen. Herzog & de Meuron huldigen der Schönheit der Askese und erweisen sich als Meister des Minimalismus. Ihr Gestaltungswille äußert sich, nicht ganz unproblematisch, in dem Treppenhaus, das sie neu angesetzt haben: In weiten, flachstufigen Windungen führt es langsam in die oberen Stockwerke. Doch das warme Braun des lehmhaltigen Putzes scheint eher auf eine historische Kunst einzustimmen. Eine Stahl-Glas-Konstruktion hätte hier die angemessenere, wenn auch kompliziertere Lösung ergeben. Architekten und Denkmalpfleger haben, das ist dem Bau anzumerken, um viele Details hart gerungen. Doch das Ergebnis beweist, dass sich das, trotz radikaler Verluste, gelohnt hat, zumal auch kleinteilige Einheiten wie das Wärter- und das Kesselhaus „gerettet" wurden.

Die neue Füllung des alten Gemäuers beherbergt nur zur einen Hälfte die Sammlung Grothe, auf der anderen werden bis zum Jahresende Dienstleistungsflächen mit 5480 und ein Gastronomiebetrieb mit 920 Quadratmetern fertiggestellt. Der 1930 in Duisburg geborene Hans Grothe, ein gelernter Architekt, der es als Immobilienmakler und Projektentwickler zum millionenschweren Baulöwen gebracht hat, hat seit den sechziger Jahren im großen Stil deutsche Gegenwartskunst erworben: Heute umfasst seine Sammlung mehr als siebenhundert Bilder und Skulpturen von 22 Künstlern, darunter ganze Werkgruppen, Räume und Zyklen von Polke, Baselitz, Lüpertz, Richter, Penck, Graubner, Knoebel, Darboven und Trockel.

Seit 1972 ist die Kollektion im Kunstmuseum Bonn untergebracht, wo sie, mit öffentlichen Mitteln, betreut und verwaltet wird. Dass dort allenfalls fünfzig bis sechzig Stücke ausgestellt werden, wurmte Grothe schon lange, und so hat er immer wieder mit anderen Städten

– mit Bremerhaven, Mönchengladbach und Düsseldorf – über alternative oder zusätzliche Standorte verhandelt. In seiner Heimatstadt ist der Unternehmer, der sich gerne seiner proletarischen Herkunft – der Vater war Bergmann, die Mutter Näherin – rühmt, zu einer festen Vereinbarung gekommen: Über einen Zeitraum von dreißig Jahren überlässt er dem Museum unentgeltlich etwa 120 Werke, die im Jahreswechsel ausgetauscht werden, und kommt auch für die gesamten Betriebskosten auf. Dafür ist die öffentliche Hand in beträchtliche Vorleistungen getreten: Die stadteigene Baugesellschaft Gebag hat mehr als 35 Millionen Mark in den Umbau der Küppersmühle investiert, das Land Nordrhein-Westfalen insgesamt 22,5 Millionen Mark – 15,5 aus Stadterneuerungs-, sieben aus Museumsmitteln – bereitgestellt.

Das Programm des Museums gestaltet Grothe in eigener Regie. Endlich kann er einmal selbst Direktor spielen. Abstimmungsprobleme mit dem Kunstmuseum Bonn, so versichert er, werde es keine geben. Der dortige Museumsleiter ist – wie alle beteiligten Künstler auch – sein Freund und ihm so verbunden, dass er ihm für die Duisburger Dependance eine Pressemitteilung verfasst hat. Die Organisation des Hauses hat Grothe der Stiftung für Kunst und Kultur e.V. in Bonn, in deren Kuratorium er sitzt, anvertraut, einem undurchsichtigen Unternehmen von zweifelhafter Reputation, dessen geschäftsführender Vorstand sich vor allem dadurch einen Namen gemacht hat, dass er seine Interessen als Impresario, Ausstellungsmacher und Journalist kommerziell verquickt. Ist der Ruf erst ruiniert, lebt es sich ganz ungeniert.

Aber auch unabhängig von der fragwürdigen Seriosität und mangelnden Kompetenz dieses Partners stellt sich die Frage, ob die umfangreiche Sammlung die Substanz und die Qualität hat, die Küppersmühle für die nächsten dreißig Jahre als Ort der Kunst zu profilieren. Grothe nutzt das Haus, um den Wert seiner Bestände zu steigern. Generös, wenn auch nicht immer günstig oder auch nur dramaturgisch überlegt gehängt, können die großformatigen Werke

hier ihre ganze Wirkung, gelegentlich auch ihre Banalität, optimal entfalten. Gleich das Entree mit dem Ensemble *Elferraum* von Joseph
Beuys aber lässt die forcierte Absicht in Peinlichkeit umschlagen:
Auch ohne die beiden Eichen, die der Künstler sich wünschte, gerät
das Arrangement zur Andachtskapelle für einen Kunstheiligen. Dass
der Reigen der Wechselausstellungen mit Jörg Immendorff eröffnet
wird, dem erst im letzten Jahr eine ähnliche Schau in Bonn ausgerichtet wurde, nimmt sich wie eine Verlegenheitslösung aus.

Die Skepsis gegen das Unternehmen kann nur die Zeit abtragen.
Die Moden und Notierungen des Kunstmarkts wechseln schnell, und
die geschäftstüchtige Bereitschaft, zeitgenössische Werke für muse-
umswürdig zu erklären, enthält keine Garantie. Die Erfahrung, die die
Stadt Duisburg gerade erst mit dem Musical *Les Misérables* machen
muss, das nach nicht einmal vier Jahren abgesetzt wird, dürfte ihr
mit der Sammlung Grothe erst einmal erspart bleiben. Doch der Vergleich ist nicht so schief, wie er scheint: Als dann abgeschlossene
Kunstepoche könnte die Sammlung für die nachfolgende Generation
schon aufgrund ihres Volumens schnell zur Altlast werden. Wo hängt
der Rettungsring, der sie davor bewahren könnte?

Das Jüdische Gemeindezentrum von Zvi Hecker

Fünf Finger sind keine Faust

„Springwall" heißt die kleine, krumme Straße, die zum Duisburger
Innenhafen hinunterführt. Der israelische Architekt Zvi Hecker, der an
ihrem Ende das Jüdische Gemeindezentrum errichtet hat, hat ihren
Namen nicht wörtlich genommen: Nur eine Fuge, kaum einen halben

Meter breit, trennt den auskragenden Baukörper über dem Eingang vom Nachbarhaus. Der Neubau, der auf dieser, seiner westlichen Seite die Hausmeisterwohnung beherbergt, nimmt die Traufhöhe auf. Mit der Straßenflucht setzt er, wie es zunächst scheint, auch die Banalität ihrer Architektur fort.

So unprätentiös in das Haus hineinzuführen, fand das Preisgericht nicht sonderlich gelungen. „Es stellt sich allerdings die Frage, ob der Eingang nicht zu beiläufig wirkt und dem Anspruch dieses Jüdischen Gemeindezentrums angemessen ist", monierte es in seiner Beurteilung und verkannte damit wohl, worauf es dem Architekten gerade ankommt. In Maßstab und Form seiner Umgebung angepasst, soll das Gebäude sich nicht abgrenzen, sondern förmlich auf gute Nachbarschaft anstoßen. Einordnung, nicht Isolation wird signalisiert. Die Jury hat trotz dieses Vorbehalts Hecker den ersten Preis zugesprochen: Gegen sechs Kollegen, unter ihnen auch Daniel Libeskind, konnte sich der 1931 in Krakau geborene Architekt durchsetzen, der in Tel Aviv und Berlin Büros unterhält und in Wien eine Professur hat.

Erst der Gang über den Springwall hinaus in Richtung Innenhafen lässt die besondere Identität des Gebäudes gewahr werden. Zum Park hin nimmt es seine eigene Form und auch Fremdheit an, indem es buchstäblich die Hand ausstreckt: Wie fünf Finger, die Himmelsbögen und Portalkräne ebenso wie Fächer und Stern assoziieren lassen, spreizen sich mächtige Torrahmen aus unverputztem Stahlbeton auf, die das Bauwerk nun heftig vor- und zurückspringen lassen und eine intensive Verflechtung von Innen- und Außenraum bewirken. Das aber ist nur eine der symbolischen Bedeutungen, die Hecker im Sinn hat: „Der Handteller heißt, wörtlich übersetzt, im Hebräischen ‚Ya‘ad'. Aber ‚Ya‘ad' bedeutet auch Gedenkstätte (‚Ya‘ad We Schem')".

Zugleich, und das ist eine andere symbolische Bedeutung, sind die radialen Doppelscheiben, deren imaginärer Mittelpunkt außerhalb des Gebäudes liegt, als die aufgeschlagenen Seiten eines Buches zu interpretieren. Jede von ihnen korreliert mit einem Kapitel in der jüdischen Geschichte der Stadt: Die erste (Aleph) steht für den Anfang der Gemeinde im 12. Jahrhundert; die zweite (Beth) ist der Minyan von 1793 gewidmet, einer Zusammenkunft von zehn Erwachsenen, die am nahe gelegenen Burgplatz stattfand; der dritte (Gimel) repräsentiert den ersten Raum für eine ständige Gebetseinrichtung, den die Gemeinde in der Universitätsstraße erworben hatte; die vierte (Daleth) erzählt, achsial darauf bezogen und durch die Markierungen im Parkboden ablesbar, den Aufbau der neuen Synagoge 1875 und ihre Entweihung in der Pogromnacht 1938; und die fünfte (He), die sich nach Osten orientiert und die heilige Seite der Synagoge formt, steht für den Neubeginn, den dieses Gotteshaus bezeichnet. Mit ihm hat das Judentum in Duisburg wieder einen Ankerplatz erhalten.

Der Gang durch die Abfolge der Portale wird, von Westen kommend, auch zu einem Weg vom Profanen zum Heiligen. Um ihre Bedeutung zu betonen, soll allein die Synagoge mit einem teuren Material verkleidet werden. Vorerst aber fehlen dafür die Mittel, und so wurde sie statt verschiefert nur schwarz angestrichen. Inhaltlich argumentiert Hecker in der Tradition des Talmud: „In der jüdischen Geschichte repräsentiert der Text die Erde, das Buch ein Königreich", heißt es in seinem Erläuterungsbericht: „Das Buch enthält die Kraft des Überlebens für die jüdische Nation in gewalterfüllten, feindlichen Zeiten. Es nimmt in fortschreibender Weise alle historischen Geschehnisse in sich auf." Formal aber geht Hecker, der hier mit Inken Baller als Kontaktarchitektin zusammengearbeitet und die Bauleitung seinem Düsseldorfer Kollegen Dirk Druschke anvertraut hat, modern darüber hinaus: „Der Judaismus ist die Religion des Wortes, und die einzelnen Gebäudeteile entfalten sich aus einem Kernhaus, fliegen auseinander wie umgeschlagene Seiten und enthüllen so ihre unterschiedlichen Funktionen, das heißt, ihr Wissen." Wie seine monolithische Konstruktion den Außenraum, einschließlich dort stehender Bäume, fasst und aktiviert, wie sie zu einer Vielfalt von Räumen und Häfen führt, welche Raffinesse sie in den Perspektiven und der Lichtführung entwickelt, welche gestische Plastizität, die durch die Farbgebung noch gesteigert wird, sie ausbildet, das schafft eine Spannung von Auseinanderstreben und Festigkeit, Offenheit und Geschlossenheit, die sich in keiner Eindeutigkeit beruhigt.

Wer hingegen den „offiziellen" Eingang nimmt, betritt das dreistöckige Gebäude gleichsam durch das Handgelenk und bekommt von dessen Eigenart erst einmal wenig mit. Über einen schmalen Vorhof und unter einer Gebäudebrücke hindurch erreicht er das verglaste Foyer, das zwischen der dritten und der vierten Radiale liegt und sich in die grüne Parklandschaft öffnet. Von hier aus erschließt sich das vielfältig genutzte Haus: Nach Westen liegt der Mehrzwecksaal, dem eine Küche angegliedert ist, nach Osten die Synagoge, die unten 120 Männern und oben 75 Frauen Platz bietet und als einziger Raum dreieckig durch eine Radiale drängt. Das stark strukturierte Gebäude kommt mit einfachen, oft roh belassenen, doch sorgfältig verarbeiteten Materialien aus: Zu Putz, Beton, Holzrahmen gesellen sich Zinkverkleidungen für Treppen, Erker und Brücken, wie sie in der Industrie verwendet werden. Innen sind einige der Flächen, so Böden, Brüstungen und Treppen, in rotem Jerusalem-Stein ausgeführt: auch der Thora-Schrank, der die beiden Gebotstafeln versinnbildlicht, die den Juden am Berge Sinai übergeben wurden.

Im Erdgeschoss schließen die Bibliothek und die Verwaltung südlich an den Synagogenraum an. Darüber befinden sich Schul- und Sozialräume, während das zweite Obergeschoss die Rabbi- und eine Gästewohnung sowie ein Appartement beherbergt. Jede von ihnen hat einen Eingangshof und eine Terrasse, was die Ostseite, deren Flächen in verschiedenen Schwarz- und Grautönen gestrichen sind, – ganz im Kontrast zu dem heftigen Duktus auf der Nordseite – eine fast ionische Verspieltheit gewinnen lässt.

Der Plan der Gemeinde Mülheim-Duisburg, eine neue Synagoge zu bauen, ist mehr als vierzig Jahre alt. Ihrem Vorsitzenden Salomon Lifsches hatte Julius Dreifuß, der für den „Nordrhein" zuständige Vorsitzende im Landesvorstand, schon 1957 sein grundsätzliches, mit Zweifeln verbundenes Einverständnis gegeben: „Das ganze Unternehmen kommt mir", so Dreifuß damals zu Lifsches, „vor wie das Geschenk eines Cadillac an einen armen Mann, der die Kosten für das Benzin, um den Cadillac zu fahren, niemals aufbringen kann." Größer noch war eine zweite Sorge: „Die Gemeinde ist überaltert, und die Jugend ist bei Ihnen so spärlich vertreten." Gerade mal sechzig Mitglieder stark, kaufte die Kultusgemeinde Ende der fünfziger Jahre das Wohnhaus ihres Vorsitzenden in der Mülheimer Kampstraße 7, das im April 1960 als Synagoge eingeweiht wurde. 1968 schlossen sich auch die Oberhausener Juden der Gemeinde an, doch erst die Ende der achtziger Jahre einsetzende Zuwanderung aus der ehemaligen Sowjetunion machte die Notwendigkeit eines Neubaus dringlich. In Abstimmung mit der Internationalen Bauausstellung Emscher Park (IBA) und der Innenhafen Duisburg Entwicklungsgesellschaft lobte die Gemeinde, die inzwischen auf 2200 Mitglieder angewachsen ist, 1996 einen einstufigen, beschränkten Architektenwettbewerb aus.

Im Duisburger Innenhafen, dem einstigen „Brotkorb des Ruhrgebiets", dessen historische Mühlen- und Speicherstadt zum Dienstleistungspark erneuert und um anspruchsvolle Wohnbebauung ergänzt wird, behauptet das Jüdische Gemeindezentrum geographisch wie ästhetisch einen Mittelpunkt, der mit dem von Dani Karavan angelegten, skulptural inszenierten Altstadtpark beziehungsreich in Korrespondenz tritt. Unter den hier tätigen Architekten ist Hecker der künstlerischste und philosophischste. Gerade im Vergleich mit seinen in der Nachbarschaft vertretenen Kollegen Norman Foster, der das Hafenforum gestylt, und Herzog & de Meuron, die am Ende des Hafens die Küppersmühle zu einem Museum umgestaltet haben, fällt

auf, wie wenig Hecker Wert auf Detailperfektionismus legt: An Über-
gängen und Vorsprüngen, Ecken und Enden gibt er sich unbeküm-
mert und leistet sich hier und da eine mediterrane Entspanntheit.

Zvi Hecker hat denn auch nichts von einem Star, der „sein" Haus
selbstgefällig präsentiert. Wer sich wenige Tage vor der Eröffnung
von ihm führen lässt, trifft einen Mann, der sich immer noch den
Kopf darüber zerbricht, ob das oder jenes in dieser oder jener Ausführung richtig ist oder nicht. Die „Pergola"-Seiten haben, so hat er
inzwischen entdeckt, auch die Form von hebräischen Buchstaben.
Beabsichtigt war das nicht, doch ist Hecker Künstler genug, diesen
Bedeutungszuwachs nicht seiner Intention zuzuschreiben. So mag
es erlaubt sein, in dem Projekt eine unbefangene, fast fröhliche Botschaft zu erkennen. Indem es sich jeglicher Polarisierung enthält,
lässt sich dieses Gemeindezentrum auch als Ausdruck der Hoffnung
für das Zusammenleben von Juden und Christen verstehen.

Das Hüttenwerk von Thyssen wird zum Landschaftspark Nord

Auferstanden als Ruinen

Mittelpunkt war es ein ganzes Menschenleben lang, genau vom
16. Mai 1903, als der erste Hochofen angeblasen wurde, bis zum
4. April 1985, als der letzte Abstich erfolgte: Mittelpunkt der Produktion und der Arbeit, Mittelpunkt von Verkehrswegen, die hier zusam-
menliefen, und von Siedlungen, die darauf ausgerichtet wurden. Mehr
als achtzig Jahre lang bestimmte das Hüttenwerk von Thyssen das
Leben im Duisburger Norden, einer vormals ländlichen Gegend, die
rabiat industrialisiert und rasant bevölkert wurde. Etwa 37 Millionen

Tonnen Roheisen wurden hier erzeugt, 2500 verschiedene Eisenlegierungen in dieser, so der volkstümliche Name, „Apotheke des Ruhrgebiets" hergestellt.

Heißes Herz. Die Hochöfen hielten das Werk in Betrieb, alles, was es in Bewegung setzte, drehte sich um sie. Als mächtige Eisengerüste, als bizarre Großplastiken ragen sie, inzwischen angefressen von Rost, in den Himmel und setzen monströse Zeichen, Symbole der „alten" Industrie und der Naturbeherrschung. Flammen und Flugstaub, Dampf und Gase, Rauch und Ruß verbinden sich mit dem Bild, das in der Erinnerung oder auch in der Kunst von ihnen aufgehoben ist. Feuer, Lärm und Gestank gehören zu ihren „Auftritten", in denen sich Sinnenreiz und Unnahbarkeit verschränken.

Wer heute auf die Anlage zufährt, mag eine Irritation spüren, die damit zusammenhängt: Nicht ihre „Aura", sondern deren Fehlen verstärkt sie. Das Werk liegt still und schweiget. Der Koloss schläft. Die Ruhe, die er ausstrahlt, wirkt fast ein wenig unheimlich. Dieses Gefühl beschleicht den Besucher auch, wenn er die schluchttiefen „Straßen" durchstreift, die die Hochöfen unterqueren, oder in die dunklen, mit Wasser gefüllten Erztaschen blickt. Eine zweite Irritation kommt hinzu: Was früher für den Normalbürger eine „verbotene Stadt" war, ist zu einem öffentlichen Ort geworden. In den Fenstern des Pförtnerhauses, wo die Werksangehörigen ihre Ausweise vorzeigen mussten, werden heute Karten und Broschüren angeboten. Am Eingang hängen Plakate mit dem Veranstaltungsprogramm.

Anders als die meisten Hüttenwerke im Ruhrgebiet, ist das in Meiderich nach seiner Stilllegung nicht geschleift und verschrottet worden. Für die Belegschaft war die Schließung 1985 „über Nacht" gekommen, auch wenn die Schachtanlage schon 1959 und die Kokerei 1977 stillgelegt und drei Jahre später abgerissen worden waren. Denn Hochofen 5, der die verschlissenen Öfen 3 und 4 ersetzt hatte, war erst 1973 in Betrieb genommen worden, um Ferromangan, einen

Zuschlagstoff bei der Stahlerzeugung, herzustellen: Sein Kühlsystem und seine Winderhitzer galten als besonders modern, ein Viertel der Baukosten von sechzig Millionen Mark war in Lärm- und Umweltschutzmaßnahmen geflossen. Mit dem schnellen „Aus" reagierte der Konzern auf die „EG-Stahlquoten-Regelung", mit der er sich verpflichtete, seine Roheisenproduktion zu drosseln. Von den dreihundert verbliebenen der einst 3500 Hüttenarbeiter wird keiner entlassen: 107 gehen in den Vorruhestand, die anderen werden in Ruhrort und Hamborn übernommen. Die Produktion von Spezialroheisen wird ins Werk Bruckhausen verlagert, das in Sichtweite Dampf ablässt.

Die Abrisskosten waren schon errechnet: Siebzig Millionen Mark für die Bauten über der Erde, ohne Fundamente und Entsorgung. Die Schrottpreise aber lagen tief. Die Schweißbrenner sollen schon angesetzt gewesen sein, als Anwohner, engagierte Bürger und Fachleute begannen, sich für den Erhalt des „besenrein" und „wiederanblasfähig" hinterlassenen Werks stark zu machen. Ihre Initiative führt zur Gründung der Deutschen Gesellschaft für Industriekultur e.V., die in der Denkmalpflege einen ersten Verbündeten findet. Deren Gutachten erklärt nicht nur einzelne Bauten und technische Anlagen, sondern das ganze Ensemble für erhaltenswert. Lediglich die abgängige Sinteranlage auf der anderen Seite der Emscher wird bis auf wenige skulpturartige Relikte beseitigt.

Drei, vier Jahre lang geschieht fast nichts, doch kauft die Landesentwicklungsgesellschaft (LEG) ab 1986 Teilflächen für den Grundstückfonds Ruhr an: Ein Nutzungs- oder gar ein Finanzierungskonzept zu entwickeln, mutet angesichts der gewaltigen Dimensionen illusionär an. Schließlich findet sich in den Vereinigten Staaten ein Hüttenwerk, das sich als Vorbild empfiehlt: Die „Sloss Furnaces" in Birmingham/Alabama wurden 1972 stillgelegt und in eine Mischung aus Freiluftmuseum und Freizeitpark umgewandelt. Immerhin gibt Städtebauminister Christoph Zöpel nach einem Pflichtenheft der

Denkmalpflege ein Gesamtgutachten in Auftrag. Doch erst einmal wächst Gras drüber, und das im Wortsinn. Die Natur beginnt, das Gelände zurückzuerobern: Nicht nur Birken und Weidenjungwuchs, mehr als dreihundert verschiedene Farn- und Blütenpflanzen, fast die Hälfte von ihnen Neophyten, schlagen Wurzeln, angezogen von Böden, wie sie mit ihrem hohen Anteil an künstlichen Substraten wie Aschen oder Schlacken nur in diesem Umfeld vorkommen. Zahlreiche Tierarten, darunter sechzig Vogel- und dreizehn Tagfaltersorten, seltene Reptilien und Amphibien lassen sich nieder. Das Paradox erhält einen Namen: „Industrienatur".

Zum Anker der Rettungsaktion wird die Internationale Bauausstellung Emscher Park (IBA), jenes Zehn-Jahres-Programm zur städtebaulichen, ökologischen, wirtschaftlichen und kulturellen Erneuerung des nördlichen Ruhrgebiets, das die Landesregierung von Nordrhein-Westfalen 1989 auf den Weg bringt. Ihr zentrales Anliegen und verbindendes Thema ist der Emscher Landschaftspark, der einzelne Wald-, Wiesen- und Freiflächen verknüpfen und in zwanzig, dreißig Jahren einen durchgehenden Grünzug von achtzig Kilometer Länge ergeben soll, der von Duisburg im Westen bis nach Hamm im Osten reicht. Als sein erstes Teilstück gehört der Landschaftspark in Meiderich mit einer Fläche von zweihundert Hektar zu den Aushängeschildern der IBA, die hier im April ihre Abschlusspräsentation eröffnet hat. Jede der vier Routen, die sie zu ihrem Finale angelegt hat, führt über diesen Standort: Industriekultur, Industrienatur, Landmarkenkunst und Architektur sind ihre Themen.

Über die Möglichkeiten, die Nekropolis der Industrie in einen Landschaftspark zu verwandeln, sollte zunächst ein Ideenwettbewerb Aufschluss geben: Fünfundsechzig interdisziplinär arbeitende Planungsteams, fünfzig aus dem In- und fünfzehn aus dem Ausland, bewarben sich um die Teilnahme. Doch das Projekt erwies sich als zu komplex, und so wurde ein kooperatives und konkurrierendes Verfah-

ren vorgezogen. Fünf Planungsteams wurden eingeladen und mussten sich verpflichten, während der halbjährigen Arbeit vor Ort tätig zu
sein und mit dem Auftraggeber und allen Beteiligten, den Sachver-
ständigen wie den Bürgergruppen, in fünf mehrtägigen Intensivpha-
sen ihre konzeptionellen Vorstellungen zu diskutieren.

Durchgesetzt hat sich dabei der Landschaftsarchitekt Peter Latz
aus Kranzberg in Oberbayern, für den fünf gute Gründe sprachen:
Sein Entwurf greift die Elemente des Ortes sensibel auf und gestaltet
die industriell geformten Strukturen aus, ermöglicht die Aneignung
durch die Bürger in einem prozesshaften Sinn, verbindet ein allmäh-
liches Wachsen der Gesamtkonzeption mit kurzfristig wirksamen Teil-
maßnahmen, erlaubt eine schrittweise Finanzierung und entspricht
der Erwartung, dass hier ein Landschaftspark neuen Typs von über-
regionaler Bedeutung entsteht. Ende 1991 folgte der Rat der Stadt
Duisburg der Empfehlung der Bewertungskommission. Schon zwei
Jahre zuvor hatte das Ministerium für Stadtentwicklung und Verkehr
neunzehn Millionen Mark als Strukturhilfe bewilligt und die LEG als
Projektträger eingesetzt.

Das Areal wird von Autobahnen und Straßen, Schienen- und
Wasserwegen, Rohren, Dämmen und Mauern eingefasst, auch zerschnitten und zerstückelt. Zu Haupterschließungsadern des Parks
macht Latz die alten Bahndämme, die er zu Promenaden, Fuß- und
Radwegen umgestaltet. So wird das Gelände „er-fahrbar" und die
Stadtteile Meiderich, Hamborn und Neumühl, die das Werk vordem
getrennt hatten, werden miteinander verknüpft. Drei weitere Gestal-
tungsebenen kommen hinzu: erstens Wasserwege und -flächen, die
das alte Emscherbett mit Regenwasser renaturieren und ein ökologisch leistungsfähiges System aus Flachwasserläufen, bewachsenen
Sumpfzonen, Uferböschungen und temporären feuchten Bereichen
schaffen; zweitens Gärten, die als Symbolgärten mit besonderen
Bepflanzungen und Mustern Erinnerungen wecken und Vergleiche

provozieren sollen oder als Aussichtsgärten nach außen orientiert sind und Blicke in die Umgebung öffnen; und drittens Vorparks, die zu den umliegenden Siedlungen gehören und als stadtteilbezogene Frei- und Grünflächen, Kleingärten oder Sportanlagen eine Verbindung zum Werk herstellen.

Die Hüttenanlage wird als Themenkern des Parks weitgehend erhalten und ein Gebäude nach dem anderen einer neuen Nutzung zugeführt. Als erstes wurde das ehemalige Magazin wiederhergerichtet, im Erdgeschoss eine Gaststätte und im Obergeschoss die feste Ausstellung „Zugänge zum Eisen" untergebracht. Aus der „Alten Verwaltung" soll ein Jugendgästehaus werden, in der „Neuen Verwaltung" sitzen Betriebsgesellschaft und verschiedene Bürgergruppen, in die Werkshallen sollen Arbeitsmarktprojekte einziehen, in Gebläsehalle und Pumpenhaus finden kulturelle und gewerbliche Veranstaltungen statt, und die 170 Meter lange Kraftzentrale wurde zur Ausstellungs- und Konzerthalle umgewidmet. Einer der drei verbliebenen Hochöfen, die eine Installation des Lichtkünstlers Jonathan Park nachts bunt illuminiert, ist begehbar: Seine Aussichtsplattform bietet aus siebzig Metern Höhe ein imposantes Panorama der Stadtlandschaft zwischen Rhein und Ruhr.

Die subtilen Interventionen, die der Landschaftsarchitekt vornimmt, versuchen nicht, das Gelände zu „normalisieren", sondern seine Besonderheiten zu kultivieren: Struppige Wildnis wird zugelassen, zerstampfte Ziegelsteine grundieren eine Wiese mit rotem Ton, eine „Piazza metallica", Artefakt aus sieben mal sieben Gussplatten, die Eisen, flüssiges wie hartes, abbilden, wird angelegt, der Cowperplatz mit blühenden Blumen, die sich mit dem Gerüst verflechten, markiert, Ziergärten werden in die Bunker gepflanzt, Brücken, Treppen und Laufstege verlegt und Farbmarkierungen gezogen – Maßnahmen allesamt, die geeignet sind, das Hüttenwerk als nunmehr das Herz des Geländes vorsichtig zu verfremden und zu neuer Kenntlichkeit

zu entstellen. Die Grenzen zwischen Kulturlandschaft und Industriebrache werden dabei neu gezogen, aber auch absichtsvoll verwischt.
Seit der Öffnung des Landschaftsparks 1991 und dem Abschluss
des ersten Bauabschnitts drei Jahre später haben die Hinterlassen-
schaften der Schwerindustrie zahlreiche und oft überraschende Nutzungen „angezogen": Bogenschützen und Hundeschlittenfahrer üben
hier, Unterwassersportler haben die alten Klärbecken und unterir-
dischen, mit Regenwasser vollgelaufenen Vorratsbunker als Tauch-
gründe entdeckt und den Gasometer, der im Durchmesser vierzig und in der Höhe dreizehn Meter misst, zum größten Tauchturm
Europas geflutet. Die ersten sechs der fünfundzwanzig Müllerbun-
ker, in die das fallende Erz Schrunden und Schrammen gerissen hat,
dient dem Duisburger Alpenverein als Klettergarten, in die nächsten beiden ist ein Kinderspielplatz mit Riesenrutsche montiert, und
die übrigen sollen, so sich die von beteiligten Künstlern bereits skiz-
zierten Pläne finanzieren lassen, als Galerien und Bühnen bespielt
werden. Wo einst Roheisen und Schlacke getrennt wurden, bildet
das Ausflussloch die Mitte einer Bühne, gegenüber der eine Stahl-
tribüne aufgebaut wurde, und der Bunkervorplatz wird gerade für
größere Open-Air-Konzerte hergerichtet. Filme werden hier gedreht
und Theaterstücke inszeniert, Hochzeiten und Firmenjubiläen gefeiert, Kundenmeetings und Produktpräsentationen abgehalten, und die
Wochenend-Disco, die Foyer und Kompressorenraum der Gebläsehalle beschallt, galt jahrelang als heißester Techno-Treff im Revier.
Verschiedene, auch extreme Formen von Sport, Kultur und Unterhaltung gesellen sich zu den industriegeschichtlichen und natur-
kundlichen Aktivitäten. Das Angebot ist breit gefächert, aber auch
disparat und vor allem offen: Weitere Nutzungen können und sollen
hinzukommen. Andererseits wird Wert darauf gelegt, dass nicht das
gesamte Areal mit Funktionen „besetzt" und einer bloßen Zweckdienlichkeit unterworfen wird. Landschaftliche Freiräume sollen, so mit

der „Gleisharfe" des alten Werkbahnhofs, bestehen bleiben und keine „exklusiven" Bereiche entstehen können. Das „work in progress" wird weitergehen, auch wenn die IBA Emscher Park 1999 offiziell ausläuft. Insofern ist der Landschaftspark Duisburg-Nord Modell und Symbol für den Strukturwandel, den das Ruhrgebiet vollzieht: Der Abschied von der Montanindustrie, die schrittweise Entwicklung vom Zweibeiner, der nur auf Stahl und Kohle steht, zum Tausendfüßler einer diversifizierten Dienstleistungsgesellschaft wird hier, unter Wahrung der historischen und zeichenhaft wirkenden Architektur, beispielhaft vorgeführt und versinnbildlicht.

Verwandlung und Umdeutung des alten Industriegeländes zu einem Landschaftspark sind inzwischen so weit gediehen, dass das Hüttenwerk, dessen zweites Leben erst begonnen hat, wieder zu dem wurde, was es schon einmal – und doch, da der Öffentlichkeit nicht zugänglich, auf ganz andere Weise – war: Auferstanden als Ruine ist es zu einem Mittelpunkt des Lebens geworden.

Rückzug in den Musentempel: das Opernhaus von Alvar Aalto

Alte Bühne für neues Theater?

Das neue Opernhaus in Essen ist wahrscheinlich das letzte Theater dieser Größenordnung (1125 Plätze), das im 20. Jahrhundert in Deutschland gebaut werden konnte. Schon seit Wochen läuft bundesweit eine Anzeigenkampagne, um Besucher zu locken. Mit dem Gebäude selbst wird geworben, nicht auch damit, was auf seine Bühne kommt. Unter einer streichholzschachtelgroßen Vignette, die die Architektur in einer plumpen Schematisierung verschwimmen lässt, wurden „zwei Urteile der überregionalen Presse" zu Reklame-sprüchen gestutzt. Die Stadt, die schon mit ihrem dreiundzwanzig-stöckigen Rathaus hoch hinaus wollte, hat eine Sehenswürdigkeit, die alles vor ihr in den Schatten stellt – und tut sich sichtlich schwer damit.

Der architektonische Rang des Theaters steht außer Frage, schon vor der Eröffnung wird es als Klassiker gefeiert. Das Attribut ehrt den Baumeister Alvar Aalto, aber nicht unbedingt die Bauherren, die es buchstäblich „erwartet" haben. Der Fall ist in der Geschichte der deutschen Nachkriegsarchitektur einmalig: Fast ein Vierteljahrhun-dert liegt zwischen dem Entwurf, der 1959 aus einem internationalen Wettbewerb als Sieger hervorging, und dem Baubeginn 1983, sieben Jahre nach Aaltos Tod.

Die Architekturkritiker haben gesprochen, und die Opernkritiker werden noch sprechen: Nach der Eröffnungspremiere mit Richard Wagners *Meistersingern von Nürnberg* in der Inszenierung von Jaros-lav Chundela. Die verbindende Frage aber, was für ein Theater da für was für ein Theater gebaut wurde, fällt zwischen die Sparten. Dafür fühlt sich kaum einer zuständig. Einige Bemerkungen seien gleich-wohl versucht.

„Wir haben hier das modernste Museum", sagt Intendant Manfred Schnabel über „sein" neues Haus. Das treffende Paradox zieht die Vergangenheit und die unmittelbare Gegenwart so zusammen, dass die Zwischenzeit in ihm „aufgehoben" scheint. Als habe das Verhältnis von Spielern und Besuchern zwischen 1959 und 1988 keine Verän-derungen erfahren. Dabei hatten die Theaterleute doch den Auszug aus den traditionellen Häusern geprobt und versucht, sich – meist in funktionslos gewordenen Fabrikhallen, Feuerwachen, Straßenbahn-depots und ähnlichen Bauten – neue Spielräume zu öffnen, um darin den Zuschauer aus seiner „passiven" Rolle zu „befreien". Happening, Beteiligung, Mitspiel – das *war* einmal. Wie die Forderung von Pierre Boulez, alle Opernhäuser in die Luft zu sprengen.

Die Experimente und die Parolen von gestern nehmen sich heute, da der Rückzug in die Musentempel vollzogen und „Dem Wahren, Schönen, Guten" wieder mehr als eine dekorative Portalaufschrift ist, anachronistischer aus als die Realisierung des Entwurfs von vorgestern. Denn das neue Theater in Essen entspricht den Ansprüchen der Theatermacher gegenwärtig eher, als das noch vor zehn oder zwanzig Jahren der Fall gewesen wäre. Die Verspätung, mit der es errichtet wurde, hat darin zwar nicht ihren Grund, aber durchaus eine – akzidentelle – Logik. Trotz der modernen Architektur kann kein Zweifel daran bestehen, dass das Opernhaus von Alvar Aalto insofern ein konventionelles Theater ist, als sich Saal und Bühne (keine Guckkasten-, sondern eine erweiterte Proszeniumsbühne) in zwei gegenüberliegenden Häusern befinden und die Konfrontation von Spielern und Zuschauern fixieren. Verantwortlich hierfür ist nicht der Architekt, sondern der Auftraggeber: Sein Bauprogramm hat es so vorgeschrieben.

Die strikte Trennung des Raums bestimmt, zumal in Deutschland, die Tradition. Die barocke Illusionsbühne des Hoftheaters blieb für die bürgerlichen Theatergründungen auch dann, wenn sie auf Logen und Ränge verzichteten, das verbindliche Vorbild. Die Versuche, diesen Abstand zugunsten eines gemeinsamen und flexiblen Raums aufzugeben, blieben Ausnahmen und reichen in die Zeit vor dem Ersten Weltkrieg zurück: 1911 realisierten Adolphe Appia und Émile Jaques-Dalcroze, nach Plänen von Heinrich Tessenow, für das Gemeinschaftshaus der Gartenstadt Hellerau bei Dresden ein Raumtheater, das durch Bodenpodien schnell verändert und durch Tausende hinter Stoffbahnen installierte Glühbirnen unterschiedlich zum „Leuchten" gebracht werden kann. Zahlreiche Künstler der Zeit – darunter George Bernard Shaw, Max Reinhardt und Franz Kafka – haben es besucht.

Der neue und emanzipatorische Ansatz wurde während der Weimarer Republik schnell und oft über die Grenze des Realisierbaren hinaus vorangetrieben: Schon 1919 baute Hans Poelzig den Zirkus

Schumann in Berlin für Max Reinhardt zum Großen Schauspielhaus um, einem von einer riesigen Stalaktitenkuppel („Tropfsteinhöhle") überwölbten Massentheater, in dem bis zu fünftausend Menschen um eine weit in den Zuschauerraum hineingezogene Spielfläche gruppiert werden konnten.

Die Entwürfe und Programme des Bauhauses – das *Raumtheater* von Xanti Schawinsky, das *Kugeltheater* von Andor Weininger, die *Bühnensynthese* von Wassily Kandinsky, die *Bauhausbühne* von Oskar Schlemmer, das *U-Theater* von Farkas Molnár und das *Theater der Totalität* von László Moholy-Nagy – eint ein gemeinsames Ziel: unter Anwendung der neuesten technischen Möglichkeiten die Einengung auf die Frontalansicht in der Guckkastenbühne zu überwinden und damit der menschlichen Figur neue Bewegungsmöglichkeiten zu eröffnen. Am weitesten ging das Projekt des *Totaltheaters* (1927) von Walter Gropius und Erwin Piscator, in dessen ovalem Grundriss eine Plattform und Teile des Zuschauerraums bewegt und die ihn eingrenzenden Flächen für Projektionen genutzt werden können. Arena- und Ringtheater sind darin ebenso möglich wie der herkömmliche Guckkasten.

Der Entwurf blieb Papier. Nach dem Zweiten Weltkrieg erhielten Gropius und Piscator, die in die Vereinigten Staaten emigriert waren, in der Bundesrepublik (wie auch in der DDR) keinen einzigen Auftrag für einen Theaterbau. Dem Wirtschaftswunder und dem Bewusstsein „Wir sind wieder wer" entsprach der Wunsch nach festlich-repräsentativen Räumen mit einer vom Auditorium „abgehobenen" Bühne, auf der dem Publikum dargestellte Welt vorgespielt wird. Keine Zeit für Experimente. Die kam erste Mitte der sechziger Jahre, als die meisten Theater schon (oder wieder auf-)gebaut waren. Die wechselseitige Geschichte von Theater und Architektur in der Bundesrepublik ist weitgehend eine Geschichte der Ungleichzeitigkeit: Mit der „schnellsten" konnte, salopp gesagt, die „langsamste" Kunst nicht mithalten.

Unser erstes Theater, die Berliner Schaubühne, hat auch das am deutlichsten vorgeführt: Solange ihr am Halleschen Ufer ein provisorisches, funktionsfremdes Haus zur Verfügung stand, suchte sie in ihm und außerhalb von ihm (in Filmstudios und Messehallen) für fast jede Inszenierung eine neue Raum-Lösung; seitdem sie 1981 den zum modernen Raumtheater umgewandelten Mendelsohn-Bau am Lehniner Platz bezogen hat, lässt sie dessen schier unbegrenzte mediale und räumliche Möglichkeiten fast völlig brachliegen. Kaum zufällig war es der amerikanische Gesamtkunstwerker Robert Wilson, der 1986 den bislang weitestreichenden Versuch unternahm: Für seine Produktion *Death, Destruction & Detroit 2* schickte er das Publikum auf drehbare Hocker und „umspielte" es auf vier Rundumbühnen.

Das Schaubühnenhaus wurde geradeso zu spät fertig wie sein System zu früh erfunden. Die ungleichzeitigen Entwicklungen werden auch durch diesen Umkehrschluss belegt: als der Architekt Werner Ruhnau, der nach dem Krieg zwei der modernsten Theater – 1956 in Münster und 1959 in Gelsenkirchen – gebaut hat, 1958 und 1959 in seinen Wettbewerbsentwürfen für die Theater in Bonn und Düsseldorf den entscheidenden Schritt weiterging und für den ganzen Raum vertikal bewegliche Bodenelemente vorschlug, fiel er mit diesen „Podienklavieren" vor der Jury durch. Die Zeit war noch nicht reif für eine technische Idee, wie sie, leicht abgewandelt, Klaus Wever zwanzig Jahre später für Jürgen Sawades Umbau am Lehniner Platz verwirklicht hat.

Das neu unterkellerte Schaubühnenhaus wurde mit einem Saalboden aus 76 hydraulisch beweglichen Scherenhubpodien ausgestattet, die bis zu drei Meter gesenkt und mit stapelbaren Podesten weiter unterteilt werden können, sodass sich der ganze – nicht in Bühne und Saal separierte – Raum kombinationsreich gliedern, staffeln, ausmulden und wellen lässt. Entsprechende Möglichkeiten bietet die neun Meter hohe, großmaschige Gitterdecke, die durchgehend zugänglich und so veränderbar ist, dass von jeder beliebigen Stelle aus Kulissen, Dekorationen, Prospekte oder auch Regenschauer heruntergelassen werden können. Die Vorgaben, die Architektur und Technik hier leisten, könnten ein Werkstatt- und Laborverständnis von Theater durchsetzen helfen, das den Zuschauer zum Koproduzenten verpflichtet und die überlieferte Arbeitsteilung zwischen Autor, Regisseur, Akteuren und Spektateuren strukturell verschiebt. Für eine Dramaturgie von morgen dürfte das neue Schaubühnenhaus einen höheren Gebrauchswert haben als der Aalto-Bau. Nicht dass dieser für konventionelles Theater gebaut wurde, sondern dass er nicht auch offen ist für andere Spielformen, ist das Problem.

Der amerikanische Dramatiker Arthur Miller hat das – für das New Yorker Theater – schon 1962, als die Ford-Foundation den Ideenwettbewerb *The ideal Theater* veranstaltete, auf diese Pointe gebracht: „Man kann für diese ‚Schuhkartons' einfach nicht mit den gleichen Ideen, mit der gleichen emotionalen Reichweite schreiben, wie es für ein anpassungsfähigeres Theater möglich wäre." Welche Stücke würden Heiner Müller, der das Theater als „Laboratorium sozialer Phantasie" definiert, Botho Strauß oder Tankred Dorst schreiben, wenn wir nicht nur die Schaubühne und ein paar kleinere Häuser mit variablen Räumen hätten? Was wären die Folgen für die Theaterkunst?

An die bruchstückhafte Gegenbewegung zur herrschenden Theaterbautradition versucht die Ausstellung *Spiel – Raum – Theater*, die im Deutschen Plakat Museum in Essen gezeigt wird, weniger zu erinnern als vielmehr anzuknüpfen. Wenn die Pläne für ein „anderes" Theater schon weitgehend Papier geblieben sind, so sollen sie wenigstens nicht in den Schubladen der Architekten schimmeln. Vorgestellt werden Entwürfe aus drei Ideenwettbewerben, die 1977 in Belgien, 1983 in Schweden und 1987 in den Niederlanden durchgeführt wurden. Für ein genau spezifiziertes Grundstück in Amsterdam wurde zum Beispiel der Bau eines „Playhouse" mit etwa sechshundert Plätzen ausgeschrieben, das von wechselnden Ensembles bespielt und

– ohne eine allzu komplexe Technik – möglichst vielseitig genutzt werden kann: als Alternative auch zu dem konventionellen Muziektheater, das 1987 eröffnet wurde.

Die Resonanz auf die Ausschreibung war überwältigend: aus sechzehn Ländern wurden 341 Vorschläge eingereicht, darunter überraschend viele aus Osteuropa. Auch vier der sechs Preise gingen dorthin: zwei nach Ungarn, je einer in die ČSSR und die Sowjetunion, nach Großbritannien und Japan.

Der witzig-originelle Entwurf des ersten Preisträgers aus der ČSSR (Troligam Rybarcâk & Pitka/Presov), der eine Muschel symbolschwanger über die auf einem Schiff hereinfahrbare Spielfläche wölbt, wird von mehreren sowjetischen Vorschlägen noch übertroffen: Einer (Barchin & Partner/Moskau) schafft eine Spielstätte der täuschenden Perspektiven, auf der verschiedene Bauten wie das Teatro Olimpico von Andrea Palladio in Vicenza mit Gängen- und Treppenlabyrinthen kombiniert werden; ein anderer (Shiryaev & Partner/Breschnew) ordnet eine Vielzahl von kleinen Szenenflächen auf verschiedenen Ebenen zu einer orientalisch anmutenden Spiel- und Stadtlandschaft. Gleich mehrere Vorschläge lassen die Besucher das Theater vom Wasser aus betreten, einer führt einen Kanal mitten durch das Gebäude hindurch. Das Theater als Spielstraße oder als Spielplatz, als Markt oder als Basar, als Kathedrale oder als Burg, als Schiff oder als Fabrik – jede denkbare Metapher ist vertreten. Der Guckkasten wird deshalb nicht disqualifiziert: Überall rangiert er als *eine* Raumvariante unter anderen.

„Inszenierte Räume" – dieses Stichwort verbindet fast alle ausgestellten Arbeiten. Die Architekten gehen mit den Theaterräumen ganz ähnlich um wie die Szenographen und Regisseure mit den Bühnenräumen – eine Tendenz zum Metatheater dominiert. In Essen wird, wegen des Aalto-Baus, der über keine Werkstatt- oder Studiobühne verfügt, die imaginäre Kontrastaktion von Amsterdam teilweise in die Praxis umgesetzt: Werner Ruhnau, der ehemals verkannte Pionier, baut für Hansgünther Heyme, den Schüler Erwin Piscators, das klassizistische Grillo-Theater in ein variables Raumtheater mit wandernden Spielorten um, das im Frühjahr 1990 eröffnet werden soll.

Die viertgrößte Stadt der Bundesrepublik wird dann zwei neue Theater haben: eines, das außen neu und innen alt, und eines, das innen neu und außen alt ist; eines, in dem nur großes, weithin akzeptiertes Theater, und eines, in dem jede Form von Theater möglich ist; eines, das rund 140 Millionen Mark gekostet hat, und eines, das kaum mehr als zwanzig Millionen kosten wird. Die Chance, die mit dem Opernhaus von Alvar Aalto – und das liegt, wie gesagt, am Auftrag, nicht am Architekten – im Großen verbaut wurde, wird im Kleinen immerhin zugelassen. In diesem – nicht nur für Essen typischen – Verhältnis manifestiert sich das Bewusstsein einer Gesellschaft, die, weil ihr die Gegenwart fast alles bedeutet, ihre vergangenen Hoffnungen missachtet und die Zukunft versperrt.

Das neue Europa-Haus oder
Wo der EU-Gipfel sich amüsieren wollte

Ein Schandfleck wird Schmuckstück

Der Samstag letzter Woche war ein großer Tag im Leben des Klaus Kinkel. Erst der tiefe Sturz von Jürgen W. Möllemann, seinem Hauptgegner in den eigenen Reihen, auf dem Sonderparteitag der FDP in Castrop-Rauxel, dann die Eröffnung des Europa-Hauses in Essen, die ihn als Ehrengast begrüßte. Der Termin in der größten Stadt des Ruhrgebiets lag nicht nur auf dem Weg zurück nach Bonn, sondern auch ganz auf der politischen Linie. Denn ausgerechnet in Essen, wo die

Liberalen 2,8 Prozent der Stimmen und sonst kein Bein auf die Erde kriegen, haben zwei von ihnen privates Engagement bewiesen, wie es sonst nur im Prospekt der Wahlkampfmanager steht. Selbst ein Bundesaußenminister kann da in Leichtsinn verfallen. Die vorbereite Rede blieb in der Jackentasche, und Kinkel begann laut nachzudenken: „Stellen Sie uns ein Programm zusammen, und ich will versuchen, mit meinen Außenministerkollegen vom Europa-Gipfel vorbeizukommen!"

Die beiden Initiatoren, denen Kinkel „Starthilfe" leistete, sind zwei Brüder, Arzt in Bottrop der eine und Kaufmann in Hamburg der andere, die in Essen aufgewachsen sind. Was Ludger und Christian Stratmann sich in ihrer Geburtsstadt ans Bein gebunden haben, halten selbst Kenner der lokalen Szene für einen Klotz, mit dem sich keine großen Sprünge machen lassen: Mitten in Essen haben sie, kaum zufällig rechtzeitig zum EU-Gipfel, die „erste private Kulturstätte, die im Dienste des ‚europäischen Geistes' steht", eröffnet, ein multifunktionales Zentrum, das Theater für Kinder und Erwachsene, Jazz und Kabarett, Varieté und Vorträge anbietet und dabei ganz ohne öffentliche Subventionen auskommen will. Die Gesamtkosten allein für die Renovierung des Hauses belaufen sich auf 4,2 Millionen Mark, und so bleibt, auch wenn das Ministerium für Stadtentwicklung und Verkehr NRW einen Zuschuss von einer Million Mark gewährte, eine Firma die Klimaanlage spendierte und das Land eine Ausfallbürgschaft übernahm, das unternehmerische Risiko beträchtlich.

Auch die Essener Oberbürgermeisterin Annette Jäger hielt zur Eröffnung eine Rede. Doch eine Kleinigkeit war ihr nicht hineingeschrieben worden: Vor ein paar Jahren war ihre Partei, die SPD, noch wild entschlossen, das Haus, dessen Zukunft nun festlich begangen wurde, abzureißen, und nur die Ministerentscheidung, es 1991 unter Denkmalschutz zu stellen, konnte sie davon abhalten. Andernfalls wäre Essen heute nicht nur um einen Impuls, die nach Ladenschluss ausgestorbene und unbewohnte Innenstadt zu beleben, sondern um noch ein Bauwerk ärmer, in dem sich Nachkriegsgeschichte und -architektur anschaulich manifestiert haben. Denn das neue Europa-Haus ist das alte Amerika-Haus, als das es am 22. Februar 1952, dem Geburtstag George Washingtons, seiner Bestimmung übergeben worden war. Finanziert nicht mit Besatzungsgeldern, sondern mit Spenden amerikanischer Bürger, war es ein Geschenk an die „working people of the coal and steel industries": Ort der „re-education" und Brücke zum „American way of life". Schon im ersten Jahr wurde rund eine Million Besucher gezählt.

Das Amerika-Haus Ruhr war bundesweit der erste Neubau dieser Institution. Der Entwurf des Architekten Hermann Gehrig, in dem sich Anklänge an in den Südstaaten gebräuchliche Stilfiguren finden, galt zunächst auch als Versprechen auf einen großstädtischen Wiederaufbau der City. Der zweigeschossige, flache und nach holländischem Vorbild in Klinkersteinen gehaltene Bau hat einen U-förmigen Grundriss, dessen drei Teile drei Funktionen – Bibliothek, Eingang und Saal – übernehmen. Vier Freisäulen an dem südlichen Bibliotheks- sowie eine Stützenreihe vor dem niedrigeren Zwischentrakt akzentuieren die vergleichsweise großzügige Hauptansicht, zwei Reliefs des Bildhauers Herbert Lungwitz zieren die geschlossenen Stirnseiten der beiden Flügel, und die Öffnungen werden von honigfarbenem Muschelkalk eingefasst. Mit Einschränkungen ist das Haus eher der traditionellen Moderne als dem Neuen Bauen zuzuordnen: Die Gliederung wirkt fast klassizistisch, das Material bezeugt Bodenständigkeit.

Ursprünglich als Provisorium geplant, sollte das Amerika-Haus nach zehn Jahren wieder abgerissen werden. Doch erst 1964 fiel das „Tor zur Welt" ins Schloss, weil die Stadt nicht bereit war, einen Zuschuss von 150 000 Mark zu leisten. Schon 1959 war die Vorplatzanlage mit Rasenstück, Blumenbeeten und Wasserbecken beseitigt, Ende 1963 der Gilden- in Kennedyplatz umbenannt worden. Inzwischen von stereotyp gerasterten Verwaltungsblocks umringt und in den Schatten gestellt, wurde das Gebäude mehr und mehr zum Fremdkörper. Die wechselvolle Nutzung, die folgte, erzählt die Geschichte eines Niedergangs: Bis zur Vollendung von Deutschlands höchstem Rathaus musste es der Stadtspitze, die dafür 23 Fensteröffnungen einbrechen ließ, fünfzehn Jahre lang als vielbelächeltes „Rathäuschen" herhalten, dann wurde es „Haus Industrieform", ehe es 1988 wieder leerstand – und mit einer Tiefgarage versehen wurde. Der Zugriff einer Fast-Food-Kette wurde vom Denkmalschutz verhindert, doch zogen mehrere Firmen als Zwischennutzer ein, ehe das verwahrloste Objekt wieder einer angemessenen Funktion zugeführt wurde.

Drei Jahre haben die Stratmanns benötigt, um ihr Konzept, von dem die Stadt erst mühsam überzeugt werden musste, zu realisieren. In der ersten Phase haben sie ein Theater mit 220 Plätzen, ein Café, eine Bar sowie ein Informations- und Ticket-Center eingerichtet, in einer zweiten Stufe sollen bis 1996 Konferenz- und Ausstellungsräume folgen, in denen sich 280 Regionen eine nach der anderen vorstellen sollen. Noch in diesem Jahr will die Europäische Kommission einen Beratungsstand eröffnen, Anfang 1995 soll mit dem Aufbau eines kleinen Schauspielensembles begonnen werden. Mindestens 80 000 Besucher müssen das Haus im Jahr „annehmen", damit die Mischkalkulation zwischen Kultur, Kommerz und Gastronomie, die ironischerweise auf amerikanische Vorbilder verweist, aufgeht. Doch eines ist dank einer ebenso behutsamen wie gründlichen Renovierung schon weitgehend gelungen: Der langjährige Schandfleck ist fast wieder zum Schmuckstück geworden.

Aus der angekündigten Visite der EU-Gipfelstürmer im Europa-Haus aber wurde nichts. Der Kanzler höchstselbst hat sie gestrichen und Überstunden verordnet. Klaus Kinkel sollte dahinter nicht gleich die nächste Machtprobe vermuten und Essen sollte sich nicht grämen. Denn ob das Programm schon geeignet gewesen wäre, den kulturellen Ruhm der Ruhrstadt in die weite Welt zu tragen, ist so sicher nicht.

Kleiner Ausflugstipp für den CDU-Parteitag: die Inschrift
„Wählt Thälmann" in einer Katernberger Zechensiedlung

Wo Essen am rötesten war

Die CDU wird, wenigstens ein Trost, mit ihrem morgen beginnenden
Parteitag in Essen ein Heimspiel haben. Davon konnte die Partei, als
sie die Ortswahl traf, noch keineswegs ausgehen. Dass ihr Kandidat
am 12. September 1999 in der (auch damals schon) größten Stadt
des Ruhrgebiets das Rennen um das Amt des Oberbürgermeisters
machte, war die größte Überraschung der Kommunalwahlen in Nordrhein-Westfalen. Nicht einmal der Bewerber selbst, der Notar Wolfgang Reiniger, hatte damit gerechnet, es gleich im ersten Anlauf zu
schaffen.

Es war ein historisches Datum für das Ruhrgebiet, denn in fast
allen Städten büßte die SPD die absolute Mehrheit ein, derer sie sich
jahrzehntelang hatte sicher sein können: Es war der Tag, an dem der
rote Kohlenpott bunt wurde. Seit 1956 hatte in Essen die SPD regiert,
meist allein, zwischendurch auch in einer Koalition mit der FDP. Davor
aber war die Stadt der Krupps nie eine Hochburg der Sozialdemo-
kratie gewesen. Der erste Oberbürgermeister, der nach dem Krieg
hier gewählt wurde, avancierte später zwar als Sozialdemokrat zum
Bundespräsidenten, doch gehörte er 1946 noch der CDU an: Gustav
Heinemann.

Auch vor 1933 war die SPD, während sie im Reichstag die stärkste
Fraktion stellte, in Essen wie in den meisten Revierstädten nur die
dritte oder vierte Kraft gewesen. Bei den letzten freien Wahlen im
November 1932 erreichte das Zentrum mehr als 31 Prozent, die KPD

25,5, die NSDAP schon zwanzig und die SPD nur 11,8. Die Bahnlinie teilte die Stadt in zwei Hälften, zwei Welten: Der Süden war hügelig, bürgerlich und schwarz, der Norden flach, proletarisch und rot. Als soziale Grenze besteht sie bis heute: Der Süden hat einen hohen Wohnwert und eines der höchsten Pro-Kopf-Steueraufkommen der Republik, der Norden ist arm und geschunden von der untergegangenen Montanindustrie.

Die politischen Spuren dieser Vergangenheit aber sind längst verweht, und so kam es einer Sensation gleich, als vor knapp einem Jahr in der Kolonie Beisen, einer 1902/03 erbauten Arbeitersiedlung im Stadtteil Katernberg, eine Inschrift mit dem Aufruf „Wählt Thälmann" entdeckt wurde: In schwarzen Buchstaben steht sie, nicht sonderlich kontraststark, auf der verwitterten Backsteinfassade eines Zechenhauses in der Röckenstraße 15. Aufgefallen war sie einer Aktivistin der DKP Katernberg, die das Gedenken an den stalinhörigen KP-Führer, der es 1932 bei der Wahl zum Reichspräsidenten in Essen auf 22,2 und damit auf genau neun Prozent mehr als im Landesdurchschnitt gebracht hatte, nicht nur ganz nostalgisch stimmte, sondern auch bewog, beim Amt für Denkmalpflege die Unterschutzstellung zu beantragen: „Der Beleg des Kampfes der Arbeiterbewegung im Essener Norden gegen den herannahenden Faschismus", so lässt ihre Begründung den Parteijargon nochmals orgeln, sei „von großer historischer Bedeutung und schützenswert".

Die Denkmalbehörde prüfte den Antrag und kam zu dem Schluss, dass der Schriftzug authentisch ist und „mit hoher Wahrscheinlichkeit" 1932 an die Hauswand gepinselt wurde. Dass er sich dort so lange halten und zwölf Jahre Nazi-Diktatur überdauern konnte, dafür kann der Stadthistoriker Ernst Schmidt eine plausible Erklärungen geben: Es sei bei den Kommunisten Brauch gewesen, die Teerfarbe mit Fischlake zu vermischen, um sie ätzend und haltbar zu machen, und gerade diese Siedlung habe zu ihren Hochburgen gezählt. „Dass

die Nazis sich in der Kolonie nicht oft blicken ließen, wird gern erzählt",
schreibt Joachim Großmann in dem Buch *Wanderungen durch Zollverein: Das Bergwerk und seine industrielle Landschaft* (Essen, 1999),
„und wer dort von außerhalb ein Mädchen gesucht hätte, dem wäre
zunächst eine Tracht Prügel fast sicher gewesen."

Die Essener Stadtkonservatorin Petra Beckers befürwortete den
Antrag und reichte ihn an das Rheinische Amt für Denkmalpflege
weiter, das in einem Gutachten die Inschrift als „seltenes Zeitzeug-
nis für die Weimarer Republik" wertet, den „engen historischen
Sinnzusammenhang" zwischen Graffito und Gebäude hervorhebt
und folgenden Beschlussvorschlag aufsetzte: „Als Denkmal gemäß
§ 2 DSchG NW ist das Wohnhaus aus sozial- und stadtgeschicht-
lichen Gründen zu erhalten und zu nutzen." Dem aber wollte sich
die Bezirksverwaltung Stoppenberg-Katernberg-Schonnebeck in
ihrer Mehrheit nicht anschließen. Hoch, so heißt es, sei es herge-
gangen, als sie im Dezember darüber beriet. SPD, CDU und der
Vertreter der Republikaner lehnten den Eintrag in die Denkmalliste
ab, allein der Repräsentant der Bürgerliste Nord stimmte dafür. Ein
SPD-Ratsherr fragte, welche Konsequenzen denn auf den Eigentü-
mer des Hauses, die Immobilientochter der VEBA, zukommen und
welche Auflagen ihm gemacht würden – und musste sich von der
Stadtkonservatorin erklären lassen, dass Zuschüsse beantragt und
steuerliche Vergünstigungen geltend gemacht werden könnten. Und
ein CDU-Vertreter empörte sich, nicht ganz auf der Höhe der Zeit,
dass, wer ein Denkmal für Kommunisten befürworte, doch „in den
Osten gehen" solle.

„In den Beisen" aber, benannt nach den Binsen, die hier aus dem
sumpfigen Grund wachsen, ist Osten und immer schon Osten gewesen. Auf dem Rand der kleinen Mulde, deren Hufeisenform die
Röckenstraße folgt, verläuft die Stadtgrenze zu Gelsenkirchen: Am
Anfang, als die Kolonie errichtet wurde, zogen viele aus Polen ange-

worbene Arbeitskräfte hier ein, später, als sie einer der rötesten Flecken von Essen war, hätte man, so erzählen Anwohner, fast ein Visum gebraucht, und heute sind es in der Mehrzahl türkische Familien, die hier leben. Viele von ihnen sind dabei, die kleinen Häuser sorgfältig herzurichten, manche haben deren Charakter durch das Verputzen der Backsteinfassaden schon entstellt. Ansonsten aber verweisen nur Kleinigkeiten, wie ein Fanschal in den Farben von Trabzonspor, der unter der Heckscheibe eines alten BMW liegt, auf den Zuzug aus der Fremde. Schwarzes Meer statt schwarzes Gold.

Von Zeche Zollverein Schacht 3/7/10, für dessen Arbeiter die Siedlung angelegt wurde, stehen nur noch wenige Bauten, doch sein stählernes Fördergerüst dominiert bis heute den Stadtteil. Als hier noch eingefahren wurde, war der Pütt als „Knochenmühle" verschrien, 1980 wurden die Schächte verfüllt. Seit gut zehn Jahren nutzt die IBA Emscher Park das Gelände, um hier einen Handwerkerpark zu entwickeln. Im alten Schalthaus wurde eine Kindertagesstätte und in der Fördermaschinenhalle das *Erfahrungsfeld der Sinne* von Hugo Kükelhaus untergebracht.

Die Siedlung, die einst als „Kommunistennest" galt und in den fünfziger Jahren, gleichsam in der Füllung des Hufeisens, mit viergeschossigen Wohnblocks nachverdichtet wurde, wirkt heute fast proper. Die Straße wurde verkehrsberuhigt, Bäume wurden gepflanzt, Kästen mit Vergissmeinnicht stehen in den Fenstern, Satellitenschüsseln in den Giebeln. Die gleichartigen eingeschossigen Häuser vermitteln den Eindruck der Geschlossenheit: In jedem von ihnen sind vier Wohnungen, die von je zwei giebelseitigen Eingängen erschlossen werden und kreuzförmig einander zugeordnet sind – Küche und Wohnzimmer im Erd-, zwei Schlafzimmer im Dachgeschoss.

Wer sich das Haus Röckenstraße 15, das, mit Spanplatten vor den Fenstern, schon länger leer steht, genauer ansieht, wird bald gefragt, ob er es kaufen möchte. Der alte Mann, der das wissen will, ist Türke: Seit 31 Jahren, so erzählt er in gebrochenem Deutsch, lebt er in Essen, bis zu ihrer Schließung habe er drüben auf der Zeche, danach bis vor drei Jahren in Duisburg-Walsum gearbeitet. Zurück in die Türkei wolle er nicht: „Hier zu Hause." Für seinen neunzehn-jährigen Landsmann, der hier geboren ist, gilt das erst recht, „eine ganz korrekte Gegend" sei das, betont er, und ein deutscher Nach-bar macht den Besucher darauf aufmerksam, dass sich weiter vorne dieselbe Inschrift noch einmal finde.

Dort, in der Röckenstraße 5 wohnt Werner Truschinsky. „Knapp-schaftl. Ansprechpartner" heißt es auf einem Schild neben der Haus-tür, und im Gärtchen davor parkt eine zum Blumenkübel umfunktio-nierte Lore, auf der „Glück auf" geschrieben steht. Ruhrpott, wie er im Bilderbuch steht. „847 Versicherte habe ich hier zu betreuen", erklärt der bodenständige Endvierziger im karierten Hemd, das Plakat von Böhze Onkels, das seine Tochter ins Dachfenster geklebt hat, stört ihn nicht, doch mit dem „Wählt Thälmann" an seinem Haus kann er sich nicht anfreunden. Der erste Versuch, es zu entfernen, muss ihn mächtig frustriert haben, nicht einmal einen ganzen Buchstaben hat er geschafft. Das nächste Mal will er einen Sandstrahler einsetzen, doch der dürfte die ganze Fassade beschädigen. Von Denkmalschutz für die Hausnummer 15 hält Truschinsky gar nichts, da stimme die Bezirksversammlung auf keinen Fall zu, alle seien dagegen. Auf die Geschichte der Siedlung aber, in der er seit 1977 wohnt, blickt er mit Stolz: „Hier haben die Braunen sich nicht 'reingetraut."

Stadtkonservatorin Beckers sieht sich in der gesetzlichen Pflicht: „Es ist nicht Aufgabe der Denkmalbehörde, die Geschichte zu beurteilen, sondern einen Zustand zu dokumentieren", erklärt sie gewissenhaft, doch geht es ihr auch um eine grundsätzliche Frage: „Welcher Teil von Geschichte ist in der Demokratie erlaubt?" Das Rheinische Amt teilt ihre Auffassung, kürzlich hat es die Bezirksver-tretung aufgefordert, die Ablehnung zu begründen. Das aber dürfte ihr schwerfallen, und so wird, falls die Bezirksvertretung sich nicht eines Besseren besinnt, der Streit in die dritte und letzte Instanz verwiesen. Dann muss die Ministerin in Düsseldorf entscheiden, ob „Wählt Thälmann" unter Denkmalschutz gestellt wird.

Früher „verbotene Stadt", heute Weltkulturerbe der Unesco

Die industrielle Kulturlandschaft Zollverein

Die größte, die modernste, die leistungsfähigste: Mindestens diese drei Superlative vermag die Schachtanlage Zeche Zollverein XII in Essen auf sich zu vereinen, als sich am 1. Februar 1932 die Räder ihres Förderturms zum ersten Mal drehen. Zwölftausend Tonnen verwertbarer Steinkohle pro Tag, das bedeutet die unglaubliche Vervierfachung der Durchschnittsleistung im Revier. Nur 83 Sekunden benötigen die vier Förderkörbe für ihre Be- und Entladung sowie den Zug aus 620 Meter Tiefe – von der zwölften Sohle – zur Hängebank über Tage. Auf eine Länge von 120 Kilometern bringt es das Streckennetz, das bis in 1200 Meter Tiefe reicht: Ein industrieller Hochleistungskomplex ist hier entstanden, der den ganzen Kosmos einer Arbeits-, Produktions- und Lebenswelt umfasst. Eröffnet wird er im gleichen Jahr, in dem die Schließung des Bauhauses in Dessau beginnt. Auch wenn sie nicht aus dessen Geist entstanden ist, stellt die Zeche Zollverein XII mit ihren kubischen, nach dem Prinzip von Axialität und Symmetrie geordneten Baukörpern doch ein spätes, „anderes" Monument der Golden Twenties dar: Zeugnis einer wirtschaftlichen Hochblüte, die zum Zeitpunkt der Inbetriebnahme bereits verwelkt ist.

Aber noch in einer anderen Hinsicht ist die Zeche Zollverein XII ihrer Zeit und der Konkurrenz voraus, denn auch bei der Finanzierung – und das halten viele Darstellungen für nicht weiter erwähnenswert – gehen die Betreiber neue Wege. Schon zu Beginn der zwanziger Jahre ist abzusehen, dass die damals bestehenden vier Schachtanlagen überaltert sind und die Förderung nicht gesteigert werden kann. Rationalisierung ist gerade zu einem Leitprinzip unternehmerischen Denkens geworden, Automatisierung der Arbeitsabläufe heißt das Gebot der Stunde, und so fällt 1926 die Entscheidung, eine Verbundanlage bisher unbekannten Ausmaßes zu schaffen, die imstande sein würde, die gesamte Tagesförderung der Zeche zu heben und aufzubereiten. Treibende Kraft und Bauherr des Großprojekts ist der Bergwerksdirektor Friedrich Wilhelm Schulze Buxloh (1877–1959), der gegen interne Kritik weitsichtige Strategien entwickelt und dabei die Rückendeckung des Vorstandsvorsitzenden Albert Vögler genießt: 1921 wird Schulze Buxloh an die Spitze der Phönixzechen in Gelsenkirchen berufen und 1926, bei Gründung der Vereinigten Stahlwerke AG, als deren Vorstandsmitglied mit der Leitung der Zechengruppe Gelsenkirchen betraut. Entstanden ist die Vereinigte Stahlwerke AG, damals der zweitgrößte Stahlkonzern der Welt, nach dem amerikanischen Vorbild der US Steel Corporation, die den Maßstab vorgibt und auch bei der Finanzierung Modell steht: Angesichts der Geldknappheit in der deutschen Wirtschaft konnte der Investitionsbedarf nur mithilfe amerikanischer Kredite realisiert werden, und so hatten sich schon ihre Vorgängergesellschaften in New York Kapital besorgt, indem sie langfristige Dollaranleihen ausgaben, die vielfach von deutschstämmigen US-Bürgern gezeichnet wurden. Damit verschaffte sich die Vereinigte Stahlwerke AG an der Ruhr einen Wettbewerbsvorsprung, der sich zusammen mit dem durch den Verbund erzielten Kostenvorsprung in der Zeche Zollverein XII manifestiert und der Anlage ein langes Leben sichert. Denn das technische Konzept von Schulze Buxloh hält mehr

als ein halbes Jahrhundert: Während der Niedergang des deutschen Stahlkohlenbergbaus schon 1959 einsetzt, wird die Zeche Zollverein XII erst 1986, als letzter Pütt in Essen, geschlossen.

Schon 1918 lernt Schulze Buxloh den Architekten Fritz Schupp (1886–1974) kennen und erteilt ihm den Auftrag, Nebengebäude für die Zeche Holland in Wattenscheid, die er damals leitet, zu entwerfen: Es ist der erste Auftrag im Industriebau für den frischgebackenen Diplom-Ingenieur, der 1921 mit seinem ehemaligen Kommilitonen Martin Kremmer (1895–1945) eine Arbeitsgemeinschaft eingehen wird, und der Beginn einer langen, vertrauensvollen Zusammenarbeit, die in der Zeche Zollverein XII ihren baukünstlerischen Höhepunkt erreicht. Ebendamit, mit der stringenten Ästhetik der Architektur, hat der vierte Superlativ zu tun, der der weiträumigen, zwanzig Gebäude umfassenden Anlage zuteil wurde und sich nicht in Zahlen nachweisen lässt: „Schönste Zeche der Welt." Dass Industriebauten Schönheit annehmen, ist noch immer keine Selbstverständlichkeit und erscheint gerade im Bergbau, der mit Feuer, Kohle, Lärm und Schmutz einhergeht, besonders abwegig, doch wird es selten so eindrucksvoll augenfällig wie in diesem Ensemble: Die einzelnen Bauten bestehen aus einer gleichmäßig gerasterten Stahlfachwerkkonstruktion mit einer einheitlichen, nur zwölf Zentimeter dicken Backsteinausfachung, die, flexibel für Um- und Ausbauten, wandbündige horizontale Drahtglasbänder ebenso zulässt wie Betonflächen. Klar definiert und in geometrischer Ordnung aufeinander bezogen, bilden sie die inneren Arbeits- und Produktionsabläufe ab. Geht es Schupp, wie er betont hat, doch darum, „daß im Rhythmus der Baukörper und Baumassen der Rhythmus der Funktionen zum Ausdruck" komme, „die sich in ihnen vollzieht". Kurz und formelhaft bekannter formuliert, heißt das: „form follows function." Bis in die Details der Lampen, Treppengeländer und Türgriffe, der Wege und Grünflächen durchgestaltet, bekundet die Zeche eine Nähe zum Gesamtkunst-

werk. Auch das Doppelbockfördergerüst wird, Synthese aus inge-
nieurtechnischer Konstruktion und architektonischer Formgebung,
von Schupp und Kremmer entworfen: Breitbeinig über dem Schacht
sich erhebend, ist es zum Wahrzeichen der Region, zum Emblem des
Ruhrgebiets geworden.

Das flexible Baukastenprinzip des mit roten Ziegeln ausgemauerten Stahlfachwerks, das Schupp und Kremmer hier erstmals anwen-
den, wird zu ihrem Markenzeichen und begründet ihre führende und
lange tonangebende Position im Bereich der Industriearchitektur, die
Schupp nach dem frühen Tod seines Kompagnons, der in den letzten Kriegstagen in Berlin ums Leben kann, bis in die sechziger Jahre
behaupten kann: Mehr als vierzig Bergwerke umfasst ihr Œuvre, dazu
Kokereien, Raffinerien, Stahl-, Kraft- und Fahrzeugwerke, Chemie-,
Kali- und Zementfabriken, Schalt- und Stranggussanlagen. Von Glei-
witz in Oberschlesien über Goslar, wo sie 1936 bis 1939 für das Bergwerk Rammelsberg neue Übertageanlagen errichten, und Wolfsburg,
wo sie am Bau des Volkswagenwerks beteiligt sind, bis nach Hückel-
hoven im Aachener Steinkohlenrevier reicht geographisch das Band
ihrer Bauaufgaben. Ihren Schwerpunkt aber haben sie im Ruhrgebiet,
wo sie in der Zeche Zollverein XII kulminieren.

Anders als das Bauhaus, mit dem sie zu Unrecht identifiziert wird,
gründet die Architektur von Schupp und Kremmer nicht in einer
sozialkritischen Moderne. Bauen verstehen sie als ingenieurmäßi-
gen Prozess, der gleichwohl den Anforderungen an die Schönheit zu
genügen hat: Ihr an den Expressionismus angelehnter Repräsenta-
tionsstil, dessen heroische Symmetrien den Zechengesellschaften
zur Selbstdarstellung gereichen, ist eine Form der Herrschaftsar-
chitektur und ästhetisiert die zeitgenössische Arbeitswelt. Dass ihre
Prinzipien wenig später von den Nationalsozialisten usurpiert werden
(können), spricht nicht gegen die Architektur oder gar die Architekten, deren Entwurf aus dem Jahr 1927 datiert und deren Anspruch

Schupp 1929, während der Realisierung von Zeche Zollverein XII, mit diesen Worten umreißt: „Wir müssen erkennen, daß die Industrie mit ihren gewaltigen Bauten nicht mehr ein störendes Glied in unserem Stadtbild und in der Landschaft ist, sondern ein Symbol der Arbeit, ein Denkmal der Stadt, das jeder Bürger mit wenigstens ebenso großem Stolz dem Fremden zeigen soll wie seine öffentlichen Gebäude."

Dafür nehmen die Architekten auch Anleihen in der Feudalzeit. So hat der Eingangsbereich des Industriekomplexes etwas von einer barocken Schlossanlage: Der zum Wahrzeichen gewordene Förderturm, der über der Schachthalle die Beine spreizt, hat die feierliche Anmutung einer Kathedrale, und das Rasengeviert, das links das Schalthaus und rechts die Zentral- und die Elektrowerkstatt einfasst, erinnert an einen Ehrenhof. An die Stelle des herrschaftlichen Wohntrakts, der das Barockschloss flankiert, tritt das Kesselhaus, dessen langgestreckter Hof zwischen den kantigen Baukörpern der Zentral- und der Elektrowerkstatt sowie weiter hinten der Kompressorenhäuser dazu eine Seitenachse bildet, und das mit seinem Treppengiebel den Blick begrenzt: Darüber reckte sich ein 109 Meter hoher Schornstein, der den eingesogenen Blick nach oben lenkte und schon 1979 – als einziges Bauwerk der Zeche Zollverein XII – dem Abriss zum Opfer fiel. Die zweifache Aufgipfelung der Raummassen entgeht, da sie im rechten Winkel zueinander erfolgt und durch das Modul des Stahlprofilrasters der vorgehängten Fassade vermittelt wird, dem Eindruck bloßer Monumentalität.

Die Repräsentationszwecke beherrschen den Eingangsbereich so weit, dass die Arbeiter hier nichts zu suchen hatten. Aus den Waschkauen der älteren, östlich angrenzenden „Mutterzeche" Zollverein 1/2/8 kamen sie von hinten über eine schmale Verbindungsbrücke, gewissermaßen durch den Dienstboteneingang, auf die Anlage. Hinter dem Förderturm sind, in Ost-West-Richtung, die weiteren

Gebäude angeordnet, wobei die rechtwinklige Kohlenachse dem Produktionsvorgang folgt:

• die Förderanlage mit zwei Abzugsbühnen, dem Wagenumlauf und der Sieberei, wo täglich mehr als 15 000 Wagen vom Schacht über die Wipperhalle wieder zum Schacht zurückzirkulierten und ein Sieb die Körnung größer als achtzig Millimeter austrennte und alte und junge Bergleute die Berge an Lesebändern sortierten.

• die Kohlenwäsche, in der die Körner kleiner als achtzig Millimeter über Förderbänder zu Setzmaschinen gelangten und von ihnen – nach denselben physikalischen Gesetzen wie beim Goldwaschen mit einer Schüssel – durch Wasserbewegungen so geschichtet wurden, dass die Kohle von den Bergen getrennt wurde.

• der Kohlenbunker, wo etwa neunzig Prozent der Förderung aufbereitet und von wo die Kokskohle mit der Eisenbahn verschickt wurde – etwa zur Großkokerei Nordstern in Gelsenkirchen, einem der wichtigsten Abnehmer, die am Rhein-Herne-Kanal gelegen, ebenfalls zur Vereinigte Stahlwerke AG gehörte.

Im Schalthaus wurde der Strom, der angekauft und – erstmals bei einem Bergwerk – nicht selbst erzeugt wurde, auf alle Verbraucher der Zeche verteilt, das Kesselhaus am Ende der Seitenachse lieferte den Dampfdruck, mit der die Kompressoren zur Erzeugung der Druckluft angetrieben wurden. Unter Tage wurden sie in großen Mengen benötigt: Die Bergleute nutzten sie für Abbauhämmer, Schüttelrutschen, Druckluftlokomotiven und andere Geräte.

Als am 23. Dezember 1986 die letzte Schicht gefahren und der Vorzeige-Pütt im Scheinwerferlicht der Fernsehkameras zu Grabe getragen wird, feiert Essen eine schwarze Weihnacht. Sechs Tage später, am 29. Dezember 1986, findet in der Maschinenhalle ein ökumenischer Gottesdienst statt, und der Zechendirektor spricht von einem „traurigen Datum für die Menschen und die Technik". Knappen singen, Posaunen schmettern, sechshundert Liter Erbsensuppe werden verteilt. Zwar wird keiner der zuletzt nur noch 1700 Beschäftigten arbeitslos, doch im Essener Nordosten, in den Zechenkolonien von Katernberg, Stoppenberg und Schonnebeck, gehen viele Lichter aus. Die Kohle wanderte weiter nach Norden, Essens große Geschichte als Bergbaustadt ist zu Ende.

Seit 1847 war hier Kohle gefördert worden. Nachdem die bergrechtlichen Voraussetzungen erfüllt und die Streckenführung der Köln-Mindener Eisenbahn, die mitten durch das Gebiet lief, gesichert war, hatte der Ruhrorter Kaufmann Franz Haniel (1779–1868) mehrere Ländereien zusammengekauft und mit dem Abteufen des Schachts begonnen. „Zollverein", wie er das dreizehn Quadratkilometer große Grubenfeld nannte, war schon damals eine Fortschrittsformel: Unter diesem Namen hatten die deutschen Bundesstaaten angefangen, sich unter der Führung Preußens zusammenzuschließen, um dem politisch zerstückelten Land endlich einen wirtschaftlichen Binnenmarkt zu geben, was schließlich 1871 zur Reichsgründung führte. Die Förderung beginnt 1851, bereits 1866 wird die erste Kokerei gebaut, die erste Kohlenwäsche folgt 1874, eine zweite, qualitativ bessere 1886. Von 1881 bis 1886 werden drei weitere Schachtanlagen errichtet, um 1900 gehört die Zeche mit 5355 Bergleuten und einer Jahresförderung von 1,7 Millionen Tonnen zu den größten im Revier, 1904 werden auf Schacht 1, 1922 auf Schacht 2 die Malakowtürme, benannt nach der Festung auf der Krim, durch einen Förderturm ersetzt. 1920 wird Zollverein Hüttenzeche im Stahlkonzern Phoenix AG, der 1926 in der Vereinigte Stahlwerke AG aufgeht.

Als im Winter 1986 die Sterbeglocken läuten, glauben nur wenige an ein „zweites Leben" der Zeche Zollverein, und wohl niemand hätte sich träumen lassen, dass sie fast auf den Tag genau fünfzehn Jahre später, am 14. Dezember 2001, zum Weltkulturerbe geadelt werden würde. Ihre Karriere als Denkmal hat sie gegen heftige Widerstände gemacht. Vor allem die Stadt Essen tat sich jahrelang schwer damit, sie als ihr Erbe anzuerkennen: Erst genehmigt sie den Abrissantrag, den die Ruhrkohle AG 1983, ein Jahr nach der Ankündigung, das Bergwerk zu schließen, gestellt hat, dann will sie nur einer „kleinen Lösung" zustimmen, die das Fördergerüst mit seinen Nebengebäuden, nicht auch das Kesselhaus und die Kohlenwäsche einschließt. Doch hat das Rheinische Amt für Denkmalpflege den Schacht schon 1984 in einen Sammelauftrag aufgenommen und der Abbruchgenehmigung widersprochen. So muss der Minister für Landes- und Stadtentwicklung von Nordrhein-Westfalen angerufen werden, der eine mutige und weitsichtige Entscheidung traf: Es ist vor allem das Verdienst von Christoph Zöpel, der von 1980 bis 1990 dieses Amt bekleidet, dass die Zeche Zollverein gerettet wird.

Mit dem Erwerb der Liegenschaften und Gebäude durch seinen Grundstückfonds übernimmt das Land auch die Verantwortung für das Areal, das – einschließlich der 1993 stillgelegten Kokerei – hundert Hektar umfasst. 1989 werden eine Bauhütte und eine Arbeits- und Beschäftigungsgesellschaft gegründet, die – begleitet von den Essener Architekten Heinrich Böll und Hans Krabel – mit der schrittweisen Erschließung und behutsamen Instandsetzung beginnt und bis 1994 sechs Hallen neuen Nutzungen zuführt: Im Schalthaus werden zwei Veranstaltungssäle, das Besucherzentrum, die Büros der Bauhütte, das Archiv, das Filmstudio „Glück auf" und eine Werbeagentur untergebracht, in der Lesebandhalle eine Probebühne des Theaters und vier Ateliers eingerichtet. Auch das Bürgerbegegnungszentrum des Stadtteils wird hierher verlegt, denn selbst für die Anwohner ist, soweit sie nicht hier gearbeitet haben, Zollverein eine „verbotene" Stadt gewesen: Erst jetzt wird ihnen das „Mausoleum der Maloche" zugänglich, kann es entdeckt und erkundet werden. Zwei Werkstattgebäude werden zu Ausstellungshallen für zeitgenössische Kunst umgewidmet, in zwei andere zieht die Beschäftigungsgesellschaft ein, und im ehemaligen Niederdruckkompressorenhaus

eröffnet mit dem „Casino" ein erstklassiges Restaurant. Der Kühl-
turm II wird für ein Medieninstitut der Folkwang-Hochschule namens
„Interartes" zu einem großen, hellen, von acht Säulen umgebenen
Raum verwandelt.

Am 23. Dezember 1996, auf den Tag genau zehn Jahre nach Stil-
legung der Zeche, wird das umgebaute Kesselhaus seiner neuen
Bestimmung übergeben, die für die weitere Entwicklung des Areals eine entscheidende Rolle spielt. Als Sitz des Design Zentrums
NRW, das im folgenden Frühjahr aus dem „Haus Industrieform" in
der Innenstadt hierher zieht, soll es zum Nukleus für weitere Aktivitäten und Ansiedlungen aus diesem Bereich, aber auch aus Wirtschaft
und Wissenschaft, der Aus- und Weiterbildung werden. Den schon
1994 entkernten Innenraum hat der englische Architekt Norman Foster neu gestaltet, der die ungewohnte Aufgabe einer eigenwilligen
Lösung zuführt: Von den fünf Steilrohrkesseln, in denen der Dampf
für Kompressoren, Fördermaschinen und Heizungen erzeugt wurde,
bleibt nur einer als technisches Denkmal erhalten. Die vier anderen
hat Foster an den Rückseiten aufschneiden und ausweiden lassen,
wobei bis zu zwölf Kilometer Rohrleitungen entfernt werden müssen, um dreitausend Quadratmeter an neuen Ausstellungsflächen zu
schaffen. So wird, in der Kubatur der Kessel, der originale Raum-
eindruck weitgehend gewahrt, während Staub und Hitze verschwinden. Etwa zweihundert Meter umlaufender Galerie, von den massiven
Stahlträgern der Decke an dünnen Drahtseilen abgehängt, verbinden
und erschließen die neuen Räume, die durch Ganzglasscheiben und
Handläufe aus Edelstahl, zwei Markenzeichen Fosters, eine kühle,
zurückhaltende Eleganz gewinnen. Ein angesetzter Lastenaufzug an
der Nordfassade kann die Exponate auf alle Ebenen heben, und die
Kohlebunker auf dem Dach werden für die Verwaltung des Design
Zentrums in ein verglastes „Penthouse" mit vierhundert Quadratmetern Bürofläche transformiert.

Ende 1998 wird ein Denkmalpfad durch den Übertagebereich der Zeche Zollverein eröffnet, der durch die im Original belassenen Gebäude der ehemaligen Sieberei und der Kohlenwäsche führt und den Weg der Kohle verfolgen lässt: Gigantische Maschinen und Förderbänder zeugen von einem Arbeitsalltag in Lärm und Staub, Modelle, Filme und Installationen veranschaulichen die Aufbereitung des „schwarzen Goldes". Nirgends sonst in Europa lässt sich die weitverzweigte Komplexität der Kohle fördernden und verarbeitenden Industrie ähnlich komplett ablesen – und ablaufen. Längst haben auf der ehemaligen Halde Birken und seltene, dem nährstoffarmen Boden trotzende Pflanzen damit begonnen, sich das Terrain zurückzuerobern: Die Planungsgruppe Oberhausen hat hier einen Park angelegt und der Bildhauer Ulrich Rückriem, der 1992 seinen Beitrag zur *documenta IX* auf Zollverein zeigte, fünf skulpturale Steinquader gesetzt.

Nicht ganz so lang, aber ähnlich beschwerlich wie der Weg zum Denkmal soll sich für die Zeche Zollverein XII der Weg zum Weltkulturerbe erweisen. Auch hier wird es notwendig, ein breites Bündnis der Befürworter herzustellen, Überzeugungsarbeit zu leisten, Bedenken auszuräumen, Hürden zu überwinden. Den Impuls dafür gibt die Internationale Bauausstellung Emscher Park (IBA), ein auf zehn Jahre angelegtes Programm zur ökonomischen und ökologischen Erneuerung des nördlichen Ruhrgebiets, das die Landesregierung von Nordrhein-Westfalen 1989 auflegt: Dezentral organisiert und projektbezogen ausgerichtet, hat sie ihre Kopfstelle zwar wenige Kilometer weiter östlich, jenseits der Stadtgrenze zu Gelsenkirchen, im umgebauten Trafohaus der ehemaligen Zeche Rheinelbe, doch erklärt sie die Zeche Zollverein XII von Anfang an zu ihrem Sinnbild, ihrem Paradigma und ihrem Aushängeschild sowie schließlich auch zum Knotenpunkt der von ihr angelegten „Route der Industriekultur".

Schon im Sommer 1997 hat IBA-Direktor Karl Ganser die Antragsschrift für die Aufnahme in die Liste des Weltkulturerbes, gemeinsam mit Udo Mainzer und Eberhard Grunsky, den Landeskonservatoren für das Rheinland und für Westfalen, sowie dem Historiker Hans Kania von der Bauhütte Zeche Zollverein erarbeitet und eingereicht. Doch das Verfahren erweist sich als langwierig, da das Objekt erst auf die nationale „Tentative Liste" gesetzt und diese unter den Bundesländern abgestimmt werden muss. Bei der Evaluierung des Antrags, die die Unesco dem International Council on Monuments and Sites (Icomos) überträgt, wird empfohlen, zunächst eine internationale Vergleichsstudie über Bauten und Anlagen des Steinkohlenbergbaus zu unternehmen. Dies führt zu einer Zurückstellung des Antrags: Die Grenzen des Areals sollen überdacht, das Riesenrad, das die IBA im Zusammenhang mit der Ausstellung *Sonne, Mond und Sterne* zu ihrer Abschlusspräsentation 1999 auf der Koksofenbatterie der Kokerei aufgebaut hat, entfernt, der Plan, die Kohlenwäsche aufzustocken, verworfen und ein umfassender Managing- und Maßnahmenplan für die künftige Nutzung erstellt werden.

Dafür braucht es Zeit, und so muss der Antrag auf das Jahr 2001 vertagt werden. Am 14. Dezember ist es dann so weit: Auf seiner Sitzung in Helsinki nimmt das „World Heritage Committee" der Unesco die „Industrielle Kulturlandschaft Zollverein" in die Liste des Weltkulturerbes auf. „Der Bergbaukomplex Zeche Zollverein ist ein außerordentliches Kulturdenkmal dank der Tatsache, daß seine Gebäude herausragende Beispiele für die Anwendung von Gestaltungskonzepten der architektonischen Moderne auf einen ganzen industriellen Komplex sind", heißt es in der Begründung: „Die technologischen und anderen Strukturen von Zollverein XII sind repräsentativ für eine kritische Periode in der Entwicklung der traditionellen Schwerindustrie in Europa, als von hochwertigen architektonischen Gestaltungsprinzipien ein verständnisvoller und positiver Gebrauch gemacht wurde." Das Paradox des Unesco-Prädikats aber besteht darin, dass einer Architektur, die als Provisorium gedacht war und etwa dreißig Jahre halten sollte, Ewigkeitswert zuerkannt wird. Es ist die 25. Stätte in Deutschland, der die Auszeichnung zuteil wird, und nach dem Bergwerk Rammelsberg (1992) und der Völklinger Hütte (1994) erst die dritte der Montangeschichte. Für das Ruhrgebiet aber ist es eine Premiere: Seine Kathedrale der Industrie rangiert in Nordrhein-Westfalen damit auf einer Stufe mit Bauten des feudalen und kirchlichen Erbes, den Schlössern Augustusburg und Falkenlust in Brühl (aufgenommen 1984) sowie den Domen in Aachen (1978) und Köln (1996).

„Industrielle Kulturlandschaft Zollverein": Das bedeutet sehr viel mehr als der Zentralschacht Zeche XII, der ihr funktionales und auch bauästhetisches Zentrum bildet; vielmehr gehören zu ihrem Kern auch die schon 1932 stillgelegte Zeche 1/2/8, deren Maschinenhaus zum „Kunstschacht" und in deren Kaue das Choreographische Zentrum NRW eingerichtet wurde, sowie die Kokerei, die von 1957 bis 1961 in nordöstlicher Ergänzung zur Zeche realisiert wurde. Auch sie ist eine Anlage der Superlative, galt sie doch bei ihrer Inbetriebnahme als modernste und leistungsstärkste Zentralkokerei in Europa: Südlich der Köln-Mindener Eisenbahn, zwischen Großwesterkamp und Arendahls Wiese, auf einem vierzig Hektar großen Gelände errichtet, umfasst sie zunächst 192 Großraumöfen – von acht Metern Höhe, fast dreizehn Metern nutzbarer Länge und einer Kammernbreite von 45 Zentimetern – in acht Batterien, die 1972/73 – bei laufendem Betrieb – auf 304 erweitert werden. So kann die Kapazität von fünftausend auf bis zu 8600 Tonnen, die Gasgewinnung auf drei Millionen Kubikmeter täglich gesteigert werden.

Auch die Kokerei entstand nach den Plänen von Fritz Schupp, der dazu schon in den vierziger Jahren eine Lageplanstudie vorlegt, aber erst Ende der fünfziger Jahre, als der boomende Markt für Kokskohle das Investitionsklima begünstigt, den Auftrag erhält: Die Ofenbatterien zur Verkoksung der Kohle stehen parallel zur Eisenbahnlinie und bilden die „schwarze Seite", während rechts der Straße eine „weiße Seite" zur Gewinnung von Nebenprodukten (Ammoniak, Rohbenzol, Rohteer, Phenolatlauge, Schwefelsäure u.a.) mit rechtwinkligem Erschließungsnetz angelegt wurde. Wie für Schacht XII hat Schupp ein eigenes Gestaltungsschema entwickelt, doch während dort der Stahlskelettbau vorherrscht, sind hier die meisten der kubischen Baukörper in Stahlbetonkonstruktion ausgeführt. Die Reihe der sechs 94 Meter hohen Kamine setzt eine imposante Landmarke. Bandbrücken verbinden Zeche und Kokerei zu einem bergbaulichen Funktionskomplex, wie er – und das ist ein historischer Glücksfall – auf so engem Raum in dieser Art nicht noch einmal in Deutschland nachzuvollziehen ist.

Die sechshundert Meter lange Anlage ist durch einen Industriedenkmalpfad erschlossen und wird nachts von einer Lichtinstallation der britischen Künstler Jonathan Speirs und Mark Major rot ausgeleuchtet. Nach der Ausstellung *Sonne, Mond und Sterne* wird die Mischanlage im Sommer 2001 zum Schauplatz des Projekts *Orte der Sehnsucht*, in dem sich das Theater Oberhausen auf die Spuren von Georg Forster begibt. Auf der ehemaligen Energieumwandlungsmaschine, deren nach Süden geneigte Dächer oberhalb der Löschgleishallen sich für photovoltaische Module eignen, wird eine Solaranlage als „wachsendes Kraftwerk" konzipiert, entlang der Koksofenbatterien im Winter 2001/02 die angeblich längste Kunsteisbahn der Welt angelegt und daneben im Sommer ein Werksschwimmbad eröffnet. Auf der „weißen Seite" wird als erstes das ehemalige Salzlager, eine Stahlbetonhalle mit Satteldach, neu genutzt: Im Sommer 2001 richtet der russische Konzeptkünstler Ilya Kabakov hier seine Großinstallation *The palace of visions (Palast der Projekte)*, die im Durchmesser zwanzig Meter misst, als Dauerausstellung ein. Um das begehbare, spiralförmige Werk einzupassen, wird ein aus Sicht des Denkmalschutzes bedenklicher Eingriff vorgenommen: Die Wände seitlich der „Schnecke" werden ausgeschnitten, die tragenden Pfeiler freigestellt und die Halle um zwei „Kapellen" erweitert.

Um diesen Kern des Weltkulturerbes legt sich eine „Pufferzone", deren Ausdehnung mit den Stadtteilgrenzen von Stoppenberg, Katernberg und Schonnebeck zusammenfällt. In ihr befinden sich zahlreiche Siedlungen, die die Entwicklungsgeschichte des Bergbaus auch im Wohnungsbau dokumentieren: Die älteste von ihnen ist die Arbeitersiedlung Hegemannshof, deren erste Häuser bereits 1860 entstehen. Bis 1914 folgen die Kolonien Ottekampshof, Kolonie III, Beisen, die Siedlungen Theobaldstraße und Stiftsdamenwald, zwischen den Weltkriegen der genossenschaftliche Wohnungsbau am und um den Heinrich Lersch Platz, nach 1945 die Pestalozzidörfer Neuhof und Grundstraße.

In den Jahren 1992 bis 2002 sind mehr als fünfzig Millionen Euro an öffentlichen Mitteln in das Ensemble geflossen. Als die EU 1999 beschließt, den Essener Norden 2006 aus der Förderkulisse herauszunehmen, stellt sie noch einmal vierzig Millionen Euro an „Ausphasungsmitteln" in Aussicht, die sich mit vierzig Millionen Euro des Landes Nordrhein-Westfalen und zehn Millionen Euro der Stadt Essen zu einer kräftigen Anschubfinanzierung summieren. Um die Subventionen zu sichern, wird in kürzester Zeit eine „Denkschrift" aufgesetzt, die die zweite Ausbauphase auf drei Säulen stellt: auf *Metaform*, eine *documenta* des Designs, auf eine freie Design-Hochschule und auf ein Ruhr Museum zur Geschichte der Industriegesellschaft.

Als zentrale Steuerungsinstanz wird im Mai 2001 die Entwicklungsgesellschaft Zollverein (EGZ) gegründet, die die verschiedenen Akteure koordinieren und privatwirtschaftliches Engagement im Umfeld fördern soll. Unter dem Zeitdruck, die EU-Mittel bis zum Sommer 2003 anlegen zu müssen, hat die EGZ Rem Koolhaas und sein Rotterdamer Office for Metropolitan Architecture (OMA) mit einem

Masterplan für Zollverein beauftragt. Der niederländische Architekt schlägt vor, um das Industriedenkmal einen „Economyring" zu legen, von wo aus es zwei neue Gewerbegebiete gleichsam in die Zange nimmt, und die vier Eingänge mit „Attraktoren" zu besetzen. Die 45 Meter hohe Kohlenwäsche, Koolhaas zufolge mehr eine Maschine als ein Gebäude, soll nach seinen, in Partnerschaft mit Böll und Krabel erarbeiteten Plänen bis 2005 zu einer Art Centre Pompidou des Ruhrgebiets umgebaut werden, das die *Metaform*, das Ruhr Museum und ein Besucherzentrum beherbergt. Den ersten Wettbewerb für einen Neubau hat im Januar 2003 das Tokioter Architekturbüro SANAA gewonnen, das für die Design School einen weißen, transparenten Würfel vorschlägt. Nach und nach soll der Ort so zum „Portal" und Paradigma des neuen Ruhrgebiets werden, an dem der Strukturwandel vom Zweibeiner zum Tausendfüßler im Fokus Beispielkraft gewinnt. Die Gefahren, die Zollverein drohen, sind zwei Extreme: Entweder zum monumentalen Industriemuseum zu erstarren oder zum gehobenen Gewerbepark zu verflachen. In diesem Konfliktfeld zwischen Kulisse und Kommerz gilt es, seine Zukunft auszutragen.

Wie ein gebautes Sudoku-Rätsel: die Zollverein School von SANAA

Ein Wurf von einem Würfel

Auf der Ecke Gelsenkirchener Straße und Bullmannaue in Essen stand bis Ende 2004 eine ehemalige Wagenhalle der Straßenbahn, in der die letzten fünfzig Jahre eine Schraubenfabrik untergebracht war. Langgezogen und mit einem Tonnendach duckte sie sich, unauffällig und architektonisch nichts Besonderes, vor der Zeche Zollverein, dem Industriekomplex im Stil der Neuen Sachlichkeit, der sich dahinter erstreckt und seit 2001 auf der Welterbeliste der Unesco rangiert. In Zukunft soll hier keine Schraube, sondern das ganz große Rad gedreht werden. Der Ort schickt sich an, zu einer ersten Adresse für Design zu werden. Gestaltung statt Geräte: Strukturwandel im Ruhrgebiet ist auch Entmaterialisierung.

Nur anderthalb Jahre hat es gebraucht, das Gehäuse dafür zu errichten: ein hellgrauer Kubus, mit einer Grundfläche von 35 mal 35 und einer Höhe von 34 Metern, der alles andere als unauffällig ist und zumindest optisch mit den Schächten Kontakt aufnimmt. Design ist hier auch die Architektur – das „kommuniziert" die unregelmä-ßige Fensterung: 134 Öffnungen sind in die Fassade geschnitten, alle quadratisch, dabei unterschiedlich groß und scheinbar zufällig verteilt. Doch sind sie überlegt angeordnet, um im Inneren unter-schiedliche Lichtverhältnisse zu erzeugen und überraschende Durch-blicke zu bieten. Auch wenn die Tokioter Architekten Kazuyo Sejima und Ryue Nishizawa, die Anfang 2003 den Wettbewerb gewannen, jede Referenz zur traditionellen japanischen Baukunst verneinen, hat das etwas von einem Sudoku-Rätsel. Oder, um es in dem schönen Bild von Glenn D. Lowry, dem Direktor des Museum of Modern Art in New York, zu sagen: Wie der Jazz mit den Komponenten der Klassik verfährt, löst diese Architektur die Doktrin des Funktionalismus auf. Auch die Geschosse, vier insgesamt und ein Dachgarten, von denen jedes eine andere Höhe hat, sind von außen nicht ablesbar. Was sich drinnen abspielt, lässt sich nicht erkennen: Offene Räume und ein Maximum an Möglichkeiten sind angesagt.

Der scharfkantige Solitär mit den versprengten Augen ist das erste Gebäude, das Kazuyo Sejima und Ryue Nishizawa, die sich 1995 zu dem Architekturbüro SANAA zusammengetan haben, in Deutschland realisieren: ein Meisterwerk des Minimalismus, das mit den Dimensi-onen und dem Tageslicht spielt, ein Wurf von einem Würfel, der sich,

lakonisch und leichtgewichtig, vor die düstere Wucht der Industriearchitektur stellt. Im kalkulierten Kontrast dazu soll er für die helle
Zukunft von Zollverein stehen, der zu einem Zentrum der Kreativwirt-
schaft entwickelt wird. Neue, internationale Architektur als Signal und
als Imagefaktor.

Wie die Außenwände bleiben auch die Innenwände unbehandelt.
Ihr glattes Grau changiert in dem melierten Veloursteppich und den
wandhohen Vorhängen. Das Erdgeschoss, das mit beschichtetem
Estrich auskommt, enthält ein vertieftes, von doppelten Glaswänden
abgetrenntes Auditorium mit 182 Plätzen, Ausstellungsflächen und
eine Cafeteria. Zwei Treppenhäuser und ein Aufzugsschacht verbinden die Stockwerke; die gesamte Haustechnik verschwindet in den
Wänden und Decken. Das erste Obergeschoss bildet, mit einer Höhe
von 9,80 Metern und nicht vorstrukturiert in der funktionalen Unter-
teilung, die Produktionsebene des Design-Studios, darüber befindet
sich, 7,15 Meter hoch, die Bibliothek mit ruhigen Seminarräumen in
den Ecken, und im dritten Obergeschoss, das „nur" 4,15 Meter misst,
folgen Büroräume, die mit Glaswänden getrennt und mit Innenhöfen
versetzt sind. Auch der Dachgarten hat Wände mit Fenstern. Offen
wie die Räume konzipiert sind, ist es an den Nutzern, sie zu erschließen und sich anzueignen.

Die Zollverein School of Management and Design ist das erste
neue Gebäude auf Zollverein seit fünfzig Jahren. In die Wandkonst-
ruktion der einschaligen Sichtbetonfassade ist ein mäanderförmiges
Rohrsystem eingelegt, durch das Wasser fließt, das eine Temperatur
von 28 Grad hat und in der Pumpstation von Schacht XII per Wärme-
tauscher durch Grubenwasser aus tausend Meter Tiefe aufgeheizt
wird. Da reicht es zur Dämmung aus, dass die Außenwände statt
fünfzig nur dreißig Zentimeter dick sind. Das innovative Energiekonzept bindet das Gebäude an die alte Zeche an, neben der es, auch
wenn es deren Maßstab und Kubatur respektiert, einen Fremdkör-

per darstellt. Keine Fassade nimmt Bezug zu dem Stahlfachwerk der Backsteinarchitektur von Fritz Schupp und Martin Kremmer.

Zunächst als Design-Akademie konzipiert, trägt die Zollverein School das „Management" nun zuerst im Namen: Die Kombination von beidem, Wirtschaft und Gestaltung, in einem Lehr- und Forschungsinstitut gilt in Europa als einzigartig. An der Schnittstelle von klassischer Unternehmensführung und kreativen Prozessen wurde im Februar 2005 der erste berufsbegleitende Studiengang zum „Executive Master of Business Administration" aufgenommen. Der zweite begann im März dieses Jahres, und im Herbst wird der erste „Fulltime"-Kurs eingerichtet. Gesellschafter sind die Universitäten Duisburg-Essen und Wuppertal sowie der Initiativkreis Ruhrgebiet, eine public-private-partnership, die mit der Höhe der Studiengebühren ihrem Eliteanspruch bereits gerecht wird: 28 000 Euro muss hinblättern, wer die fünfzehnmonatige Vollzeit-Ausbildung absolvieren will. Ein abgeschlossenes Universitätsstudium und zwei Jahre Berufserfahrung sind Eingangsvoraussetzung. Bis zu zweihundert Studierende sollen hier einmal lernen, schon 2008 soll sich die Institution selbst tragen.

Es ist nicht so, dass der 1986 stillgelegten Zeche Zollverein ein neues Portal von exzellenter Architektur nicht zu Gesicht steht, erschließt sich das Areal doch nicht ohne Weiteres. Indes erscheint es nicht nur mutig, sondern auch vermessen, ein solches zwölf Millionen Euro teures Zeichen zu setzen, solange ein Großteil der alten Gebäude nicht gesichert, geschweige denn in neue Nutzungen überführt ist, die Finanzierung des in der umgebauten Kohlenwäsche entstehenden Ruhr Museum aus dem Ruder läuft und um die Unterhaltskosten des Hauses, das 2007 eröffnen soll, gefeilscht wird. So steht der außerordentliche Bau nicht nur für die Zukunft von Zollverein, sondern auch dafür, wie sehr das ehrgeizige Projekt über seine Verhältnisse lebt. In seiner Selbstdarstellung hat es das bereits internalisiert. Noch bevor er Gründungsdirektor Ralph Bruder als Präsident der Zollverein School of Management und Design nachfolgte, verstieg sich Andrej Kupetz zu dieser Anmaßung: „Das Bauhaus des 21. Jahrhunderts steht schon hier."

Die Lichtburg, Deutschlands größtes Filmtheater,
trotzt der Verödung der Innenstadt

Das dritte Leben der alten Dame

„Wenn es in Deutschland noch ein Kino gibt, auf das die schöne alte Bezeichnung ‚Filmtheater' zutrifft, dann ist es ...". Ja, und nun raten Sie mal, wem Dieter Kosslick die Krone aufgesetzt hat. Nein, nicht dem Zoo-Palast, auch nicht dem Gloria-Palast am Kurfürstendamm oder dem Babylon am Rosa-Luxemburg-Platz, sondern – fern der Hauptstadt – der Lichtburg in Essen. Das sagte der Chef der Berlinale 1998, als er noch Geschäftsführer der Filmstiftung Nordrhein-Westfalen war und dem größten Einzelkino in Deutschland zum siebzigsten Geburtstag gratulierte. Doch selbst wenn er damals einen Landesbonus gewährt haben sollte, fünf Jahre später bedürfte es dessen nicht mehr, denn inzwischen erstrahlt die Lichtburg in neuem, originalgetreuem Glanz: Die große alte Dame unter den deutschen Filmpalästen, 1928 geboren, 1943 schwer verletzt und 1950 wieder voll genesen, beginnt ihr drittes Leben.

Dass ihr das vergönnt sein würde, schien damals, an jenem siebzigsten Geburtstag, als ihre Existenz noch an Galgenfristen geknüpft wurde, wenig wahrscheinlich. Zwar waren Überlegungen der Stadt Essen, den fünfgeschossigen Komplex am Südrand des Burgplatzes, einen – nach dem Entwurf des Beigeordneten Ernst Bode – plastisch akzentuierten Baukörper in der Architektursprache der Neuen Sachlichkeit, an einen Investor zu verkaufen, 1995 gescheitert: Denkmalschützer und eine Bürgerinitiative wandten sich gegen die Pläne, das stadtbildprägende Gebäude einer Shoppingmall zu opfern, und wurden von Prominenz aus der Filmbranche, von Mario Adorf bis Wim Wenders, unterstützt. Doch hatte der Rat der Stadt 1998 den „Tendenzbeschluss" gefasst, das Kino zum Konzerthaus umzubauen.

Von „der hinhaltenden Politik der Stadt" vergrätzt, kündigte die UFA als damalige Betreiberin zum 31. März 1998 den Pachtvertrag und verabschiedete sich vielsagend mit *Titanic*. So eröffnete sich die Chance einer Zwischenlösung, zu der sich, ziemlich überraschend, zwei führende Akteure der Bürgerinitiative bereitfanden. Marianne Menze und Hanns-Peter Hüster, deren Essener Filmkunsttheater GmbH fünf anspruchsvolle Häuser betreibt, verpassten der maroden Immobilie eine Mindestsanierung und legten ein Programm auf, das an die große Tradition des Premierenkinos anzuknüpfen versuchte: Als am 3. September 1998 Pierce Brosnan zur Deutschlandpremiere von *The Nephew* ins Ruhrgebiet kam, war die Lichtburg erstmals wieder ausverkauft und etwas von ihrem Glamour zurückgekehrt. Die Essener begannen sie als „unser Kino" wiederzuentdecken, das Interesse zog, von Filmstars und -sternchen mitgetragen, immer weitere Kreise. Als der Oberbürgermeister Anfang 2000 zu einem offenen Forum in den Ratssaal rief, hielten Wim Wenders und Wolfgang Niedecken, die in der Lichtburg ihren BAP-Film gedreht hatten, flammende Plädoyers. Davon ließ sich sogar die Politik beeindrucken: Ihre Entscheidung, das Haus von Grund auf zu sanieren und seine Büroräume der Volkshochschule, die nebenan einen Neubau erhält, zuzuschlagen, soll auch die Belebung der Innenstadt befördern.

Stadtentwicklung – das war schon für die Gründung der Lichtburg ein Motiv gewesen. Denn 1928 zählte Essen bereits 24 Kinos, gut ein

Drittel davon in der Innenstadt, wo mit der zweitausend Besucher fassenden Schauburg auch – so die Werbung – der „Koloß der Lichtspieltheater Deutschlands" stand. Zehn Minuten entfernt ein zweites Haus dieser Größenordnung zu eröffnen, schien riskant und war vor allem dem Bedürfnis geschuldet, sich endlich als Großstadt darzustellen. Die war Essen erst 1896 geworden, doch schon 1925 war die Einwohnerzahl, durch Zuwanderung und Eingemeindungen, auf 475 000 explodiert. Urbanes Flair aber hatte die schon damals größte Stadt des Ruhrgebiets keines vorzuweisen. „Aha, das ist die Vorstadt. Solches sagt man sich bei der Ankunft in Essen an der Ruhr. Denn die Gassen sind so eng, daß die Elektrische oft nur eingleisig fahren kann, wogegen das Posthaus und das Bürohaus ‚Handelshof' respektable Ausmaße haben", wundert sich Egon Erwin Kisch, als er 1924 die Stadt besucht: „Wiederholt staunt man hier, in der Kapitale des rheinisch-westfälischen Industriegebiets, hier, in der Hauptstadt der Montanindustrie, den Häuschen mit grotesk steilen Dächern, schieferbeschlagenen Fassaden und grasgrünen Fensterläden zu begegnen."

Dabei hatte der rasante wirtschaftliche Aufschwung die Stadt zu einem Wohlstand kommen lassen, mit dem sie nicht länger hinter den Kohlebergen halten wollte. Die Altstadt sollte Geschäfts- und Unterhaltungsviertel, der Reichtum endlich gezeigt und in anspruchsvollen Gebäuden verewigt werden. Große Lichtspielhäuser galten als Synonyme für urbanes Leben: „Sie als ‚Kinos' zu bezeichnen, wäre despektierlich. Gepflegter Prunk an der Oberfläche ist das Kennzeichen dieser Massen-Theater", analysierte Siegfried Kracauer 1926, „Geschmack hat über den Dimensionen gewaltet und im Bunde mit einer hochgezüchteten kunstgewerblichen Phantasie die kostbare Ausstattung geschaffen. Aus dem Kino ist ein glänzendes revueartiges Gebilde herausgekrochen: das Gesamtkunstwerk der Effekte." Dem sollten auch in Essen Architektur, Ausstattung und Ambiente entsprechen: mit einer Kuppel, die mit zwanzig Metern Durchmesser alle anderen deutschen Theaterbauten überragt, mit Farblichtspielen, die das Publikum im Saal in unterschiedlichste Stimmungen versetzen konnten, mit der größten Wurlitzer-Kinoorgel Europas, die, 150 000 Reichsmark teuer, bei der Eröffnung am 18. Oktober 1928 spielte, gefolgt von dem kinoeigenen Dreißig-Mann-Orchester und einem Jazz-Duett. Erst nach der Wochenschau, einem Trickfilm und einem Auftritt der Folies Bergères aus Paris wurde der Hauptfilm gezeigt: *Marquis d'Eon, der Spion der Pompadour* von Karl Grune mit Fritz Kortner in der Titelrolle. Das Essener Publikum versuchte dem Anlass gerecht zu werden: „Im Parkett-Foyer des Theaters herrscht ein glanzvolles Leben. Die Herren sind zumindest im dunklen Abenddreß, die Damen in blitzender, schillernder Abendtoilette", schreibt die *Essener Allgemeine Zeitung*: Film war, auch in Essen, gesellschaftsfähig geworden. Ein gutes Jahr später flimmert mit *Das Land ohne Frauen* von Carmine Gallone der erste Tonfilm über die Riesenleinwand.

Von der Burgplatz AG, einer public-private-partnership, an der die Stadt zu einem Drittel beteiligt war, gebaut und zunächst auch betrieben, ging die Lichtburg Ende 1933 in den Besitz der UFA über, die das Haus auch der NSDAP für Parteiversammlungen zur Verfügung stellte. Als englische Bomber die „Waffenschmiede des Reiches" am 5. März 1943 in Schutt und Asche legten, brannte auch die Lichtburg aus. Im Frühjahr 1948 schloss die Stadt einen Pachtvertrag mit den Filmtheaterbetreibern Menz und Jaeck, der sie verpflichtete, das Kino innerhalb von zwei Jahren nach altem Vorbild in der stehengebliebenen Fassade wiederherzustellen, und erstattete ihnen 2,25 Millionen Mark dafür.

Die Wiedereröffnung am 23. März 1950 wurde mit der Weltpremiere von Willi Forsts *Wiener Mädeln* begangen, und schon bald danach galt die Lichtburg, mit „nur" noch 1600 Plätzen, wieder als eines der ersten Uraufführungstheater: Heimatfilme kamen besser an als Nachkriegs- oder Trümmerfilme. Als 1953 hier *12 Uhr mittags* seine Deutschlandpremiere feierte, ritt Bruce Low auf einem Schimmel die Kettwiger Straße hinunter und Gary Cooper erhielt zur Erinnerung eine Grubenlampe. Eine Million Besucher verzeichnete die Lichtburg 1953, doch schon Mitte der fünfziger Jahre begann der allmähliche Niedergang: Die Garderoben und die Filmbar wurden geschlossen, auch Jazz und Kabarett, die zur Untermiete einzogen, konnten ihn nicht aufhalten. Der Sexfilmwelle entging auch die Lichtburg nicht, wohl aber dem Umbau in viele kleine Schachtelkinos. Ihren Tiefpunkt erreichte sie 1992 mit nur noch fünf Prozent Auslastung: Im Jahr zuvor war am Rande der Innenstadt Deutschlands größtes Multiplex in Betrieb genommen worden.

Dessen Konkurrenz fürchtet Marianne Menze heute nicht mehr: „Es gibt einen Trend weg vom Multiplex hin zu den klassischen Kinos", beobachtet sie, und die bisherige Resonanz gibt ihr recht. Noch einmal wurde die Zahl der Sitze – auf „nur" noch 1250 – verringert, ansonsten aber wurde fast alles nach dem historischen Vorbild des Wiederaufbaus von 1950 in Form und Farben gebracht: rot gepolstert die Sessel, cremebeige die Wandbespannung in dem mächtigen Halbrund, aus glänzendem Messing die Türknäufe und die Saallampen, die – wie die nun kurioserweise sichtbaren Luftschlitze in den Vouten der Decke – leider nicht originalgetreu sind. Der Orchestergraben wurde geschlossen, die Bühne nach vorne gezogen, im Untergeschoss ein kleiner Kinosaal (mit 136 Plätzen), der jetzt „Sabu" heißt, eingerichtet; ein Café öffnet zur Kettwiger Straße, ein Restaurant zum Burgplatz, und die Wandillustrationen in der Filmbar wecken, im Stil der fünfziger Jahre, Fernweh nach bella Venezia.

Ein Kino der Superlative ist die Lichtburg auch in ihrem 75. Lebensjahr, und das gilt nicht nur für ihre Größe und die neue Leinwand, die zweiundzwanzig auf zwölf Meter misst. In Sachen Technik lässt sich die alte Dame nichts vormachen, und in puncto historischer Eleganz erst recht nicht. Entscheidend aber ist etwas anderes: Die Verkleinerung der Kinos, die Zerstörung ihrer sinnlichen Qualität, wird rückgängig gemacht. Filme lassen sich hier nicht nur anschauen, sondern (wieder) erleben.

Konzerthaus und gute Stube: die Philharmonie im Saalbau

Der Himmel über der Ruhr

Als Willy Brandt im Bundestagwahlkampf 1961 einen „blauen Himmel über der Ruhr" forderte, war das „nur" ein umweltpolitisches Versprechen. Der Steinkohlenbergbau hatte seinen Zenit gerade überschritten und den langsamen, doch unaufhaltsamen Niedergang der Montanindustrie angestoßen. Immer mehr Zechen starben, die Arbeitslosenzahlen begannen zu steigen, die Städte zu schrumpfen, die Produktion und mit ihr die Luftverschmutzung zu sinken. Nirgends hatte das Wirtschaftswunder so viel Dreck abgeworfen wie hier. Universitäten wurden gegründet und Renaturierungsprogramme aufgelegt, ein Strukturwandel in Gang gesetzt, der mit der Internationalen Bauausstellung Emscher Park (IBA) in den neunziger Jahren Modellcharakter gewann: Der Zweibeiner aus Kohle und Stahl transformiert zum Tausendfüßler.

Heute, mehr als vierzig Jahre später, ist die Luft im Revier so gut (oder schlecht) wie in anderen Großstädten auch, und die Staubwolken hängen nur noch in den Klischeebildern, wo sie sich länger halten als in der Wirklichkeit. Der blaue Himmel aber ist, da er keine reale Forderung mehr darstellt, zur Metapher für steigende Lebensqualität und mithin für eine Entwicklung geworden, in der gerade Kunst und Kultur neue Bedeutung zukommt: Gelten sie doch nicht mehr nur als das Gegenteil von Maloche, das der Regeneration dient, sondern als eigenständige Werte. Wer im Parkett der neuen Philharmonie Essen sitzt und gen Himmel blickt, schaut so unversehens in die Zukunft: Tiefblau leuchtet die Decke, wie es tiefer gar nicht möglich ist.

Das Gebäude, das das größte Konzerthaus des Ruhrgebiets beherbergt, ist neu und altehrwürdig zugleich. Denn die Philharmonie wurde als „innerer Neubau" in den Saalbau gesetzt, dessen Kuppelsaal als modifizierter Rechtecksraum erneuert und nach unten um ein Geschoss erhöht wurde. Das Parkett steigt „parabelhaft" in 32 Reihen an, sechs folgen im Balkon, je zwei staffeln sich auf einer Galerie und zwei Rängen an beiden Seiten, um die an der Stirnseite als Schmucksück prunkende Orgel, erbaut bei Kuhn in Zürich, einzufassen. Hinzu kommen fünf Reihen in der Apsis des Chores, sodass es der Saal auf insgesamt 1906 Plätze bringt. Ein rundes Schallsegel hängt über dem segmentweise absenkbaren Podium und betont – wie auch Farben und Materialien – die Verwandtschaft zur Kölner Philharmonie, die von denselben Architekten entworfen wurde: Das Kölner Büro Busmann + Haberer hatte Ende 1998 das Konzept vorgestellt und nach einem Gutachterverfahren im Januar 2000 den Auftrag erhalten.

Hell und heiter, freundlich und festlich ist die Anmutung, und wer je in der düsteren, großgaststättenhaften Unwirtlichkeit des alten Saals eine Veranstaltung abgesessen hat, wird sich die von so viel Licht geblendeten Augen reiben. Birkenhölzer täfeln die Oberfläche, die terracottaroten Stahlwinkel, die die Emporen tragen, klotzen, und die runden Deckenlampen dazwischen kleckern, die Bezüge der bequemen Sitze sind in verschiedenen Rottönen gestreift, und der Boden ist mit Stabparkett ausgelegt. Das viele Holz und die warmen Farben sichern dem Konzertsaal eine Kinderzimmerfröhlichkeit, die ihm eine prononcierte, kühlere Eleganz versagt.

Das neugeschaffene Foyer auf der Rückseite, über das der Saal erschlossen wird, vermittelt den Charme eines besseren Verwaltungsgebäudes und der cremefarbene Stuccolustro seiner Wände langweilige Gediegenheit. Der zweite Eingang vom Stadtgarten, der eine Etage tiefer liegt und eine direkte Verbindung zum Aalto-Theater zieht, kann es mit dem Hauptportal und seinem Garderobentrakt, wo die erhaltene Fünfziger-Jahre-Architektur repräsentative Großzügigkeit bekundet, nicht aufnehmen, und dem Glaskubus mit vierhundert Quadratmetern Grundfläche, der als flexibler Pavillon zum Stadtgarten angesetzt wurde, mangelt es an gestalterischer Eigenständigkeit. Entlang des Saales entwickeln sich zur Huyssenallee hin die Räumlichkeiten für die Musiker mit Stimmzimmern, Garderoben, einem Künstlerfoyer und einem schön proportionierten Probensaal, für den eine Decke entfernt wurde.

Anders als das Konzerthaus in Dortmund ist die Philharmonie Essen kein „reiner" Musiksaal. Es dauert nur wenige Minuten, um die Grundfläche über Hubpodien auf die horizontale Foyerebene abzusenken und die Bestuhlung herauszufahren: Schon steht der Raum für andere Nutzungen – Kongresse, Galas, Bälle – bereit. So kann der Saalbau auch mit Philharmonie bleiben, was er immer war: die gute Stube der Stadt. Bereits 1864 war am gleichzeitig angelegten Stadtgarten ein spätklassizistischer Saal in Fachwerkbauweise errichtet worden, für den 285 Essener Bürger 24 225 Taler gespendet hatten. Doch die Industrialisierung ließ die Stadt schnell auf mehr als hunderttausend Einwohner wachsen, und so war er schon zur Jahrhundertwende zu klein. Wieder war es bürgerschaftliches Engagement, das, wesentlich mitgetragen von Friedrich Alfred Krupp, nach dem Abriss 1901 zur Auslobung eines Architektenwettbewerbs führte: Aus ihm ging ein prachtvoller Repräsentationsbau mit jugendstilhaften Elementen als Sieger hervor, der 1904 eröffnet und 1943 zerstört wurde. Der Wiederaufbau nach Plänen von Walter Engelhardt übernahm den alten Grundriss, gab dem Gebäude aber zur Huyssenallee mit dreigeteilten Fenstern und einem hohen Mansardendach ein kompakteres, neubarock geprägtes Aussehen.

Der Saalbau blieb als Konzertsaal auch noch beliebt, als seine Bühnentechnik längst als antiquiert galt. Doch statt einer Grundsanierung wurden alle möglichen Alternativen erörtert, und als die SPD-Mehrheit im Rat Ende 1998 beschloss, am Berliner Platz eine neue Philharmonie zu errichten und den Saalbau zur Tagungsstätte abzuwerten, brach ein Sturm der Entrüstung los, der zum Katalysator für eine Generalabrechnung mit der SPD wurde: In einem Bürgerbegehren wurden fast 90 000 Unterschriften gegen das Projekt gesammelt, die Ratsentscheidung zurückgenommen und die SPD bei der Kommunalwahl im Herbst 1999 abgewählt.

Die alt-neue Philharmonie beschert Essen einen Quantensprung wie zuvor das Aalto-Theater, das 1988 – fast dreißig Jahre nach seinem Entwurf – fertiggestellt wurde. Knapp 75 Millionen Euro betragen die Kosten, an denen sich die Krupp-Stiftung mit 13, das Land Nordrhein-Westfalen mit 8,5 und RWE mit 1,5 Millionen beteiligten: So heißt der Konzertsaal nach Alfried Krupp und der Pavillon nach RWE. Die Kommune finanziert ihren Anteil über ein Investorenmodell, mit dem sie das Grundstück 22 Jahre lang verpachtet und zurückmietet, um es danach wieder als Eigentum zu übernehmen. Oper und Konzerthaus bilden, auch architektonisch, ein ungleiches Zwillingspaar in der Stadt: Ihre Verspannung – hier die „organische Architektur" aus hellem Granit, dort die gediegene Rekonstruktion aus (noch hellerem) Kalkstein – könnte zum Kraftzentrum einer Dynamik werden, die eine schon länger positiv verlaufende Entwicklung beschleunigt.

Der Glanz des „Eröffnungszaubers" entfaltete sich erst nach den Reden. Denn weder Wolfgang Reiniger, der danksagende Oberbürgermeister, noch Peer Steinbrück, der launige Ministerpräsident, noch Michael Kaufmann, der bescheiden auftretende Intendant, fanden in ihren Ansprachen einen Ausdruck dafür, was es in diesen Zeiten bedeutet, ein solches Haus zu stemmen und anspruchsvoll zu unterhalten. Danach aber spielten die Essener Philharmoniker unter Stefan Soltesz, der lange vehement für einen Neubau plädiert hatte, inzwischen aber sehr angetan von dem Ergebnis des Umbaus ist. Doch nicht mit Bachs *Tönet, ihr Pauken! Erschallet Trompeten!*, nicht mit Mozarts Konzert für Klavier und Orchester c-Moll (KV 491), sondern mit einer fulminant-differenzierten Interpretation der *Alpensinfonie* von Richard Strauss schien es fast so, als sei Soltesz hier schon seit Jahren zu Hause. Auch eine Reverenz an den Genius Loci, hatte der Komponist doch 1904 die Eröffnung des Saalbaus dirigiert und hier seine *Sinfonia domestica* uraufgeführt. Die Akustik, ausgetüftelt von Karl-Heinz Müller (Planegg), hat ihre Feuertaufe bestanden: Transparent und klar, fördert sie, wie zumal die Bläser hören ließen, eine vielfältige Intonation.

„Düsseldorfs Philharmonie steht in Essen" wird in der 38 Kilometer nahen Landeshauptstadt gefrotzelt. Das boshafte Bonmot hat in der Akustik der Tonhalle seine Wurzel, doch auch eine positive Spitze. Denn die Städte im Ballungsraum Rhein und Ruhr werden in diesen Zeiten, da sich der Standortwettbewerb im Kulturbereich verschärft, näher zusammenrücken und Formen der kooperativen Konkurrenz entwickeln müssen. Düsseldorf ist immer noch der Schreibtisch des Ruhrgebiets, doch die Musik spielt nicht mehr nur am Rhein. Der Himmel über Essen strahlt blauer.

Das neue Museum Folkwang von David Chipperfield

Die beschenkte Stadt

Auch die Adresse hat sich geändert. Goethestraße lautete sie bis vor
Kurzem, jetzt heißt sie Bismarckstraße, doch das ist auch schon der
einzige Abstrich an Namhaftigkeit. Dabei steckt sehr viel mehr dahinter, auch ein klares Bekenntnis zur urbanen Realität vor der Tür. Denn
wo der Eiserne Kanzler draufsteht, donnert (oder quält sich) vierspu-
rig eine Blechlawine, während der Dichterfürst für Verkehrsberuhi-
gung mit Bodenschwellen sorgt, die nur Postkutschentempo zulässt.
Großartiges hat sich getan mit dem Museum Folkwang in Essen, viel
mehr als solche Äußerlichkeiten bezeugen können, und dabei hat es
sich nicht einmal vom Platz bewegt.

Aber das ist nur der erste Widerspruch. Neu ist das Haus und
fühlt sich auch so an – weißgrau die Wände, geschliffen, terrazzoar-
tig von Rheinkieseln durchsprengt der Estrichboden, Oberlichter, die
den Tag hereinholen (und mit ausgeklügelten Membrankonstruktio-
nen bändigen), rechte Winkel, wunderbare Sichtachsen, helle Räume,
grüne Innenhöfe, zurückhaltende Eleganz.

Neu – und doch fühlt sich der Gast gleich aufgehoben, kommen
ihm die Räume bekannt, ja, vertraut vor. Die Erklärung dafür gibt der
Gebäudekomplex selbst, doch wird er erst Ende März, wenn die kli-
matechnische Angleichung erfolgt und mit der klassischen Moderne
auch das Herz der Sammlung eröffnet ist, ganz zu besichtigen sein.
Dann wird der Besucher den denkmalgeschützten Altbau, ein kubi-
sches Gefüge mit Innenhöfen, Perspektiven und tiefen Fenstern, wieder betreten können, den die Essener Architekten Kreutzberger, Hös-

terey und Loy mit viel Gespür für räumliche Atmosphäre entworfen haben. Das „edle Gehäuse", so Albert Schulze Vellinghausen 1960 in der *Frankfurter Allgemeinen Zeitung*, gibt die Vorlage für den Neubau von David Chipperfield, der es in einer Geste von souveränem Respekt erweitert. Sein pavillonartiges Ensemble aus sechs Baukörpern und vier Innenhöfen bringt es auf eine Fläche von 22 600 Quadratmetern und damit auf die vierfache Größe.

Verschwunden ist dafür der Bau von 1983, der die Museen Folkwang und Ruhrland verschwistert und zum „Zentrum" verunstaltet hatte. Und mit ihm alles, was das Museum belastete – der rückwärtige Eingang, das schlauchtiefe Foyer, die fensterlosen Räume, die unübersichtliche Wegeführung. Ein Gebäude, das noch keine 25 Jahre alt ist, abzureißen, kann für Chipperfield nicht allein im Stil begründet sein und nur bedeuten, dass die Mängel eklatant waren und beseitigt werden mussten. So grundlegend, dass sich der Architekt, und dafür hat er gekämpft, über eine Vorgabe des beschränkten Wettbewerbs hinweggesetzt hat: Alle öffentlich zugänglichen Räume bringt er auf einer Ebene unter, nur die Museumsverwaltung thront im zurückgesetzten Obergeschoss, die Depots befinden sich im Keller.

So wurde der Neubau auf einen Sockel aus hellen, schmal geschnittenen Betonwerksteinen gestellt. Im Gegensatz zum Altbau, der mit schwarzem Granit verkleidet ist, besteht seine alabasterartige Fassade, mit bündig integrierten Fensteröffnungen, aus großen, rechteckigen Glasrecyclingplatten, die dem 120 Meter langen Gebäude Leichtigkeit sichern und mit dem Sonnenlicht die Farbe ändern: Gletschergrün schimmern sie in der Essener Kälte.

Eine breite Freitreppe führt von der Bismarckstraße in einen offenen, durch eine Glaswand abgeschirmten Eingangshof, der mit hellen Betonplatten ausgelegt ist und mit zwei Bäumchen in der Mitte der sommerlichen Bespielung entgegenfriert. An der Nordseite liegt das Restaurant sowie dahinter – mit Sichtbezug zum Kulturwissen-schaftlichen Institut – ein Tagungsraum; an der Südseite der Ein-gang, ein paar Schritte sind es ins Foyer, das, hell und übersichtlich, sofort Orientierung bietet: Links, entlang der Bismarckstraße, liegen – neben Buchladen und Lesesaal – die kleineren, miteinander ver-bundenen Boxen für Graphik, Photographie und das Deutsche Pla-kat Museum. Gegenüber, hinter einem begrünten Innenhof, ist der Altbau einzusehen; rechts, entlang der Goethestraße, reihen sich die tieferen Räume der Dauerausstellung, die in zehn Kabinette unterglie-dert und über aufgesetzte Laternen belichtet sind. Daneben erstreckt sich, ebenfalls 5,80 Meter hoch und stützenfrei über 1400 Quadrat-meter, der über Sheddächer belichtete Raum für Wechselausstel-lungen. Abwechslungsreich sind die Raumfolgen, bodentiefe Fens-ter lassen viel Seitenlicht und damit Außenwelt herein. Das geht so weit, dass die Photographien eines Thomas Struth Konkurrenz erhal-ten: Der Blick hinaus auf die tristen Sechziger-Jahre-Wohnblocks der Goethestraße schafft realen Ersatz.

Fast dreißig Jahre nach dem „revolutionären" Museumsneubau von Hans Hollein auf dem Abteiberg in Mönchengladbach, des-sen Raumlabyrinthe eine Hängung in historischer Abfolge verweigern, damit der Bürger sich mündig seinen individuellen Weg durchs Museum sucht, geht Chipperfield einen Schritt weiter. Die Emanzi-pation wird dem Besucher nicht mehr abverlangt, sondern so weit vorausgesetzt, dass er sich fast in jedem Moment entscheiden kann – zwischen Kunst und Hinausschauen, Versenkung und Abschweifung: „Man will sich verlieren, man will sich orientieren", umschreibt der Architekt diese Balance, deren Wechsel von Offenheit und Geschlos-senheit, Transparenz und Schutz auch zu einem Spiel der (Selbst-)Wahrnehmung einlädt. Kontraste befördern es noch: Draußen lärmt der Verkehr, doch drinnen ist er nicht zu hören, hart, aber trennscharf ist die Grenze zwischen Kunst und Wirklichkeit gesetzt.

Hundertacht Jahre nachdem der Bankierssohn Karl Ernst Osthaus in Hagen Folkwang, zunächst übrigens mit naturwissenschaftlicher Sammlung, gegründet und dann in zehn Jahren zum ersten Museum für zeitgenössische Kunst ausgebaut hat, 88 Jahre, nachdem eine Allianz aus Stiftern und Stadt die hochkarätige Kollektion nach dem frühen Tod des Mäzens für Essen erworben hat, übersetzt David Chipperfield den altgermanischen Namen in Architektur: Indem er das Museum zur Stadt öffnet und als Ort des Gemeinwesens definiert, wird es zu einer „Halle des Volkes". Eine späte Vollendung, die der erste Bürger der Stadt durch eine neue mäzenatische Großtat ermöglicht hat: Die Alfried Krupp von Bohlen und Halbach-Stiftung hat, auf Initiative ihres Kuratoriumsvorsitzenden Berthold Beitz, die Kosten für den Neubau in Höhe von 55 Millionen Euro übernommen. „Ganz im Sinne Alfried Krupps ist dieses Museum", so der 96 Jahre alte Patron, „ein Geschenk der Stiftung an die Essener Bürger." Morgen werden sie es, bei freiem Eintritt, in Besitz nehmen.

Museen sind Orte des Sehens. Das aber richten sie nicht, zumindest nicht in erster Linie auf sich selbst, sondern auf die Kunst, die sie hüten. Diese Selbstverständlichkeit ist schon lange keine mehr, doch David Chipperfield nimmt sie so ernst, dass etwas entstanden ist, was sie ebenso gelassen wie entschieden zurückgewinnt: ein Museumsgebäude, das, bei geradezu Mies-van-der-Rohe'schen Strenge, nicht mit seinem optischen Reiz, gar als Spektakel, sondern durch Solidität und Helligkeit, Großzügigkeit und Verlässlichkeit für sich einnimmt. Die Garantie dafür, dass dieses Konzept aufgeht und auch nach einem halben Jahrhundert noch Bestand haben wird, hat der Architekt dem Museum „eingebaut": Der Altbau, gerade fünfzig Jahre alt und kein bisschen gealtert, steht dafür ein.

Die ehemalige Kohlenwäsche wird zum Ruhr Museum

Geschichtsbergwerk der Industrienatur

Nicht weit entfernt verläuft die Grenze – zwischen Stoppenberg und Rotthausen, Essen und Gelsenkirchen, den Regierungsbezirken Düsseldorf und Münster, Rheinland und Westfalen. Das Ruhr Museum liegt am Rande der Stadt und doch in der Mitte des Ruhrgebiets. Genau diese Position beansprucht es und möchte es definieren: als Gedächtnis der Region. Aber auch sein neuer Standort lässt sich symbolisch verstehen, wurde es, 1904 als Ruhrlandmuseum gegründet und nun im Verbund von Stadt Essen, Land Nordrhein-Westfalen und Landschaftsverband Rheinland rundumerneuert, doch auf dem Areal der Zeche Zollverein XII angesiedelt, die, als die Architekten Fritz Schupp und Martin Kremmer sie 1932 in Stahlskelettbauweise errichteten, das leistungsstärkste Bergwerk der Welt war. 1986 stillgelegt und seit 2001 Weltkulturerbe, wurde Zollverein zum Paradigma des Strukturwandels im Ruhrgebiet.

„24", „21", „17", „12" und „6" heißen, von oben nach unten, die Etagen. Kein Museum wie viele andere, auch der Zugang bestätigt es. Im Grunde nicht mehr als das Gehäuse einer gigantischen Maschine, welche Kohle und Abfall („Berge") schied und in Eisenbahnwaggons verlud, hatte es keinen Haupteingang und so wurde ihm eine Rolltreppe, die knallorange leuchtet und nicht einmal den hier herrschenden rechten Winkel wahrt, als Gangway angesetzt: In zweieinhalb Minuten hebt sie den Besucher hoch ins Foyer, aus dem er in die Geschichte hinuntersteigt. Kasse, Café, Shop findet er hier oben – und eine tolle Aussicht. „Ruhr Museum": Das Schild hängt über einem schmalen Gang, der zwischen rostenden Maschinen hindurchgeht. Erst im Geschoss darunter beginnt der Ausstellungsparcours. Auch das in den Rohkohlebunker gesetzte Treppenhaus leuchtet knallorange und führt in die „Gegenwart".

Photos laufen über eine an der Decke geknickten Fläche und verwischen: „Mythos". Das Publikum wird abgeholt bei Vorkenntnissen, Vorstellungen, Vorurteilen. Das Ruhrgebiet, wie es prollt und bollert, leibt und lebt, Stadträume, vom Zug aus gesehen, die Industrieanlagen und Verkehrswege zerschneiden, Ausblicke auf Halden und Bergsenkungen, Brachen und Provisorien, Siedlungen und Schrebergärten. „Phänomene" wie Freizeit folgen, auf dem Baldeneysee wird gewindsurft, am Rhein-Herne-Kanal kampiert. Dann Geräusche, Gerüche, Sprache: Fritz Eckenga trifft Tana Schanzara trifft Helge Schneider, von Monitor zu Monitor winken sie sich zu. Pokale des Fußballs glänzen mit liturgischen Geräten um die Wette, die Choreographie des Torjubels von S 04 und BVB 09 steht zum Vergleich. Trinkhallen, Tauben und andere Tiere, Klischees und was nicht hineinpassen will: große Parks und, das gibt es nur hier, „Industrienatur". Daten, Zahlen, Fakten werden aufbereitet, drei Projektionsflächen bieten Auskunft über alles, was von A wie „Arbeitsunfall" bis Z wie „Zechensterben" statistisch erfasst ist. Hinter einer Glaswand sind „Zeitzeichen" gesetzt. In stelenartigen Vitrinen liegen Gegenstände, an denen sich persönliche und kollektive Erinnerungen festmachen (sollen), so der Bergmannshelm von Harry Müller oder der Wäschelöffel von Erna Stottrop. Einer Staublunge („20. Jh.") werden Schachtelhalme aus dem Karbon („314 Millionen Jahre"), Einweckgläsern werden Salzkristalle gegenübergestellt. Musée sentimental. Das Gedächtnis arbeitet emotional und assoziativ.

Eine Etage tiefer, auf zwölf Metern, wird es geordnet. Die Raumstrukturen hier wurden aufgeschnitten, aus den Bunkern, die Kohle, Abfall und Wasser speicherten, Wunderkammern: Es gab hier Leben

vor der Industrialisierung. Alt-, Mittel- und Jungstein-, Bronze- und
Eisenzeit „belegen" geologische und archäologische Stücke, die
römischen Funde sind reicher, Waffen der Franken und Sachsen,
das große Karolingische Evangeliar prunkt für die Christianisierung,
Klosterwelten werden geöffnet, Machtansprüche vermessen, Dortmund und Wesel sind Hansestädte, in Essen und (im heutigen Vor-
ort) Steele profitieren Büchsenmacher vom Dreißigjährigen Krieg.
Der Kartograph Gerhard Mercator begründet den Ruf von „Duisbur-
gum" als „doctum", in (Gelsenkirchen-)Horst steht ein bedeutendes
Renaissanceschloss, Gelehrte wie Ostermann, Kortum, Mallinckrodt
oder Baedeker vertreten die Aufklärung, Brandenburg-Preußen baut
Wesel und (kleiner) Hamm zu Festungen aus, Hogenberg und Merian
stechen (oft idealisierte) Ansichten der Städte am Hellweg in Kupfer.
Daneben Braunbär und Biber, Kohl und Kirsche, Flora und Fauna.

Erst die Industrialisierung im späten 18. Jahrhundert macht die
Region zum „Identifikationsraum", dessen „Geschichte" auf sechs
Metern Höhe, auf der Verteilerebene unter mächtigen Schütttrichtern,
als fünfaktiges Drama erzählt wird. Das „schwarze Gold" verdankt sie
der Karbonzeit (vor 360 Millionen Jahren), das Diorama „Sumpfmoor-
wald" setzt die pflanzliche Basis ins Bild, deren Vielfalt sich in Fos-
silien abdrückt. Kein menschliches Wirtschaften davor (und danach)
hat Landschaft so tiefgreifend verändert: Preußische Reformen
ebnen den Weg, Gründerpioniere wie Haniel, Harkort, Huyssen oder
Stinnes, die in Öl – Alfred Krupp gar in Erz! – grüßen, später auch
Hoesch und Thyssen setzen auf Innovationen, der Bergbau wan-
dert nach Norden, die in England entwickelte Dampfmaschine lässt
auch überdeckte Bodenschätze erschließen und das nachdrängende
Wasser abpumpen. Die Montanverbindung aus Kohlenförderung und
Eisenerzeugung legt die Basis für ein mächtiges Industrieland, das
sich mit Kanälen und Eisenbahnen Verkehrswege und internationale
Verflechtungen schafft.

Bereits Ende des 19. Jahrhunderts ist der Höhepunkt erreicht. Großkonzerne sind entstanden, Hunderttausende (nicht nur) aus dem Osten eingewandert. Der Schreibtisch eines Zechendirektors ist aus anderem Holz als die Reisekiste aus Masuren, Turnvereine heißen „Einigkeit" oder auch „Sokól" (Falke), Kontrollmarkentafel und Stechuhr setzen den Arbeitsrhythmus, Rauchhelm und Grubenlampe bedeuten noch keine Sicherheit, Rationalisierungen halten die Produktion hoch. Die Industrialisierung hat ihre eigene Zeitrechnung, das Kapitel „Zerstörungen und Wiederaufbau" reicht – über Krieg, Ruhrbesetzung, Widerstand, Arbeitskämpfe, Inflation, Nationalsozialismus, Krieg, Marschallplan und Wiederaufbau – von 1914 bis 1957, als das Ende der Kohlesubventionen und der Einfuhrzölle auf Erdöl die Krise einläutet. Robert Schmidt, der erste Direktor des Siedlungsverbands Ruhrkohlenbezirk und weitsichtige Planer einer selbstbewussten Region, wird gewürdigt. Seit 1957 ist „Strukturwandel" angesagt: Zechensterben, Streiks, Mahnwachen, Fördermaßnahmen, die IBA Emscher Park als ökonomische und ökologische Erneuerungsstrategie. „Bilanz und Ausblick": Für Zersiedelung, Bevölkerungsentwicklung, Klimawandel müssen projektierte Zeitungsartikel genügen.

Natur- und Kulturgeschichte werden zusammengedacht und -gebracht: „Hybride" nennt Direktor Ulrich Borsdorf deshalb sein Museum. Mehr als sechstausend Exponate, Attraktionen und Alltägliches, Monumente und Miniaturen, Preziosen und Populäres, Reliquien und Relikte, Unikate und Unscheinbares werden gezeigt. Wie die konventionell-elegante Ausstellungsarchitektur von HG Merz sie gliedert, komponiert und aufeinander bezieht, eröffnet spannende Perspektiven; der breite Erzählfluss lädt zu vielen kleinen, auch großen Abschweifungen und Vertiefungen ein. Doch warum werden Alltagsgegenstände in XXL-i-Pod-Vitrinen eingesargt, warum liegen Denkschriften und Broschüren hinter Glas statt im Regal?

Die Entscheidung, die Kohlenwäsche zum Museum umzubauen, war seinerzeit umstritten. Im Rahmen der vorgegebenen Möglichkeiten haben die Architekten, Rem Koolhaas/OMA (Rotterdam) und Heinrich Böll und Hans Krabel (Essen), letztere vor allem erfahren im Umgang mit Industriekultur, viel – und das im doppelten Wortsinn – herausgeholt, grundsätzliche Bedenken aber nicht ausräumen können. Das Ergebnis ist zwiespältig: Das Denkmal wurde beschädigt und den Raumfolgen fehlen, das offenbart der Vergleich mit der schönen – und mit 55 Millionen Euro genauso teuren – Schwester Folkwang, Weite, Helle, Tageslicht, Großzügigkeit.

Schließlich ist auch das ein Verdienst des Ruhr Museums: Am gleichen Tag wie die Europäische Kulturhauptstadt eröffnet, deckelt es deren Metropolen-Huberei, indem es Defizite („uneinheitlicher Siedlungsbrei") benennt und Klischees in der Wirklichkeit verortet. Schön sieht, nach herkömmlichen Vorstellungen, anders aus, aber das Ruhrgebiet ist in Bewegung und dabei, sich neu zu (er)finden. Das Ruhr Museum ist ein Beitrag dazu.

Die Alte Synagoge wird zum Haus jüdischer Kultur

Superman mit Davidstern

„Alte Synagoge" steht noch auf den Hinweisschildern. So schnell wie das Baudezernat, das sie in knapp zwei Jahren in ein „Haus jüdischer Kultur" umgestaltet hat, arbeitet das Straßenverkehrsamt in Essen nicht. Jeder in der Stadt kennt das Gebäude, 40 000 Autos rollen täglich vorbei. Die alte Verbindung zu Münster und evangelischer Marktkirche ist abgeschnitten durch den Verkehr; die altkatholische

Friedenskirche grenzt an den gleichen, mit dem Jahrhundertbrunnen besetzten Platz.

Selbst das 106 Meter hohe Rathaus, das die Synagoge seit 1979 überragt, kann sie nicht in den Schatten stellen. Zu imposant erhebt sich der mit Muschelkalk verkleidete Werksteinbau, der mit seinen gedrungenen Formen und der 34 Meter hohen Kuppel den Eindruck einer Trutzburg erweckt. Die damals größte und für viele schönste Synagoge in Deutschland sollte „Mittelpunkt für einen Teil der Stadt" sein: Selbstverständnis, Zukunftsoptimismus und Integrationswille der Jüdischen Gemeinde, die an dem von der Industrialisierung beschleunigten Wachstum der Stadt entscheidenden Anteil hatte, fanden darin ihren Ausdruck. Gebaut für die Ewigkeit, weder Nationalsozialisten noch der Zweite Weltkrieg konnten sie zerstören.

Wer das Haus, das zuletzt als Gedenkstätte diente, heute wieder betritt, reibt sich die Augen. Was für ein Raumerlebnis – hell, tief und einladend! Eingebaute Zwischenwände und Verwaltungsräume wurden herausgenommen, Lampen und Leuchten entfernt, die Fenster freigestellt, alle vier Treppenhäuser in den Ecken geöffnet. Apricottöne wärmen Wände und Böden, das Innere der Kuppel enthebt sich in Fliederblau. Das bunte Mosaik über dem offenen Thoraschrein mit dem hebräischen Schriftzug „Wisse, vor wem Du stehst" funkelt in der Sonne. Das Haus ist profaniert, doch seine synagogale Struktur wieder emotional erfahrbar. Für die Jüdische Gemeinde, die in Essen vor dem Zweiten Weltkrieg 4700 und heute etwa 750 Mitglieder hat, wäre es zu groß. Schon 1959 hat sie an der Ruhrallee eine neue Synagoge errichtet.

„Neue Synagoge" hieß auch das Haus, das am 25. September 1913 eingeweiht wurde und den Vorgängerbau von 1869 ablöste. Edmund Körner (1874–1940), ein christlicher Architekt, der von 1911 bis 1913 Entwurfsleiter im Essener Hochbauamt war, hatte den Wettbewerb gewonnen, dann aber in engem Zusammenwirken mit dem

Rabbiner einen anderen Entwurf umgesetzt: Sein Monumentalbau wollte zwischen Tradition und Moderne, Abendland und Orient vermitteln und konnte, so ein zeitgenössischer Kommentar, „nicht mehr ausschließlich eine Angelegenheit der Gemeinde sein". Die gestalterischen Elemente stehen im Zeichen des Jugendstils, das reiche bildliche und plastische Ausstattungsprogramm erheben den Bau zum Gesamtkunstwerk. Die Steigerung vom Vorhof über die Vorhalle in das religiöse Zentrum, den kreisrunden Versammlungsraum, war von außen abzulesen.

Schon im Februar 1932 hat es einen Anschlag der Nationalsozialisten auf die Synagoge gegeben. Äußerlich unbeschadet übersteht sie die Pogromnacht, im Innern wird gebrandschatzt, Fenster und Ausstattung werden verwüstet. Während des Krieges wird im Keller ein Luftschutzbunker eingerichtet, nur der Vorhof wird beschädigt und später abgerissen. Danach steht die Synagoge lange leer, als steinerner Zeuge des Terrors. Vorschläge der Jüdischen Gemeinde, das Gebäude für kulturelle Zwecke zu nutzen, wie Stimmen aus Israel, eine Gedenkstätte einzurichten, finden wenig Gehör.

Was folgt, ist ein Stück Schuld-, Scham- und Verdrängungsgeschichte der jungen Bundesrepublik: 1960 kommt die Immobilie in den Besitz der Stadt, die ein Jahr später das „Haus Industrieform" dort unterbringt, in dem formschönes Design – von der Tischlampe bis zur Toilettenschüssel – ausgestellt wird. Der Innenraum wird völlig entstellt, die Kuppel mit einer rechteckigen Decke abgehängt. Erst ein weiterer Brand, ausgelöst von einem Kurzschluss 1979, verhilft Überlegungen zum Durchbruch, das Haus in eine Gedenkstätte umzuwidmen: Am 9. November 1980 wird sie, innen weitgehend unverändert, mit der Dauerausstellung *Widerstand und Verfolgung in Essen 1933–1945* eröffnet, die von der jüdischen Bevölkerung keine Notiz nimmt. 1988 kommt mit *Stationen jüdischen Lebens* eine zweite Ausstellung dazu.

Schon damals beginnt Edna Brocke, die kurz zuvor die Leitung übernommen hatte, eine Neukonzeption zu erarbeiten: „Ich möchte den Trauerflor über dem Haus lüften, den allein rückwärts gewandten Blick überwinden", sagt die in Jerusalem geborene Judaistin, eine Nichte von Hannah Arendt: „Die vielfältige Existenzform des Judentums als ‚way of life' und als lebendige Religionsgemeinschaft findet kaum Beachtung." Erst die Europäische Kulturhauptstadt Ruhr 2010 nimmt die letzte Hürde. Das Land Nordrhein-Westfalen trägt achtzig Prozent der Kosten von 7,8 Millionen Euro; für den Anteil der klammen Stadt springen vierzehn Stifter und Sponsoren ein. Statt einer Gedenkstätte oder eines Museums der Religion soll ein kulturelles Zentrum mit Führungen, Lehrhäusern, Donnerstagsgesprächen, Filmen, Konzerten entstehen.

Die fünf Dauerausstellungen sind als Begleitprogramme angelegt: Auf der Orgelempore über dem Thoraschrein wird die Geschichte des Hauses erzählt, in dem Seminarraum darunter „Quellen jüdischer Tradition" gezeigt. Auf der Frauenempore steht zwischen Kochbüchern und Kinoplakaten, Tanz-Station und Bücherregal ein Multi-Touch-Screen, auf dem sich die jüdischen Welten von neun Metropolen aufrufen lassen, in einer Vitrine liegen Kippot neben einem Superman-T-Shirt mit Davidstern und einer Baseballkappe mit dem Wappen von Israel. An den Seiten der Empore werden „Jüdische Feste" illustriert, auf dem Mezzanin wird die Geschichte der Gemeinde dokumentiert. In der Photogalerie hängt Marcel Reich-Ranicki zwischen Bar Refaeli und Ilja Richter.

Erstes Ausstellungsstück aber bleibt das Haus selbst, das nicht länger verwaist oder von unverständigen Stiefeltern adoptiert wird. Seine Größe und seine Geschichte, Pracht und Reichtum lassen erahnen, was der Verlust der jüdischen Kultur für eine Stadt wie Essen bedeutet. Wie es sich mit seiner breiten Treppe zu dem neuen Vorplatz öffnet, kann es, wie einmal gedacht, zu einem „Mittelpunkt für einen Teil der Stadt" werden.

Der Fußball stiftet ein neues Wir-Gefühl

Ruhrpott!

Seit Mittwochabend um 22.30 Uhr gewinnt ein Ruf an Lautstärke und auch an Strahlkraft, der vor wenigen Jahren noch mit Ruß und Minderwertigkeitsgefühlen belegt gewesen ist. Im Februar soll er von zornigen Bergleuten, die in Bonn für den Erhalt ihrer Arbeitsplätze demonstrierten, erstmals skandiert worden sein, am Mittwoch letzter Woche schallte er im fernen Mailand durchs Giuseppe-Meazza-Stadion und in der Nacht vom Mittwoch zum Donnerstag deutlich phonstärker über den nicht minder dicht bepackten Dortmunder Friedensplatz: „Ruhrpott! Ruhrpott!" Die neue Anfeuerung, mit der die Europapokalsiege von Schalke 04 und Borussia Dortmund unisono gefeiert werden, hat die Hasschoräle der beiden rivalisierenden Reviervereine zwar nicht verstummen lassen, doch sich neben und über ihnen als neue, verbindende Emotion etabliert. „Ruhrpott! Ruhrpott!" – das kündet von einem neuen Wir-Gefühl an Ruhr und Emscher, das mehr meint als „nur" Fußball und mit den Zäunen, die im Stadion die verschiedenen Fans voneinander trennen, auch die Grenzen von Gemeinden und Regierungsbezirken überspringt. Von diesen zerschnitten und von außen verwaltet, wurde der größte Ballungsraum in Europa um viele seiner Entwicklungschancen und eine abgestimmte Infrastruktur gebracht: Was eine polyzentrische Metropole hätte werden können, ist eine Anhäufung von Groß- und Mittelstädten geblieben. In der neuen Parole aber teilt sich auch der Wille mit, die herrschende Städtekonkurrenz zu überwinden und zu einer regionalen Identität zu finden. Die vermeintlich geschichtslose

Gegend bekundet dabei historisches Bewusstsein, und es wird deutlich, wie stark die Prägekraft von Kohle und Stahl, auch wenn heute nur noch acht Prozent seiner Einwohner von ihnen leben, im Ruhrgebiet geblieben ist: Dass der neue Schlachtruf von Kumpeln geboren wurde, ehe er in dem weiten Rund von Park- und Westfalenstadion gleichsam seine Verstärker fand, belegt das ebenso wie das Selbstverständnis der Clubs, dass Fußball im Ruhrgebiet nicht gespielt, sondern gearbeitet wird. „Wir haben brillant malocht!" hat Schalkes Manager Rudi Assauer, der im dunklen Anzug mit Weste und dicker Zigarre wie ein Schlotbaron früherer Tage auftritt, seinem Team bescheinigt. Den mehr dem Klischee als der Realität des Ruhrgebiets anhaftenden Kohlestaub abzuschütteln und die alten identitätsstiftenden Werte neu zu besetzen und zum Glänzen zu bringen, das entspricht genau der Strategie, die das bislang größte Erneuerungsprogramm der Region, die Internationale Bauausstellung Emscher Park (IBA), seit fast zehn Jahren verfolgt, wenn sie die ausgedienten Monumente der Montanindustrie nicht etwa abräumt, sondern erhält und vielfältigen neuen Nutzungen zuführt. So artikuliert die Positivierung eines ehemaligen Schimpfwortes gewachsenes Selbstbewusstsein: „Ruhrpott! Ruhrpott!" – das ist das Signal für ein neues Ruhrgebiet, das stolz auf seine Geschichte ist.

Die Trinkhalle löscht Seelendurst

Kurort der Kumpel

Sie gehört zur Grundausstattung des Ruhrgebiets wie Zechen und Industriebrachen, Kleingärtnerkolonien und Taubenzüchtervereine, Pommes rot-weiß und Schalke 04: Die Trinkhalle ist der erfolgreichste Bautypus, den das Revier hervorgebracht hat, schließlich hat sie die meisten Förder- und Malakowtürme überlebt. Um 1850 tauchte sie als Selters- oder Wasserbude erstmals auf, errichtet von Mineral-wasserfabrikanten, denen die Grubenbarone oft kostenlos die Plätze dafür überließen, um den Alkoholkonsum in der Belegschaft zurück-zudrängen: Als „Kurorte des kleinen Mannes" wurden sie bald spöttisch gepriesen.

Zu Beginn des Jahrhunderts gab es zwischen Moers und Hamm fünfhundert Trinkhallen, zur Zeit sollen es rund achtzehntausend sein. Schnell hat sich ihr Sortiment erweitert, zunächst auf Bier, Schnaps, Zigaretten und Zeitschriften, später auf Tütensuppen und Toiletten-papier, Krimis und Kartoffelsalat, Strumpfhosen und Steckdosen. Inzwischen sind viele von ihnen an die Stelle der Tante-Emma-Läden getreten.

Der kleine Funktionsbau hat trotz seiner bescheidenen Maße über-raschend viele Ausprägungen hervorgebracht. Doch von den Pavil-lons aus der Gründerzeit, die – mit vier-, sechs- oder achteckigem Grundriss – nach allen Seiten offen waren und Bahnhofsvorplätze und Zechentore schmückten, sind nur noch wenige erhalten: Einer der bekanntesten, der, von einer Fortuna-Statue gekrönt, an der Gelsen-kirchener Straße in Herne stand, ist längst ins Museum gewandert.

Heute gibt es im Ruhrgebiet kaum eine Trinkhalle mehr, die nicht mit Reklame zugepflastert ist. Die Konkurrenzsituation, die sich daran auch ablesen lässt, dürfte sich noch verschärfen, wenn das Ladenschlussgesetz fällt und viele Besitzer zum Aufgeben zwingt.

Dass die Trinkhallen auch ein Stück Lebensqualität des Reviers ausmachen, vermittelt die Ausstellung *Ma' eben anne Bude*, die das Quadrat Bottrop in seiner Studiogalerie zeigt: Der Duisburger Photograph Wolfgang Schneider, den das Thema seit mehr als zehn Jahren beschäftigt, dokumentiert nicht nur die äußere Vielfalt der verschiedenen Typen, indem er Trinkhallen auf Plätzen und in Häuserlücken, in Containern und Glasgehäusen, als Ladenlokal und Erfrischungsbar, als „Klein-Konsum" und „Happy Shop" aufzählt, sondern auch den kommunikativen Ort, der soziale Anlaufstelle, Treffpunkt, Kummerkasten oder Börse von Klatsch und Tratsch ist. So behauptet sich die Bude als ein Winkel dieser Erde, in dem die Verdrossenheit unserer Industriegesellschaft noch kein Stelldichein gefeiert hat.

Wir sind im Pott einfach anders zu Hause

Ruhrstadt spricht

„Nee, dat wird nix! Glauben Sie mir, das klappt nie, das ganze Ruhrgebiet eine Stadt", erklärt der Mann am anderen Ende. Seinen Namen
haben wir nicht richtig verstanden, Hauptsache, „ich weiß Bescheid,
denn ich kenn' die Leute hier, komme selbst aus Bottrop, wohn' da
immer noch, zieh' da auch nicht weg, obwohl ich schon seit mehr als
zwanzig Jahren in Essen arbeite. Studiert hab' ich übrigens in Duisburg, gehörte 1972, als sie die Uni aufmachten, zum ersten Jahrgang.
Damals fing Zadek in Bochum an, sind oft 'rübergefahren, hatte ja
immer gute Jobs, erst auf Zeche Lohberg in Dinslaken, dann als Taxi-
fahrer in Mülheim. Inzwischen geh' ich lieber wieder nach Oberhausen ins Theater, meine Frau hat ein Abo in Gelsenkirchen, steht mehr
auf Oper." – „In einer Internet-Wahl, die der Verein ,pro Ruhrgebiet'
veranstaltet hat, haben sich 57 Prozent für die Ruhrstadt ausgesprochen", halten wir ihm, die Zeitung vom Vortag resümierend, entgegen.
„Aber die Menschen sind zu verschieden", wendet er ein, „glauben
Sie mir, bei uns da oben, ich spiel' ja noch Fußball bei den alten Herren in Kirchhellen, da ist es ganz dörflich, das sind Münsterländer,
die sprechen Platt, mit Großstadt und so haben die nichts, aber auch
gar nichts am Hut. Und unten, im Süden von Essen, in Werden, da
reden sie bergisch, ist ein ganz anderer Menschenschlag." – „Aber
seit ein paar Wochen propagiert selbst die *waz*, die sich ,Zeitung
des Ruhrgebiets' nennt, die Ruhrstadt, da haben die eine Lawine
losgetreten", versuchen wir es noch einmal. „Da können die in der
Zeitung noch so viel drüber schreiben", zeigt er sich wenig beein-

druckt. „Die Städte, gerade die im nördlichen Ruhrgebiet, werden da nie mitmachen. Auch Duisburg nicht, die wollen ja zum Niederrhein gehören, halbe Holländer wollen die sein. Und Dortmund will sowieso 'raus, nennen sich ‚das Herz Westfalens', als gäbe es Münster überhaupt nicht. Bin übrigens seit Kindesbeinen BVB-Fan, Südtribüne, mit Leib und Seele, wenn auch momentan nicht ganz angenehm. Mein Nachbar, der Alfred, der in der anderen Doppelhaushälfte wohnt und mit dem ich mich sonst ganz prima verstehe, leiht mir immer seine Heckenschere und ich ihm den Rasenmäher, geht auf Schalke. Haben mich ganz schön mitgenommen, die beiden Klatschen gegen die, erst 0:4 in der Meisterschaft, dann 1:2 im Pokal, der Sammer ist eben noch kein fertiger Trainer. Jetzt parkt der Alfred immer seinen Opel vor meiner Tür, hinten der blau-weiße Schal im Fenster, soll mich ärgern, muss ich jeden Morgen dran vorbei." – „Aber beim Gewinn der Europacup-Pokale '97 haben die doch schon zusammen gefeiert und ‚Ruhrpott! Ruhrpott!' skandiert", unternehmen wir einen letzten Anlauf. „Ja, aber deswegen muss es nicht gleich die Ruhrstadt geben. Wir im Pott sind einfach anders zu Hause. Sind eben keine Städter. In meiner Kolonie heißen immer noch viele Szymanski, Schindowski, Szillinski oder so, auch Bastürk und Gözütok." – „Und wie heißen Sie?" – „Pichotka."

170

Bundesgartenschau trifft Industriekultur:
Landschaft frisst Stadt

Strukturwandel durch die Blume

„Die Stadt der tausend Feuer" wurde Gelsenkirchen einst genannt. Fast vierzig Jahre ist das her, und seitdem ist ein Hochofen nach dem anderen, der letzte 1982, ausgegangen. Von den zwölf Zechen ist nur Hugo/Consolidation übriggeblieben, und die ist am 1. April mit dem Bergwerk Ewald/Schlägel & Eisen im benachbarten Herten zusammengelegt worden. Keine Stadt im Ruhrgebiet wurde von der wegsterbenden Montanindustrie so schwer gebeutelt wie Gelsenkirchen, keine hat so viele Einwohner (1959 waren es 390 000, heute sind es 290 000) verloren, kaum eine hat, bei einer Arbeitslosenquote von achtzehn Prozent, ähnlich große Probleme mit dem Strukturwandel, und doch wird der Region gerade hier eine Vitaminspritze verpasst, die nachhaltige Wirkungen verspricht. Denn Gelsenkirchen ist 1997 Ort der Bundesgartenschau, und diese, seit 1951 zweijährlich veranstaltete Leistungsschau des deutschen Gartenbaus verspricht hier weit mehr – und etwas anderes – zu werden als das übliche Ein-Sommer-Ereignis.

„Die Stadt der hunderttausend Blüten" könnte sich, aber das wäre allzu banal, Gelsenkirchen in diesem Jahr nennen. 265 000 sollen es, wir haben es nicht exakt nachgezählt, bereits zur Eröffnung an diesem Samstag sein: Stiefmütterchen vor allem, auch Azaleen, Tulpen, Osterglocken. Dabei kann, wer die Buga auf dem Gelände der ehemaligen Zeche Nordstern besucht, eine synästhetische Erfahrung machen. Das Meer der Blumen mag die Augen berücken, die Nase aber wird von einem schmutzig grauen Fluss belästigt, der sehr viel strengere Duftmarken setzt: Als betonierter Kanal fließt die Emscher durch die hundert Hektar große Garten- und Parklandschaft und durchkreuzt, wie sich nicht überriechen lässt, jede Vorstellung einer Idylle. Nein, lieblich ist diese Buga nicht. Das größte ökologische Problem der Region lässt sie nicht außen vor: Seit neunzig Jahren muss die Emscher wegen zahlreicher Bergsenkungen als offenes Abwassersystem geführt werden, und es wird noch viele Jahre dauern, bevor sie naturnah gestaltet werden kann.

Nordstern – der Name leuchtete lange. Als die Zeche 1858 gegründet wurde, war sie die nördlichste im Revier, als sie 1993 stillgelegt wurde, die südlichste. Bis zu 4500 Kumpel fuhren hier ein, im Stadtteil Horst, der mit dem Pütt gewachsen war, gingen viele Lichter aus. Dass nur vier Jahre später dort, wo 135 Jahre lang das schwarze Gold gefördert worden war, Goldlack und, wo einst Ruß lag, Rosen blühen würden, hatten viele nicht für möglich gehalten. An die 1,1 Millionen Kubikmeter Erde, das sind mehr als 71 000 Lkw-Ladungen, wurden dafür verschoben, fünf Brücken gebaut und elf Kilometer Wegenetz angelegt. Heute ist das Wunder vollbracht und aus der Zechenbrache ein Landschaftspark geworden. Nordstern leuchtet wieder.

Schon viermal hat es im Ruhrgebiet Bundesgartenschauen gegeben, dreimal in Dortmund (1959, 1969 und 1991), einmal in Essen (1965). Auch 1997 sollte Essen wieder dran sein und der Gruga-Park über frei werdende Flächen von Krupp bis ans Stadtzentrum herangeführt werden. Doch deren Verfügbarkeit wurde unsicher, und so stand zu befürchten, dass ein schon bestehender Park nur geliftet würde. „Wo ist der strukturpolitische Nutzen?" fragte Karl Ganser, Direktor der Internationalen Bauausstellung Emscher Park (IBA), die 1989 antrat, dem benachteiligten nördlichen Ruhrgebiet ein Erneuerungsprogramm zu verpassen, und schlug ein Gelände gleich jenseits der Essener Stadtgrenze in Gelsenkirchen als Standort vor. „Günter Rode, damals Präsident des Zentralverbands des Gartenbaus, schaute nicht gerade glücklich, als wir 1990 von der Halde Eickwinkel auf die düstere Industrielandschaft blickten, meinte dann aber, das wäre nun wirklich einmal eine neue Aufgabe mit einer riesigen Herausforderung", erinnert sich der IBA-Chef an den Tag der Entscheidung.

Der Versuch, die Buga erstmals in den Hinterhof des Reviers zu holen, wurde zum Hürdenlauf. Denn der Landesentwicklungsplan sah auf der Fläche südlich der Emscher zwei Kraftwerksblöcke sowie eine Müllverbrennungsanlage vor – Optionen, die beseitigt oder zurückgestellt wurden. Und da über die Belastung des Bodens wenig bekannt war, mussten weitreichende Untersuchungen und ein differenziertes Sanierungskonzept mit Umlegungs- und Sicherungsmaßnahmen durchgeführt wurden. So wurde der Weg frei für einen landschaftsarchitektonischen Kraftakt, wie er selbst im Ruhrgebiet ohne Beispiel ist. Denn die Bundesgartenschau sollte an strategisch zentraler Stelle stattfinden: Auf der Kreuzung des Landschaftsparks, der sich entlang der Emscher und des Rhein-Herne-Kanals von Kamen bis Duisburg erstreckt, und des regionalen Grünzugs C, der von Gladbeck bis Essen reicht, wird ein industrieller „Pfropfen" beseitigt und sein Grund der Natur zurückgegeben.

„Doppelte Innenentwicklung" nennt Ganser diese raumplanerische Strategie, für die die Buga das Musterbeispiel gibt. Indem sie im Innern der Agglomeration Landschaft wiederaufbaut und flächensparend mit neuen Standorten für Wohnen und Gewerbe kombiniert, kehrt sie das historische Prinzip der Landnahme um: Aus „Stadt frisst Landschaft" wird „Landschaft frisst Stadt". Die denkmalwürdigen Gebäude und Produktionsanlagen der Zeche Nordstern aber wurden, bis auf wenige Abbruchopfer, gerettet: Ihre markante Architektur bewahrt dem Ort seine Identität und die Bundesgartenschau, für deren Zwecke sie umgewidmet wurde, vor der Verwechselbarkeit.

„Betreten verboten!" stand 135 Jahre lang am Tor der Zeche Nordstern. Nur die, die hier arbeiteten, durften passieren, für alle anderen blieb das Areal Terra incognita. Wer die Buga durch den Haupteingang Nord betritt, findet die alte Torsituation weitgehend erhalten. Das ehemalige Zechengelände öffnet sich über eine breite Treppe zum Quartierplatz, der auf der Ostseite von der Lohnhalle, an die Waschkaue und Magazin anschließen, eingefasst wird. Schräg dahinter liegen die Fördertürme von Schacht 1 und 2, die mit der gläsernen Fassade des Kesselhauses und der Werkstatt einen Platz bilden – ein geschlossenes Ensemble im Stil des Neuen Bauens, das von den Berliner Architekten Fritz Schupp und Martin Kremmer, die auch die Zelle Zollverein XII in Essen entwarfen, zwischen 1927 und 1951 im gleichen, mit roten Ziegelsteinen ausgemauerten Stahlfachwerk errichtet wurde.

Für die Buga wurden die Lohnhalle behutsam zum Büro, die Waschkaue (wie auch die Sieberei) zur Blumenhalle und das Magazin zu Kantine und Vortragsräumen um- und ausgebaut und danach gemischten Nutzungen zugeführt. Aus dem umziegelten Förderturm soll gar ein vierzehngeschossiges Hochhaus mit Atelier- und Bürowohnungen werden, die über jeweils eine Etage gehen und variable Grundrisse anbieten; und hinter der Glasfassade des Kesselhauses, das bis auf das Stahlskelett abgebrochen wurde, soll eine Art Laubenhaus mit Ein- bis Vierzimmerwohnungen entstehen. Strukturwandel durch die Blume: Aus Industrie- werden Wohnbauten, die direkt am Park liegen und auf der anderen, der südwestlichen Seite des Eingangs um eine neue Gewerbe- und Wohnbebauung ergänzt werden sollen.

Ihre Vergangenheit als Zechengelände hält die Buga nicht nur am Haupteingang wach. Der Gesamtentwurf der Marler Landschaftsarchitekten Pridik und Partner, der in einem bundesweiten Wettbewerb ermittelt wurde, nimmt mit seinen Wege- und Sichtachsen, auch mit Stegen und Brücken durchgehend Bezug darauf. Wie ein Keil spaltet der Hauptweg, der in das Ausstellungsgelände hinaufführt, den Haldenkörper, schnurgerade läuft er auf die ehemalige Kohlenmischanlage zu. Ein „schwarzer Grund", rußige Reminiszenz an das frühere

Kohlenlager, bildet das erste „Beet", auf das der Besucher hinunter-blickt, erst danach öffnet sich der „Garten der Düfte" mit Blumenbee-ten, deren stählerne Bänder und Pergolen den Rhythmus der Stahl-fachwerkarchitektur aufnehmen. Der platzartige Knotenpunkt, von dem sich die Stege und Rampen wie ein Spinnennetz verteilen, lässt Landmarken des Ruhrgebiets wie Gasometer und Fördertürme in den Blick geraten, und die Pyramide, die mit dem verdrängten Boden auf die Bergehalde gestülpt wurde, eröffnet ein grandioses Panorama auf die Industrielandschaft.

Jenseits von Emscher und Rhein-Herne-Kanal wechselt die Buga von einer Garten- in eine Parklandschaft. Über den Kanal führt die größte der fünf neuen Brücken, eine asymmetrische Doppelbogen-konstruktion, deren rote Röhren sich so popartig aufreizend öffnen, dass sie an die Lippen der „Maybe" von Roy Lichtenstein erinnern. Als Lindenallee setzt sich die Hauptachse bis zum Südeingang fort, östlich öffnen sich verschiedene Spiel- und Erlebnisräume, westlich eine Parklandschaft mit Feuchtbiotopen, Wiesen und Halden.

Wie nebenbei gerät diese Bundesgartenschau auch zu einer klei-nen und überaus kontrastreichen Ausstellung zur Industrie- und Technikarchitektur. So wurde der verwitterte alte Kühlturm begehbar gemacht und für ein Dia-Szenarium über „Wasserphänomene" umge-rüstet. Das eindrucksvollste Industrierelikt aber wurde von der Kunst besetzt: Die 170 Meter lange, diagonal ansteigende Bandbrücke, die die alte Kohlemischanlage mit dem allein übriggebliebenen Kohle-bunker der Kokerei verbindet, haben Dani Karavan und Hans Ulrich Humpert in einen Zeittunnel verwandelt, in dem die Geschichte der Region als Geräusch- und Klangcollage aufbereitet wird und in fünf Abschnitten durchwandert werden kann.

Sogar eine „bergmännische Strecke" wurde, wenn auch nicht in tau-send, sondern in fünf Meter Tiefe, originalgetreu rekonstruiert, und als „Hymne auf Schalke" blüht ein Garten in Blau-Weiß, der mächtig nach

Uefa-Cup riecht. Am Kanal wurde ein halbrundes Theater für Open-Air-Konzerte und Freiluft-Kino, Theater und Operette gebaut, Kletterfels und Beachvolleyballplatz, grüne Klassenzimmer und Kinderspielplätze, Gehölzgärten und Wasserspiele wurden angelegt – Attraktionen, wie sie so oder so ähnlich auch frühere Bundesgartenschauen aufboten.

Die Panoramabahn, eine Art Bonsai-Transrapid, der schon auf der „Iga 93" in Stuttgart seine Schleifen drehte, wird danach aber wieder abgebaut. Und auch die Zäune werden, anders als im Dortmunder Westfalenpark oder in der Essener Gruga, nicht stehen bleiben. Wenn die Buga am 5. Oktober ihre Pforten schließt, wird das Gelände zu einem Naherholungsgebiet werden, das die Stadtteile Horst und Hessler erstmals verbindet. Die Blüten werden verwelkt, die banalen Zeltpavillons abgeschlagen sein, doch die Impulse werden wachsen wie die Bäumchen, aus denen Bäume werden. Und eines Tages, vielleicht in fünfzehn oder zwanzig Jahren, wird auch die Emscher wieder in einem natürlichen Bett fließen. Aus der Raupe, die dieser Buga das Maskottchen macht, könnte dann ein Schmetterling geworden sein.

Yves Klein kam bis Gelsenkirchen:
Seine Schwammreliefs hängen im Foyer des Theaters

Blauer als Schalke 04

Eine Stadt spielt Stadt. Das ist das Schauspiel, das hier Abend für Abend, mit jeder Aufführung auf der Bühne, auf dem Spielplan steht. Schau-Spiel im Wortsinn: Erst bei künstlichem Licht beginnt es sich ganz zu entfalten und nach außen hin mitzuteilen. Dann öffnet sich der sechsgeschossige, kubusförmige Baukörper zur Stadt, in der er so platziert wurde, dass er die Schnittstelle zweier damals noch offener Achsen besetzt. Durch die gläserne Hauptfassade scheint sich der Vorplatz in das weiträumige, von den Treppenaufgängen umspielte Foyer zu verlängern, und das Haus wird zum Schaufenster, durch das das Publikum sich sehen und sich zusehen lässt. Der Mann auf der Straße kann sich gleichsam selbst in gehobener Stimmung beobachten.

Lichter der Großstadt, Zelle der Urbanität – fast singulär damals im Ruhrgebiet. Es gehört in die Rubrik „ausgleichende Gerechtigkeit" der westdeutschen Nachkriegsarchitektur, dass das schönste, großzügigste und eleganteste Theater, das in den fünfziger Jahren gebaut wurde, in einer Stadt steht, die bis heute „nur" ein polyzentrisches Siedlungsgebilde geblieben ist: Gelsenkirchen. Den Wettbewerb dafür hatte 1954 das Münsteraner Architektenteam Harald Deilmann, Max von Hausen, Ortwin Rave und Werner Ruhnau gewonnen, von denen Letzterer die Federführung übernahm und nach mittelalterlichem Vorbild vor Ort eine Bauhütte einrichtete. Angeregt von Ludwig Mies van der Rohes nicht realisiertem Entwurf für das Nationaltheater Mannheim (1952), definiert sich das Ensemble als Teil des öffentlichen Raums: Die Grenze von Innen und Außen wird tendenziell aufgehoben.

Auch die Idee von der Einheit der Künste, die – wie es im Programm des Bauhauses von 1919 heißt – aus „ihrer selbstgenügsamen Eigenheit … erlöst werden können", hat Ruhnau aufgegriffen, indem er Künstler zur Zusammenarbeit einlud. Architektur versteht er als integrierende Disziplin und sich mithin nicht so sehr als Baumeister denn als „Instrumentenbauer", der mit Malern, Bildhauern, Autoren und Schauspielern ein Werk schafft: Paul Dierkes hat die Treppenläufe, Robert Adams die Außenwand des Kassentrakts, Norbert Kricke mit einer Stahlrohrplastik und Jean Tinguely mit kinetischen Skulpturen das Kleine Haus ausgestaltet, vor allem aber hat

der damals in Deutschland noch wenig bekannte Yves Klein die großzügigen Foyers mit seinen monochromen Farbtafeln und Schwammreliefs ausgestattet: Ihr Ultramarin leuchtet kräftiger als das Blau der
Trikots von Schalke 04.

Die Eröffnung am 15. Dezember 1959 markierte auch einen Wen-
depunkt, denn das Theater wurde zu einer Zeit fertig als die „Stadt
der tausend Feuer" den 400 000. Einwohner erwartete. Der kam nicht,
wohl aber die Kohlenkrise. Seitdem schrumpft Gelsenkirchen, bis
2011 hat es mehr als ein Drittel seiner Bevölkerung verloren. Schon
1966 wurde das Schauspiel aufgegeben und der Name in „Musiktheater im Revier" geändert. Längst ist es, ein Kraftwerk der Gefühle,
das Wahrzeichen der Stadt, die es 1997 in die Denkmalliste eintragen
ließ: „Das Gebäude ist bedeutend für die Stadt Gelsenkirchen, weil
es ein herausragendes Zeugnis für den Wiederaufbau der Zeit nach
1945 und das kulturelle Leben der Nachkriegszeit ist", heißt es in
der Begründung. Welch graue Verwaltungssprache für dieses genu-
ine, sachlich festliche Gesamtkunstwerk, das die Aufbruchstimmung
einer Generation artikulierte.

Schon 1956 hatte Werner Ruhnau, als Partner des gleichen Teams,
mit dem Theater in Münster einen „Donnerschlag der Moderne"
gebaut, wo der Neubau ein Fassaden-Fragment des Romberger
Hofs, eines im Krieg zerstörten Adelspalais, als Kulisse ummantelte.
Auch dort haben die Architekten das Treppenhaus um das Auditorium gelegt und das Parkett steil ansteigen lassen: Die Zuschauer
sollen der Bühne möglichst nahe sein und Gelegenheit haben, sich
im stufenreichen Auf und Ab als Teilnehmer eines gesellschaftlichen
Schauspiels zu begreifen. Den entscheidenden Schritt darüber hinaus aber hat Ruhnau erst mit dem Kleinen Haus getan, das dem
Theater in Gelsenkirchen 1962 zur Seite gestellt wurde: Die variable
Bühne kündigt den Guckkasten auf, um verschiedene Formen des
darstellenden Spiels zu ermöglichen.

Das Theater in Gelsenkirchen aber ist Ruhnaus Hauptwerk geblieben. Bis heute hat er es nicht aus dem Auge gelassen und wie dessen Apfel gehütet. Von seinem Atelier für Architektur, das er in Essen-Kettwig unterhält, hat er es nicht weit: So wurde eine Vernachlässigung der Bauunterhaltung verhindert und das Theater, und das ist heute alles andere als eine Selbstverständlichkeit, in Schuss gehalten. Erst 2009 hat Ruhnau, der 1922 in Königsberg geboren wurde, einen „Sternenhimmel" in die Saaldecke installieren lassen, wobei er sich auf *das* historische Vorbild berief: Im Teatro Olimpico des Andrea Palladio in Vicenza, das 1585 als erstes freistehendes Theatergebäude seit der Antike errichtet wurde, wurde das Dach mit einem Wolkenhimmel ausgemalt.

Ein „Sternenhimmel" war schon 1959 vorgesehen gewesen, doch damals reichte das Geld nicht mehr dafür. Im Rahmen einer umfassenden, 6,5 Millionen Euro teuren Sanierung wurde er 2009 zum fünfzigsten Geburtstag nachgerüstet. Glasfaserkabel mit mehr als sechshundert Lichtpunkten ließen zwei „Milchstraßen" aufziehen: optische Bindeglieder zwischen Saal und Bühne und zugleich Metapher für die Verbindung der Stadtgesellschaft mit ihrem Theater, das Gelsenkirchen, so der nonchalant stolze Oberbürgermeister Frank Baranowski bei der Gala der Wiedereröffnung am 15. Dezember 2009, „den Mief der fünfziger Jahre ausgetrieben" hat und in seiner Bedeutung gar nicht hoch genug eingeschätzt werden kann. Architektonisch ist es ein Werk der zweiten Moderne: das Gegenteil von Gelsenkirchener Barock.

Die Baumaßnahmen haben das Theater auch vom Asbest befreit und funktional aufgewertet. Denn statt sich im Hans-Sachs-Haus, das gleichzeitig entkernt und wiederaufgebaut wurde, einen teuren Konzertsaal zu leisten, hat die vom Strukturwandel gebeutelte und hoch verschuldete Kommune das Musiktheater von dem Architekturbüro Bock & Partner (Coesfeld) so „akustisch" ertüchtigen lassen, dass es auch zur Philharmonie taugt: Die Saaldecke wurde um sechseinhalb Meter angehoben und mit steuerbaren Elementen versehen, die für Oper und verschiedene Konzertformen eingestellt werden können. Äußerlich ist das nicht unproblematisch, vor dem zurückgesetzten Bühnenturm streckt sich die Aufstockung als Kiste. Doch die strenge Kontur des Baukörpers ist nicht beschädigt und der Hörgewinn beträchtlich.

Die Identifikation der Stadt mit ihrem Theater wurde damit weiter gestärkt. Der hohe Anspruch besteht fort, und auch das noch stärkere Stück bleibt an jedem Abend, an dem sich der Vorhang hebt, auf dem Spielplan: Eine Stadt spielt Stadt.

Mitmach-Pyramide der Internationalen
Bauausstellung im Stadtteil Bismarck

Die Schule im Dorf lassen

Gerhard Schröder schaut auch zu. Aber nur von einem Plakat, das ihn mit staatsmännischer Miene zeigt. Morgen ist Europawahl, und die SPD hat am Ende der Laarstraße in Gelsenkirchen-Bismarck, da, wo sie zur Sackgasse wird, einen Stand aufgebaut. Ein roter Sonnenschirm und zwei Tische, Zeitungen und Broschüren für die Großen, Kappen und Wimpel für die Kleinen. Denn hier strömt das Volk. Nicht nur aus dem Stadtteil kommen die Leute, um einer außergewöhnlichen Aktion beizuwohnen: Im Rahmen der Schlusspräsentation der Internationalen Bauausstellung Emscher Park (IBA) wird zwischen der alten und der neuen Schule eine sogenannte Mitmach-Pyramide errichtet, an der sich Bewohner aus fünfzehn IBA-Siedlungen beteiligen. Die Tagesbaustelle ist auch ein großes Fest, das die alternative

Blaskapelle „Schwarz-rot Atemgold 09", acht Mann und zwei Frauen, ganz schön außer Atem bringt. Gelsenkirchen spielt Gizeh.

Heute schlägt hier das Herz des Reviers. Aus allen Richtungen des Ruhrgebiets sind sie zusammengekommen, um das „zentrale Präsentationsereignis zur Siedlungskultur" zu feiern: Aus dem Wohnprojekt „Tor zur Südstadt" in Recklinghausen im Norden, aus der Gartensiedlung Beckheide auf Prosper III in Bottrop im Westen, aus der Küppersbusch-Siedlung in Gelsenkirchen-Feldmark im Süden, aus der Gartenstadt Seseke-Aue in Kamen im Osten – aus fünfzehn Siedlungen, aus alten, die renoviert wurden, ebenso wie aus solchen, die neu gebaut wurden. Insgesamt wurden im Rahmen der IBA dreitausend Wohnungen errichtet und 2500 modernisiert. Die Bewohner von gut der Hälfte von ihnen sind hier vertreten.

Die ersten, etwa einhundert insgesamt, waren schon um sieben Uhr morgens eingetroffen, um mit dem Bau der Pyramide, die aus vielen Einzelmodulen besteht, zu beginnen. Fünfzehn Meter misst die Kantenlänge des Bauwerks, zehn Meter seine Höhe. Einen Tag lang wird gesägt, gebohrt und gehämmert, mit knappen, präzisen Handgriffen, keiner von ihnen ist zu viel, fügen Zimmerleute die Teile zusammen, und so wächst die Pyramide, bald von einem Kran, der die Module passgenau einschweben lässt, in stundenlanger, logistisch präzise vorbereiteter Arbeit in den Himmel.

Gegen Mittag sind, in zwanzig Bussen, auch die übrigen Bewohner aus den Siedlungen eingetroffen und haben in einer kleinen Zeltstadt, die neben der neuen Schule aufgeschlagen wurde, ihre Ausstellungen eingerichtet, die – meist in Plänen und Photos, manchmal auch in Modellen – über die Baumaßnahmen berichten. Eine der Initiativen, die Siedlergemeinschaft „Am Calversbach" aus Lünen-Brambauer, hat ein Spruchband ausgerollt: „Termine eingehalten? Häuser mängelfrei? Schlussabrechnung wann?" steht darauf. „Wir sind nicht gegen die IBA, da stehen wir voll dahinter", sagt einer der Siedlungssprecher. Der Unmut richtet sich gegen den Projektträger, der die Mängelbeseitigung an den dreißig Häusern, obwohl seit einem Jahr angemahnt, bis heute nicht vorgenommen habe. Auch dass er die endgültige Höhe des Kaufpreises immer noch nicht kennt, ärgert den jungen Familienvater: „Da kannste nicht ruhig schlafen."

Eine der Siedlungen, ebenfalls weitgehend in Selbsthilfe entstanden, grenzt unmittelbar an das Gelände. Reihen- und Doppelhäuser für 28 Familien wurden hier, 77 bis 120 Quadratmeter groß, unter dem Motto „Einfach und selber bauen" in zweigeschossiger Holzrahmenbauweise und begrünten Schmetterlingsdächern errichtet. Selbst die Markisen sind hier blau-weiß: Über den dahinter liegenden Schrebergärten flattert die Fahne von Schalke 04. Auf den hausweise zusammengefassten Stellplätzen fangen schräg postierte Solaranlagen das Sonnenlicht auf und garantieren Niedrigenergiestandard. Durch die Einfachbauweise und die Eigenleistungen sind hier Familien ohne großes Eigenkapital zu Hausbesitzern geworden: „Die Rate, die sie monatlich abzahlen, beträgt mit neunhundert Mark etwa so viel, wie sie bei höchster Förderung als Mieter selbst beitragen müssten", erklärt IBA-Chef Karl Ganser stolz, der damit dem öffentlich geförderten Wohnungsbau das Staunen oder, je nach Standpunkt, das Fürchten lehrt.

Architekt der Siedlung ist Peter Hübner aus dem schwäbischen Neckartenzlingen. In der Szene gilt er als „Spinner", stilistisch lässt er sich nicht so leicht einordnen. Offen und ökologisch vertritt er ein partizipatives Verfahren. Auch mit den Lehrern und Schülern der Evangelischen Gesamtschule Gelsenkirchen-Bismarck, für die er den Wettbewerb gewonnen hat, hat er sich erst einmal zusammengesetzt und sie an der Planung beteiligt. So wird hier eine Gesamtschule der ganz anderen Art entstehen, die ähnlich einem kleinen Dorf angelegt ist. Entlang einer überdachten, atriumartigen Basarstraße, die im Süden mit einem „Marktplatz" beginnt, liegen das „Rathaus" mit den

Lehrerzimmern und der Verwaltung, ein polygonales „Theater" als Aula, ein „Wirtshaus" als Mensa, eine Bücherei, ein „Stadthaus", in dem Quartierversammlungen stattfinden, sowie Fachräume für Computer, Biologie, Physik und Chemie. Nach Norden öffnet sich dieser mit Stufen und Treppen, Schaukästen und Fenstern kleinteilig gegliederte Boulevard in einen Werkhof, der von einem dreiviertelrunden Gebäude mit Werkstätten gefasst wird. Zu Beginn dieses Schuljahrs wurde der erste Bauabschnitt bezogen, eine lichtdurchflutete, von einem eleganten Hightech-Dach überspannte Sporthalle wurde vor wenigen Wochen übergeben, und die gesamte „Straße" steht kurz vor der Fertigstellung. Die Schule wird allmählich aufgebaut: Jahr für Jahr wird ein Klassenhaus, zweimal drei werden es insgesamt sein, hinzukommen, die sich links und rechts der Hauptachse abspreizen.

Eigentlich hatte Karl Ganser keine Schule ins IBA-Programm aufnehmen wollen. „Doch dann habe ich", so erzählt er, „mir, wie ich das immer zuerst getan habe, die Leute angesehen, die das durchziehen sollten, und so lernte ich Fritz Sundermeier, den Direktor, kennen, der fünfzehn Jahre lang eine deutsche Schule in Japan geleitet hat. Ihm hab' ich das zugetraut. Mit ihm, der inzwischen leider im Ruhestand ist, wurde es ein fürstliches Arbeiten." Die Widerstände der Schul- wie der Kirchenverwaltung erwiesen sich als überaus schwierig, „das kleine Märchen", so erzählt Ganser, „wäre ohne den persönlichen Einsatz von Ministerpräsident Johannes Rau nicht wahr geworden". Mehrmals musste er bei Schulministerin Gabriele Behler intervenieren, um die Bürokratie zu überwinden. Die konfessionell offene Gesamtschule ist auch eine Ganztagsschule, denn der Stadtteil gilt als sozialer Brennpunkt: Mit Consolidation, deren filigranes rotes Fördergerüst aus der Nähe herüberwinkt, wurde vor wenigen Jahren die letzte Zeche auf Bismarck dichtgemacht. Die Arbeitslosenquote ist hoch, und der Anteil der türkischstämmigen Bevölkerung liegt bei dreißig, in der Schule bei etwa fünfzig Prozent.

Zu der Mitmachaktion sind nur wenige Türken erschienen. Die westafrikanische Gruppe Benkadi, die zu komplizierten Rhythmen auf dem Platz zwischen den Zelten tanzt, scheint sich hier viel selbstverständlicher zu bewegen. Kinder spielen Baustellen, verlegen Rohre und klettern über Hängebrücken, Clowns und Pantomimen, Artisten und Stelzenläufer treten auf, Karl Ganser und der Bürgermeister von Gelsenkirchen halten knappe Ansprachen. Doch dann muss der IBA-Chef zum nächsten Termin, um 16.30 Uhr beginnt in Duisburg das Innenhafenfest: „Da muss ich wieder reden und die Honneurs machen, das geht jetzt jedes Wochenende so. Eigentlich ist das nicht mein Ding." Dann aber sagt er, ganz im Vertrauen, etwas, was er noch nie gesagt hat: „Wenn mich jemand nach meinem Lieblingsprojekt fragt, dann ist es diese Schule, in der eigentlich alle IBA-Ideen zusammenkommen." Vor zwei Jahren danach gefragt, war ihm ein solches Bekenntnis noch nicht zu entlocken gewesen.

Um 18 Uhr soll die Pyramide stehen. Doch der Aufbau gestaltet sich komplizierter als erwartet. Um 19.31 Uhr setzt der Kran die Glasspitze auf die Holzkonstruktion, und gleichzeitig haben die Bewohnerinitiativen im Innern ihre Ausstellungen eingerichtet. Sich an einem langen Seil haltend, umkreisen sie im Gänsemarsch das Bauwerk, während Michael Gees und sein dreizehnköpfiges Ensemble ein fulminantes Fortissimo donnern lassen. Rote Luftballons steigen in den Himmel über der Ruhr, der heute so blau ist, wie Willy Brandt es vor fast vierzig Jahren versprochen hat. Zwei Monate lang wird die Pyramide die Präsentation über die IBA-Siedlungen beherbergen, danach wird die Gesamtschule sie als „Projekthaus für die Jugend" nutzen.

Die soziale und symbolische Bedeutung der Aktion ist ungleich größer als die künstlerische. Das Gemeinschaftswerk soll dokumentieren, dass die Internationale Bauausstellung Emscher Park, dieses größte Strukturprogramm in Deutschland, nur ein Erfolg werden kann, wenn sich möglichst viele Menschen vor Ort daran beteiligen und die Leitlinien und Ideen über das offizielle Programm, das in diesem Jahr ausläuft, hinaus in die Zukunft führen. Als die Bewohner zurück in ihre Siedlungen fahren, hat die SPD ihren Stand längst abgebaut. Diese „andere" Gesamtschule aber sollte sich Gerhard Schröder, am besten in Begleitung seines bislang als Bauminister kaum in Erscheinung getretenen Genossen Franz Müntefering, einmal anschauen.

Das Hans-Sachs-Haus: Ein Bekenntnis
zur Moderne wird erneuert

Das gibt es nur bei uns in Gelsenkirchen

„Gelsenkirchen! Du Vielgeschmähte unter den Städten! Ob Deines rußgeschwärzten Gewandes, Deines spärlichen Grüns, Deiner rauchgeschwärzten Luft!" So hebt am 15. Oktober 1927 die feierliche Rede zur Einweihung des Musiksaals im Hans-Sachs-Haus an. Zur „gütigen Mutter" mit „derben, schwieligen Arbeitshänden" wird darin die Industriestadt allegorisiert und aus den Entbehrungen, die sie ihren Bewohnern auferlegt, mit philisterhaftem Pathos der Anspruch auf „Konzerte und Theatervorstellungen" als Überlebensmittel reklamiert: „Fern von satter Erfüllung hast Du uns gelehrt, die Hände nach Phantomen der Sehnsucht auszustrecken und unsere Seele mit einem schier unersättlichen Hunger nach Schönheit erfüllt."

Damals stimmte noch, was bis heute als Klischee auf der Stadt lastet. Mehr als ein Viertel der knapp 400 000 Einwohner hat Gelsenkirchen seit 1960 verloren, die „Stadt der tausend Feuer" leuchtet nicht mehr, die letzte Zeche wurde im Jahr 2000 geschlossen. Der von Willy Brandt 1961 versprochene blaue Himmel über der Ruhr wölbt sich längst auch über der Emscher, und nicht erst seit der Bundesgartenschau von 1997 ist das Grün mehr als eine Randerscheinung. Einen Spitzenplatz belegt Gelsenkirchen mit seiner Arbeitslosenquote, die im Januar mit 17,5 Prozent die höchste in Westdeutschland ist, aber auch sein Fußballclub, der Meister der Herzen und inzwischen zweitgrößte Arbeitgeber am Ort, strebt wieder nach ganz oben. Seine Arena Auf Schalke, ein Hightech-Dom der Unterhaltungsindustrie, der auch *Aida*, die Scorpions oder die Biathlon-Weltmeisterschaft aufnimmt, dürfte denn auch, obwohl erst vor zweieinhalb Jahren eröffnet, das bekannteste Gebäude der Stadt sein: Im ehemaligen Niemandsland des Berger Feldes errichtet, markiert es ziemlich genau ihre geographische Mitte.

Schon die Ankunft im kohlenkellerdüsteren Hauptbahnhof, eine der schlimmsten Bausünden der siebziger Jahre, vermittelt den finsteren Eindruck, dass es hier mit der Baukunst nicht weit her sein kann. Aber das ist dann schon wieder eines der Vorurteile, die loszuwerden dem Ruhrgebiet so schwerfällt. Dabei kann Gelsenkirchen sie nicht nur mit vorindustriellen Adelssitzen und Schlössern, mächtigen Industriedenkmälern und mustergültigen Werkssiedlungen korrigieren: Mit dem 1959 eröffneten Haus von Werner Ruhnau verfügt es über das eleganteste Nachkriegstheater der Bundesrepublik und mit dem 1995 fertiggestellten Technologiezentrum von Uwe Kiessler, einer dreihundert Meter langen Glasarkade im Wissenschaftspark Rheinelbe, über ein helles Symbol des Strukturwandels.

Die baukulturellen Ansprüche der auch hier nicht eben „goldenen" Zwanziger belegt besonders formenreich eine Reihe von Bauten des Backsteinexpressionismus, in denen die Spannungen der Zeit Gestalt annehmen: Wohn- und Geschäftshäuser vor allem, aber auch die katholische Pfarrkirche Heilig Kreuz und der (nach der Kriegszerstörung wiederaufgebaute) Betriebshof der BoGeStra, der Bochum-Gelsenkirchener Straßenbahnen, beide von Josef Franke, gehören dazu. Das herausragende Zeugnis dieser Ära aber ist das Hans-Sachs-Haus, bei dem der an der Essener Handwerker- und Kunstgewerbeschule lehrende Alfred Fischer 1922 aus einem kuriosen Wettbewerb, in dem die eingeladenen Architekten selbst die Fachpreisrichter stellten, als Sieger hervorgegangen war. Ausgeschrieben hatte ihn die Stadt, um sich – „nach den Schäden des Drucks der Franzosenzeit", wie obiger Chronist notiert – als Großstadt darzustellen und zur Moderne zu bekennen: Von Anfang an als Mehrzweckbau konzipiert, sollte es mit der Verbindung von Verwaltungszentrum und Konzertsaal Bürgernähe demonstrieren sowie mit Läden, Cafés, Restaurants, Stadtbibliothek, Volkshochschule, privaten Büros und einem Hotel die Belebung der Innenstadt anstoßen.

Die Herausforderung einer multifunktionalen Komplexität meisterte Fischer mit einem sechsgeschossigen streng gegliederten Stahlskelettbau, der eine Haut aus dunkel gebrannten Backsteinen und rückwärtig einen zehngeschossigen Turm trägt. Das Erdgeschoss ist mit Keramikplatten verkleidet, das Klinkermauerwerk der Obergeschosse durch horizontale Vor- und Rücksprünge strukturiert. Ziegelsimse an den Unter- und Oberseiten der Fenster spannen sich wie Bänder um den abgerundeten, vierflügligen Baukörper, in dessen Mitte ein Konzertsaal mit 1600 Plätzen gesetzt wurde. Sein Schmuckstück ist eine Konzertorgel aus der Werkstatt von Eberhard Friedrich Walcker, die einzige dieser Größe, die in Deutschland erhalten ist.

Nach den Kriegsschäden nahm der schnelle Wiederaufbau Verluste in der Gestaltung in Kauf: Prägende Elemente wie das Band aus prismatischen Oberlichtern, die Panoramascheiben im Erdgeschoss und die markante Schriftreklame wurden aufgegeben. Zwei Treppenhäuser aber sind fast original erhalten, und 1995 wurde das

avancierte Wegeleitsystem des Graphikers Max Burchartz weitgehend wiederhergestellt: Vom De Stijl inspiriert, besteht es aus Feldern
und Linien, die jedes Stockwerk auf einen Farbakkord stimmen und
durch Treppenhäuser und Flure führen. Zentrum und „gute Stube" der
Stadt aber ist das Hans-Sachs-Haus geblieben: 1986 unter Denkmalschutz gestellt, hat es für Gelsenkirchen, so der Landeskonservator
für Westfalen, Eberhard Grunsky, eine ähnliche Bedeutung wie für
Münster die spätgotische Hallenkirche St. Lamberti.

Als der Rat der Stadt im November 2002 der überfälligen Gene-
ralsanierung des Hauses zustimmte, wurde von Kosten unter fünfzig
Millionen Euro ausgegangen. Selbst finanzieren konnte die Kommune
das schon aus rechtlichen Gründen nicht, da der neutrale Schulden-
rahmen das nicht zulässt, und so ist sie eine public-private-partnership mit einem Generalunternehmer eingegangen, von dem sie die
sanierte Immobilie zurückmieten wird. Doch erst die Pläne, den Saal
zum Konzerthaus aufzuwerten, das gegen die Konkurrenz in Essen
und Dortmund bestehen kann, förderte das ganze Ausmaß der bau-
physikalischen Schäden zutage, sodass Konstruktionen und Kalku-
lationen in Frage gestellt wurden: Als daraufhin die Kosten davonlie-
fen, wurden prompt Forderungen laut, das Haus nicht aufwendig zu
sanieren, sondern abzureißen, um es als Replik zu rekonstruieren,
durch einen Neubau zu ersetzen oder den Standort in der Innenstadt
ganz aufzugeben.

Inzwischen liegt ein Sanierungsangebot vor, das den worst case
mit achtzig Millionen Euro beziffert und Aussichten auf eine hauch-
dünne Mehrheit im Rat hat. Dass die SPD die Verwaltungsvorlage
ablehnt, stellt ihrem Traditionsbewusstsein kein gutes Zeugnis aus:
War sie, zusammen mit dem Zentrum, es doch gewesen, die den Bau
einst gegen den erbitterten Widerstand der Rechtsparteien durchgesetzt hatte. So würden sich die Sozialdemokraten mit der Aufgabe
des Hans-Sachs-Hauses auch von einem guten Stück ihrer eigenen

Geschichte verabschieden. Alles andere als eine denkmalgerechte Instandsetzung bedeutet für die Stadt einen unwiederbringlichen Verlust. Denn auch wenn Gelsenkirchen mit mehr guter Architektur gesegnet ist, als sein angestaubtes Image vermuten lässt: Der Abriss des Hans-Sachs-Hauses würde die Stadt um eines ihrer prägenden Wahrzeichen bringen.

Karl Ernst Osthaus und seine Bauten

Stützpunkte künstlerischen Lebens

Galerie mit Gleisanschluss! Schon im Hauptbahnhof heißt Hagen den Besucher mit Kunst willkommen. Die Empfangshalle bietet eine imposante Aussicht: Das Bleiglasfenster *Der Künstler als Lehrer für Handel und Gewerbe*, 1911 von Johan Thorn Prikker entworfen, leuchtet über dem Haupteingang und lässt im Schnittpunkt seiner Bildachsen eine Figur mit Plan und Zirkel auftreten, die Handwerker und Gewerbetreibende flankieren. „In seiner Art kolossal", staunte einst August Macke.

Der neobarocke Saalbau des Architekten Walter Morin, den nicht erst sein hoher Uhrturm zur Industriekathedrale erhebt, entlässt den Besucher mit einem programmatischen Bild in die Stadt: Der Künstler wird hier, in einem Medium der Sakralkunst und in Analogie zum Altarbild, als Schöpfer gezeigt, der ordnend und gestaltend in die alltäglichen Lebensumstände eingreift. Es ist die Mission seines Auftraggebers, die Thorn Prikker dabei visualisiert: Der 1874 in Hagen geborene Bankierssohn Karl Ernst Osthaus, der 1895 von seinen Großeltern drei Millionen Goldmark geerbt hatte, sah sich damit „in die Lage versetzt, Gedanken zu verwirklichen, die mich im Laufe der Zeit sehr beschäftigt hatten". In der Nachfolge der Arts-and-Crafts-Bewegung zielten sie darauf ab, „unseren kunstverlassenen Industriebezirk an der Ruhr für das moderne Kunstschaffen zu gewinnen" und seine Heimatstadt zu einem „Stützpunkt künstlerischen Lebens" zu machen.

Davon sieht, wer aus dem Hauptbahnhof tritt, erst einmal – nichts. Die Stadt wurde im Krieg fast völlig zerstört, und die „verkehrsgerechte" Planung des Wiederaufbaus hat ihr, mit Schneisen und Hochstraßen, bleibende Wunden geschlagen. Von dem sozial engagierten Programm, das Osthaus vorschwebte, wurden nur einzelne Projekte realisiert. Als „Weckruf an die Künstlerschaft und Jungbrunnen deutscher Kultur" sah er das Museum Folkwang, das vor hundert Jahren eröffnet wurde. Zwar gilt der 9. Juli 1902, der geladenen Gästen vorbehalten war, offiziell als Geburtstag, doch für ein Haus, dessen der *Edda* entnommener Name „Versammlungsort" und „Volksanger" bedeutet, empfiehlt sich der 19. Juli, an dem die Allgemeinheit Zutritt erhielt, als das „bessere" Datum. Die Zeit, die dem Museum blieb, in der Stadt heimisch zu werden, hat so oder so nicht gereicht: 1922, im Jahr nach dem frühen Tod des Gründers, wurde es nach einem unerfreulichen Erbhandel an die Stadt Essen verkauft. Unter dem Verlust leidet Hagen bis heute: Einmal, weil es hier als Schmach empfunden wird, damals die Bedeutung des Museums nicht erkannt zu haben, und zum anderen, weil es idealisiert und gegen die Sammlungs- und Ausstellungspolitik seiner Nachfolgeinstitution in Stellung gebracht wird. Das macht Museumsarbeit in Hagen schwieriger als anderswo.

Das Trauma einer Stadt. Es ihr bewusst zu machen und eines Tages aufzulösen, ist die Herausforderung, der Michael Fehr sich stellt. Seit fünfzehn Jahren leitet er das 1945 neu gegründete (und seit 1955 im alten Gebäude des Museum Folkwang residierende) Karl Ernst Osthaus Museum und fühlt sich dem Namensgeber auch ohne

190

dessen Sammlung verpflichtet. Mit der groß angelegten Rekonstruktion der von Henry van de Velde gestalteten Innenausstattung des Hauses und einer grundlegenden Ausstellung über den flämischen Jugendstilarchitekten wurde 1992 ein wichtiger Schritt getan, das Museum seiner Anfänge zu versichern. Jetzt, zum runden Jubiläum, sind auch die anderen baulichen Zeugen so weit wiederhergestellt und erschlossen, dass sie, als Stationen einer Kultur-Route „Hagener Impuls", das weite Feld des Wirkens von Osthaus abstecken: So ist der Hohenhof, der feudale Wohnsitz, den ihm van de Velde von 1906 bis 1908 errichtete, nach Jahren der Umnutzung und Entstellung endlich – bis auf die Gartenanlagen – von Grund auf restauriert.

Der Weg vom Bahnhof zum Museum führt durch ein Stadtzentrum, dem der Kommerz seinen ubiquitären Stempel aufdrückt. Allein das Stadttheater, 1911 von dem Darmstädter Architekten Ernst Vetterlein gebaut und auf halber Strecke gelegen, reckt trotzig seinen Dreiecksgiebel gegen die Kaufhauskisten. Auch seine Gründung geht auf Osthaus zurück, und die Berliner Bildhauerin Milly Steger gehört zu den Künstlern, die er nach Hagen holte. Für die klassizistische Fassade schuf sie vier Frauenakte, die über dem Eingang vor der vertikalen Pilastergliederung wachen und jede symbolische oder allegorische Bedeutung abweisen: Kunstfiguren, die nur für sich selbst stehen, und heute auch als Boten eines kulturpädagogischen Engagements erscheinen.

Der Museumsbau behauptet sich nicht so souverän. Schon seine Entstehung riss ihn förmlich entzwei. Osthaus, der hier eine naturkundliche Sammlung unterbringen wollte, hatte zunächst den Berliner Regierungsbaumeister Carl Gérard dafür engagiert. Der Rohbau war gerade fertig, als dem Mäzen ein Aufsatz von Julius Meier-Graefe über Henry van de Velde in die Hände fiel. Die Lektüre traf ihn wie ein Blitz, „Lesen und Handeln war eins": Osthaus löste den Vertrag mit Gérard, besuchte den Jugendstilarchitekten in Brüssel, beauftragte ihn mit dem Innenausbau und gewann ihn als väterlichen Freund und Berater. In dem „vernunftlosen Geripppe", seine organischen Gestaltungsprinzipien umzusetzen, fiel van de Velde nicht leicht, Stützen und Träger verkleidete er mit Stuck, um dem Bau eine organische Einheit und atmosphärische Grundstimmung zu geben. Inzwischen vermittelt die Halle mit dem *Knabenbrunnen* von Georges Minne, auch wenn es sich um eine Replik handelt (das Original ging nach Essen), das Ideal eines Raumgefühls, für das jedes Detail auf den gemeinsamen stilistischen Nenner gebracht ist. Doch das Haus bildet auch die Wunde ab, die Osthaus für Hagen bis heute darstellt: Der Eintritt erfolgt nicht über die breite Freitreppe des alten Gebäudes, die abgeschnitten und zubetoniert ist, sondern – gleichsam mit eingezogenem Kopf – über einen 1974 angesetzten (Neben-)Eingang.

Weit hinaus aus der hügeligen Stadt führt der Weg durch das Wasserlose Tal zum Hohenhof, der auf einer bewaldeten Bergkuppe liegt. Der Grundriss in Form eines Doppelhakens ist genau durchdacht; die Sonne erreicht die Dame des Hauses morgens im Erker des Schlafzimmers, wo ihr Frisiertisch steht. Das Gesamtkunstwerk führt van de Velde hier zur Perfektion, bis „hinunter auf die Petschaft auf dem Schreibtisch" gestaltet er Möbel, Wanddekorationen und Bodenbeläge, Lampen und Stoffe, Geschirr und Besteck: *Die Auserwählte* von Ferdinand Hodler im Entree oder *Herbst in Paris* von Édouard Vuillard – heute nur als Photographie – im Damenzimmer geben die Farben der Einrichtung vor, Henri Matisse schuf das Fliesentriptychon *Nymphe und Satyr* für den Wintergarten, Thorn Prikker die Verglasung im Treppenhaus und die Schablonenmalerei im Arbeitszimmer. In der Remise ist van de Velde eine Schau gewidmet, in den Kinderzimmern Kunsthandwerk ausgestellt. Das Deutsche Museum für Kunst in Handel und Gewerbe, das Osthaus als „Wandermuseum" konzipiert hatte und das Hagen 1923 ebenfalls, und zwar an Krefeld, verloren hat, wird dokumentiert.

Als Leiter des Handfertigkeitsseminars hatte Osthaus den Nieder-
länder Jan Ludovicus Mathieu Lauweriks nach Hagen berufen, der
hier auch als Architekt hervortrat. In der Straße „Am Stirnband", vom
Hohenhof durch ein Wäldchen getrennt, hat er zwischen 1910 und 1914
neun Häuser entworfen: Jedes von ihnen ist anders, und doch verbindet sie ein gemeinsames System, das Linien wiederaufnimmt und wie-
derkehrende Materialien – Ziegel, Naturstein, Holz – und Farben sowie
durchlaufende Firsthöhen und aufeinander bezogene Giebel- und
Traufenseiten aufweist. Das letzte und älteste trägt die Initialen „JTP"
über dem Eingang: Johan Thorn Prikker lebte hier von 1910 bis 1919.

Um die Ecke, in der Haßleyer Straße, hat Peter Behrens drei Häuser gebaut, von denen zwei erhalten sind: Haus Cuno (1909/10) für
den Hagener Oberbürgermeister, ein klassizistisch-strenger kubischer
Baukörper mit halbkreisförmig hervortretenden Mittelrisalit, und Haus
Goedecke (1911/12), ein rechtwinkliger Zweiflügelbau. Schon 1905
hatte Behrens, ebenfalls auf die Intervention von Osthaus hin, der einen
neogotischen Turmbau verhinderte, auf dem Friedhof Delstern das
erste Krematorium im damaligen Preußen errichtet: Es hat nun endlich
wieder die Originalbestuhlung und kann zwischen Trauerfeiern besichtigt werden. Als Vorbild diente die romanische Kirche San Miniato al
Monte in Florenz: Die Vorhalle, von sechs Pfeilern getragen, lässt einen
in einen feierlich anmutenden Innenraum treten, Marmorböden und
Sgraffitowände tragen geometrische schwarz-weiße Ornamente, und
unter der Apsis, mit einem Goldmosaik von Emil Rudolf Weiss, erhebt
sich der Katafalk vor einem Säulenhalbrund aus schwarzem Marmor.

Von der sozialpolitischen Dimension seines Engagements gibt
die Arbeitersiedlung Walddorf im Wasserlosen Tal eine Vorstellung,
für die Osthaus den Münchner Architekten Richard Riemerschmid
gewann: Sein Bebauungsplan sah 84 Wohnhäuser vor, gruppiert um
einen Marktplatz mit Gemeinschaftshaus, Kindergarten und Brunnen;
realisiert aber wurde nur eine Zeile von elf Häusern. Eines von ihnen,

das fast unverändert erhalten blieb, hat das Museum als Dependance angemietet und mit originalgetreuen Möbeln ausgestattet, wie sie sich Arbeiter nicht hätten leisten können.

Es sind, neben dem Ersten Weltkrieg und seinem frühen Tod, auch solche Widersprüche, an denen Osthaus scheitern musste: Sein Kunstverständnis war rigide und seine Bereitschaft, es auf ein breites politisches Fundament zu stellen, gering. Von seiner großen Vision wurden nur Fragmente verwirklicht. Der Folkwang-Komplex, der zwischen Hohenhof und Am Stirnband entstehen sollte, blieb Papier: Bruno Taut hatte dafür ein gläsernes „Haus der festlichen Andacht" als Stadtkrone entworfen, umgeben von Wohnpavillons, einem Werkstatthof, einer Sternwarte und weiteren Gebäuden. Nur vereinzelt wirkte der Impuls, den Osthaus setzte, in die Stadt hinein und über sie hinaus: so in dem Verwaltungs- und Lagergebäude der Spedition Schenker, das Leopold und Heinrich Ludwigs, der erste ein Schüler von Behrens, 1911 als Vierflügelanlage mit frühexpressionistischem Einschlag bauten, oder im Haus Schede, dem Besitz der Industriellenfamilie Harkort, in Herdecke.

Was den „Hagener Impuls" von ähnlichen Initiativen der Zeit unterscheidet, ist sein umfassender Anspruch. Anders als die Künstlerkolonie Mathildenhöhe in Darmstadt (1901) oder die Siedlung Hellerau in Dresden (1908), die beide als Enklaven angelegt sind, bezieht er sich auf die ganze Stadt. Das gibt diesem Versuch, das gesellschaftliche Leben durch Kunst umzugestalten, etwas Vermessenes. Erhalten sind Ansätze, die, verteilt über ein weites Gebiet, nun wieder in ihren Zusammenhängen sichtbar werden. Dieses Erbe aber hat die Stadt Hagen, Fortsetzung ihres Traumas mit Osthaus, bisher weder erkannt noch gar angetreten: Die Aktivitäten des Museums, zumal das nachdrückliche Engagement seiner stellvertretenden Leiterin Birgit Schulte, werden von Verwaltung und Politik ignoriert und mithin die Chance, sie als wertschöpfende Elemente der provinziellen Verödung entgegenzusetzen.

„Das Unternehmertum hatte die Kunst aus der Architektur und aus dem Gewerbe verdrängt", analysierte Osthaus, der schon 1911 eine übergreifende Regionalplanung, wie sie zehn Jahre später mit dem Siedlungsverband Ruhrkohlenbezirk (SVR) eingerichtet wurde, gefordert hatte: „Alles Tun, dessen Nutzen nicht berechenbar war, wurde als Naivität abgetan. Dieser Gesinnung entsprach das Ansehen der Städte." Da klingt der Visionär auch nach hundert Jahren erstaunlich aktuell. Zwar kann vom „kunstverlassenen Industriebezirk" keine Rede mehr sein, doch an die Stelle großer Unternehmerpersönlichkeiten sind anonyme Konzerne getreten, denen Kunst und Architektur nur zur Repräsentation und Imagebildung gereichen. Was in Hagen aufscheint, ist die Zukunft einer Vergangenheit. So liest sich das Bild *Der Künstler als Lehrer für Handel und Gewerbe* im Hauptbahnhof bei der Abfahrt anders als bei der Ankunft. Weniger als Versprechen denn als Verlust.

Das erneuerte Karl Ernst Osthaus- und das neue
Emil Schumacher Museum

Auf unterschiedlichem Parkett

„Kunstmuseen" steht auf dem Schild, dessen Spitze nach rechts weist. Doch Abbiegen ist gar nicht erlaubt, nur links oder geradeaus besagen daneben zwei Pfeile auf blauem Grund. Auch wenn diese Aufforderung zum Regelverstoß nur noch bis zum Wochenende, wenn auf der Hochstraße in Hagen die Eröffnung des Kunstquartiers gefeiert wird, Bestand haben dürfte, so lässt sie sich doch als ironischer Kommentar verstehen. Denn auch die Stadt am Südrand des Ruhrgebiets hat etwas „Verbotenes" getan. Obwohl sie seit Jahren mit einem Nothaushalt wirtschaftet, hat sie in die „freiwillige Aufgabe" Kultur investiert. Was Verhandlungen und Widerstände lange verzögert haben, ist endlich vollbracht: Heute wird in Hagen das Emil Schumacher Museum eröffnet.

Dafür ist die Stadt doppelt zu beglückwünschen: Hat sie doch deutlich gewonnen und es auch noch verstanden, ohne großen Eigenanteil viel herauszuholen. Nur 6,3 der 25,5 Millionen Euro, die der Neubau des Emil Schumacher- und die Sanierung des benachbarten Karl Ernst Osthaus Museum gekostet haben, kommen aus dem kommunalen Haushalt. Mehr als die Hälfte, nämlich 13,5 Millionen Euro, hat das Land Nordrhein-Westfalen beigesteuert, Regionalverband Ruhr und Landschaftsverband Westfalen-Lippe gaben 0,5 und 0,7 Millionen Euro dazu, und auf 4,2 Millionen Euro beläuft sich der Anteil der Emil Schumacher Stiftung, in die sich große und kleine Sponsoren einbringen. Nur so konnte das Zeichen gegen die Krise gesetzt werden, die dennoch akut bleibt: Das Theater der Stadt, ein Zwei-Sparten-Haus mit Oper und Ballett, droht zum Gastspielbetrieb abgewrackt zu werden, und die baulichen Zeugnisse des Hagener Impulses, mit dem der visionäre Mäzen Karl Ernst Osthaus (1874–1921) den „kunstverlassenen Industriebezirk" zu Beginn des 20. Jahrhunderts umkrempeln wollte, dämmern, zur attraktiven „Kultur-Route" verknüpft, im Dornröschenschlaf.

Das neue Museum bringt zunächst eine städtebauliche Aufwertung. Wo vordem Pkws abgestellt wurden, schafft es mit dem gegenüberliegenden ehemaligen Kreisgericht, einem Bau des Schinkel-Schülers Carl Ferdinand Busse von 1866, und dem rechtwinklig dazwischengesetzten Verwaltungsgebäude einen Platz, auf dem zwei alte Platanen und, so Petrus es zulässt, Außengastronomie zum Verweilen laden. Wege und Winkel, Durchgänge und Höfe fügen sich zu einem urbanen Quartier und geben der geschundenen Innenstadt, woran es ihr mangelt: einen attraktiven, von der Straße abgeschirmten Ort des öffentlichen Lebens.

Der Neubau setzt sich in Spannung zum Altbau. Der Solitär des Mannheimer Büros Lindemann Architekten, das schon im Jahr 2000 den Wettbewerb gewann, schließt an den ausladenden Neorenaissancetempel von Carl Gérard an, den Henry van de Velde innen im Jugendstil ausgestaltet hat. Seine Architektursprache ist dezidiert modern, doch beweist er, in dem er Traufhöhe und Volumina aufnimmt und maßstäblich umsetzt, dennoch Respekt: ein Sichtbetonquader, den eine von schlankem Tragwerk gehaltene Glashülle ummantelt. Das offene Foyer, in dem hohe Rundpfeiler die geschwungene Lichtdecke tragen, verknüpft als Scharnier beide Häuser. Den Abstand zwischen der Glasfront und dem Betonkern besetzt eine Treppe, die zwei übereinanderliegende White Cubes erschließt: Der untere ist vier Meter hoch und künstlich belichtet, der obere fünf Meter hoch und mit einem alles überdeckenden Oberlicht versehen. Tagsüber erlaubt die vorgehängte Fassade Einblicke in das Innenleben und über eine offene, mit Keramik bestückte Ecke auch in die Ausstellung, nachts wird sie zum Prisma einer Lichtinszenierung, die ausstrahlt in die Stadt. So ist die übers Dach gezogene Glashülle, die sich gerade für Museumsbauten schon mehrfach bewährt hat, auch in Hagen angekommen: mit einer Architektur, die sich selbstbewusst in den Dienst der Kunst stellt.

Im Erdgeschoss ist Schumachers Atelier nachgebaut, die Farbe scheint gerade erst trocken, unter der Staffelei parken die Pantoffeln. Reisebilder aus Nordafrika und Mesopotamien, Papierarbeiten, Gouachen, Graphik, Keramik und Porzellan werden im ersten, die Riesenformate Leinwand und Holz im zweiten Obergeschoss gezeigt – Stationen eines Parcours, der Motive verfolgen lässt, die das Werk bis zur Unkenntlichkeit durchziehen, und überraschende Bezüge herstellt. Die Hängung ist etwas dicht, der ganze Schumacher soll es sein: Als expressiver Großmeister des Informel wird er gefeiert, als Maler innerer Landschaften und schockartiger Überfälle, der die Farben, wie er einmal sagte, die Formen an sich reißen und sich von ihnen mitreißen lässt, der sich am Material reibt und im Chaos Halt sucht. Doch wirkt er, wie selbstverständlich der Gegenwart entrückt, als Repräsentant einer abgeschlossenen Kunstepoche: Ein Pionier war Schumacher nicht, nur seine Heimatstadt kann ihm derart huldigen.

Bemerkenswerter, wenn auch weniger auffällig ist, was Lindemann Architekten dem Altbau angetan haben. Stilgerecht restauriert, leuchtet er, mit dem *Knabenbrunnen* von Georges Minne in der Eingangshalle, als Gesamtkunstwerk des Jugendstils. Der erhebende Eingang, der lange zugemauert war, wurde wieder freigelegt, doch wird er künftig nur für festliche Anlässe genutzt. Als hätten sie einen Grauschleier abgelegt, öffnen sich die Räume – hell, warm und wunderbar stimmig. Ins Souterrain ist ein „Junges Museum" gezogen, die Archiv-Installation *Die Architektur der Erinnerung* von Sigrid Sigurdsson besetzt als undurchdringliches Gedächtnis des Hauses dessen Innerstes, ein zweiteiliger Trakt lässt die Juwelen der klassischen Moderne von Heckel, Pechstein, Kirchner, Schmidt-Rottluff, Nolde, Otto Mueller, Dix und Beckmann funkeln und ein ganzer Raum den Lyriker Ernst Meister als Künstler entdecken. Doch zu seinem König ruft das Museum Christian Rohlfs (1849–1938) aus, der von 1901 bis zu seinem Tod überwiegend in Hagen gelebt hat. Die schier überbordende Schau, die es ihm widmet, erstreckt sich über mehrere Galerien und durch den Umbau von Büros und Verkehrsflächen hinzugewonnene Kabinette: „Musik der Farben", so ihr Titel, ist komponiert aus mehr als dreihundert Arbeiten, die den Entwicklungsbogen über ein großes Lebenswerk schlägt, dessen Einflüssen und Auseinandersetzungen sie nachspürt.

Dass die überragende Sammlung des Museum Folkwang, dem ersten Museum für zeitgenössische Kunst überhaupt, 1922 nach dem frühen Tod von Karl Ernst Osthaus an die potentere Nachbarstadt Essen verkauft wurde, traumatisiert Hagen bis heute. Dabei verbinden sich mit dem Namen des Kunstmäzens inzwischen wieder beachtliche Bestände, die neben Emil Schumacher mehr als nur bestehen können. Indem sie die beiden bedeutendsten Künstler der Stadt einander gegenüberstellt und sie mit Ernst Meister ein Hagener Dreigestirn bilden lässt, unternimmt die Eröffnung des Kunstquartiers auch den Versuch, das Trauma zu überwinden. Das Emil Schumacher Museum als neuer Hagener Impuls? Der Vergleich greift, auch wenn er heute bei der offiziellen Eröffnung des Kunstquartiers mehrfach beschworen werden dürfte, zu kurz. Denn die Reformbestrebungen von Osthaus zielten mit der Kunst über die Kunst hinaus, auf eine Umwälzung der Lebenswirklichkeit im Industrierevier.

Die beiden Häuser sind keine gleichwertigen Partner, wie sich schon an den Fußböden ablesen lässt: Im Osthaus Museum wurde Stabparkett verlegt, im Emil Schumacher Museum ein breites, teureres Fugenparkett. Das kommunale Museum besitzt rund eintausend, die privatrechtliche Stiftung knapp hundert Gemälde, 2440 stehen 1050 Quadratmetern Ausstellungsfläche gegenüber, aber die Emil Schumacher Stiftung, der Ulrich Schumacher, der Sohn des Künstlers, vorsteht, verfügt über ganz andere finanzielle Möglichkeiten. Diese Asymmetrie könnte das Verhältnis beider Häuser, die von außen zunehmend als eine Institution wahrgenommen werden dürften, belasten und aus der Balance bringen.

Karl Ernst Osthaus und Emil Schumacher stehen sich, auch wenn das in Hagen so „hingestellt" wird, nicht gegenüber, sondern auf verschiedenen Ebenen: hier die Utopie eines Mäzens, die nur fortgeschrieben werden kann, wenn sie sich offenhält für neue Entwicklungen, dort das abgeschlossene Werk eines großen Künstlers. Zukunftsfähig ist diese Kombination, wenn sie nicht als schiefer Vergleich stehen bleibt, sondern in einem Museum aufgeht, das Schumacher aus der monographischen Engführung befreit und seine Position integriert. Einheitliches Parkett muss dafür nicht verlegt werden.

Baustelle und Schaustelle, Hochofen und Himmelsbaum:
Die Henrichshütte wird Industriemuseum

Schrottplatz mit Aussicht

„Ich hatte das Gefühl, dass da ein Teil von mir stillgelegt werden soll",
erzählt August Kuhnert, „und ich dachte: Jetzt musst du selbst etwas
unternehmen. Da habe ich mich auf meinen Stuhl gestellt und gepfif-
fen". Ziemlich genau dreizehneinhalb Jahre ist das her. Am 19. Februar 1987 hatte die Thyssen AG der Belegschaft der Henrichshütte
in Hattingen mitgeteilt, dass sie die beiden Hochöfen, die 4,2-Meter-
Grobblechstraße, das Elektrostahlwerk und die Stranggießanlage stilllegen wolle. Schon zwischen 1982 und 1986 waren hier 2600 Arbeitsplätze „abgebaut" worden. An diesem „schwarzen Donnerstag" aber
sahen sich gleich 4700 Beschäftigte von Arbeitslosigkeit bedroht.

Der Hochöfner August Kuhnert, damals 52 Jahre alt, war einer – und
schon bald der bekannteste – von ihnen. Das lag an dem Pfiff, der Folgen hatte: „Sofort hatte ich die Presse am Hals und sollte sie bis zum
Dezember nicht mehr loswerden." Denn von nun lief Kuhnert, der sich
bis dahin kaum für Gewerkschaftsarbeit interessiert hatte, bei allen
Aktionen in voller Montur vorneweg. In seiner Wohnung hat er Plakate
und Transparente gemalt, Mahnwachen und Menschenketten organisiert, mit einem Autokorso nach Bonn und auch in die Berger Kirche
nach Düsseldorf ist er gefahren, als Heinz Kriwet, der Vorstandsvorsit-
zende der Thyssen Stahl AG, von der Kanzel herab verkündete: „Auch
ein Christ darf Hattingen stilllegen." Im feuerfesten Anzug war der Hüt-
tenwerker dort erschienen und empört über den „lasterhaften Vortrag".
Kuhnert erzählt das, als wäre es gestern gewesen.

Hattingen war in den Schlagzeilen damals. Die 60 000 Einwohner große Stadt an der Ruhr stand als Symbol für die Krise der Montanindustrie und für den Existenzkampf der Stahlkocher. Auch die Bäcker und Metzger riefen zur Demonstration auf, die Geschäfte schlossen, und die Kirchenglocken läuteten, als sich am 18. März 1987 auf dem Marktplatz 30 000 Menschen zur größten Kundgebung der sechshundertjährigen Stadtgeschichte versammelten. Alle Stahlreviere und Werftstandorte hatten Delegationen geschickt, das Fernsehen brachte Sondersendungen. Es war einer der letzten großen Arbeitskämpfe, die das Ruhrgebiet gesehen hat, nur in Rheinhausen schlug die Protestwelle noch einmal ähnlich hoch.

Heute ist August Kuhnert immer noch oder, um genau zu sein, wieder auf der Henrichshütte. Denn „nach meinem Ausscheiden bin ich zunächst in ein tiefes Loch gefallen", gesteht er, „die Kollegen fehlten mir doch sehr". Wie die meisten von ihnen einen Schlussstrich ziehen, das konnte er nicht. Mehr als dreißig Jahre, vom 7. Mai 1957 bis zum 18. Dezember 1987, dem Tag, als der Hochofen schließlich ausgeblasen wurde, hat er auf der Henrichshütte malocht: erst als Ersatzfahrer an der Bunkeranlage, dann auf der Erzbrücke, von wo er nach ein paar Jahren auf die „Eisenseite" versetzt wurde, Gießer und Kalkmann an der Masselgießmaschine war, Kranfahrer am Schlackesandbunker, Schmelzer und Schlackemann in der Abstichhalle, ehe er die letzten fünfzehn Jahre in der Messwarte verbrachte. „Der Hochofen wurde zu meinem zweiten Zuhause", und das ist er irgendwie immer noch. Denn seit ein paar Jahren führt Kuhnert Besuchergruppen durch das Werk, über das er mehr weiß als jeder andere. So viel, dass er nun sogar zum lebenden Inventar eines Denkmals wird: Heute wird die Henrichshütte mit Blechmusik und Feuertheater als Industriemuseum eröffnet. Es ist der fünfte von acht Standorten, die der Landschaftsverband Westfalen-Lippe (LWL) seit 1979 aufbaut.

Doch ein Museum, das seine Bestände gesichert und erforscht zur Ausstellung bringt, ist in Hattingen nicht zu besichtigen. Auf den ersten Blick nimmt sich das Konglomerat aus Hallen, Bunkern, Rohren und Gleisen wie ein riesiger Schrottplatz aus. Dabei wird schon seit Jahren repariert und entrostet, fünfzehn Millionen Mark, neunzig Prozent davon als Zuschüsse des Landes, sind investiert worden. Die Anlage befindet sich aber nach wie vor im Zustand einer Baustelle, und das wird noch fünf, sechs Jahre so bleiben. Der gläserne Aufzug, der in den Hochofen hinaufheben soll, ist erst halb fertig, doch wer gut bei Puste ist, kommt zu Fuß schon hinauf. Durch die Bunkeranlage wurden Stege und Treppen gelegt, die durch die Lager für Erze, Koks und Kalk führen; die ehemalige Übergabestation, von wo die Erzförderbänder in Richtung Hochofen liefen, ist zu einem Aussichtsturm umfunktioniert, die Stopfmassenfabrik dient als Werkstatt, und in der Probenaufbereitung wird ein Crashkurs über Hüttentechnik gegeben. Wie der Hochofen beschickt wurde, wird im Kokstagebunker vorgeführt, die Frage „Wie funktioniert ein Hochofen?" auf der Windformbühne beantwortet und der Arbeitsplatz Hochofen in der Abstichhalle gezeigt. Feuer und Lärm, Dampf und Gestank aber sind nur noch im Abglanz von Video- und Audioinstallationen zu erfahren. Um den Hochofen wieder anzublasen, müssten dreihundert Arbeiter antreten.

In den Jahren 1939/40 erbaut, steht in Hattingen der älteste noch erhaltene Hochofen des Ruhrgebiets. Seine Ahnenreihe reicht weit zurück: Schon 1854 wurde die Henrichshütte als eines der ersten und traditionsreichsten Großhüttenwerke des Reviers gegründet. In nur wenigen Jahren wuchs die Anlage, die ihr Eisenerz zunächst vor allem aus Spateisenstein und Kohleneisenstein gewann, zu einem riesigen Konzern, wo „unter einem Dach" Koks, Stahl und Eisen produziert, Metalle gegossen, gewalzt, geschmiedet und bearbeitet wurden. Auf dem zweieinhalb Quadratkilometer großen Gelände fanden zeitweise mehr als zehntausend Menschen Arbeit.

Davon ist nur die Hochofenanlage, die gerade mal 50 000 Quadratmeter, also zwei Prozent beansprucht, erhalten; auch landschaftsprägende Bauten wie die Bandbrücke und der Gasometer wurden plattgemacht. Doch auch das Relikt, das seit 1989 unter Denkmalschutz steht, ist nicht mehr komplett, ein Hochofen wurde zerlegt und nach China verschifft, ein Teil der Maschinen abgezogen. Andere wurden für das Museum neu erworben, ein Thomas-Konverter aus Thüringen, eine Großgasmaschine aus Georgsmarienhütte herangeschafft. Ein authentischer Ort ist die Anlage nur bedingt, der Weg des Eisens lässt sich in Duisburg-Meiderich aussagekräftiger erfahren; die konkreten Arbeitssituationen aber, die sich hier fast mit Händen greifen lassen, kann der „biographische Ansatz" der Hattinger Museumsleute anschaulicher vermitteln.

Wer den 55 Meter hohen Hochofen, einen rostigen Riesen, dessen Verfall durch ein eigens entwickeltes Beschichtungssystem angehalten wurde, erklimmt, kann die gewaltigen Ausmaße, die die Henrichshütte einmal hatte, erahnen. Und er kann ein Panorama der Ungleichzeitigkeiten erblicken, das die Geschichte und Zukunft, die Gefahren und Chancen des Ruhrgebiets räumlich auffächert: Ein altes, noch in Funktion befindliches Kraftwerk steht da, von abgerissenen Werkteilen freigestellt, mit monumentaler Ziegelfassade, öde Freiflächen wechseln mit Neuansiedlungen, die beziehungslos und mit einer Architektur, die von containerplump bis halbwegs ambitioniert reicht, in die Gegend geknallt wurden – Aussichten auch darauf, was aus dem neuen Gewerbe- und Landschaftspark Hattingen werden kann. Das 1906 errichtete Ledigenheim der Henrichshütte heißt heute „Hotel Avantgarde", und daneben dämmert das 1993 dichtgemachte Stahlwerk einer ungewissen Zukunft entgegen. Hattingen ist der einzige Standort in Deutschland, wo das Nebeneinander von Hochofen und Stahlwerk erhalten ist, das Verfahren der Unterschutzstellung aber ist noch nicht entschieden.

Die Museumsleute haben drei Routen durch die Bau- und Schaustelle angelegt: den „Weg des Eisens", der durch Erz- und Koksbun-
ker, an Maschinenhalle und Winderhitzer vorbei auf den Hochofen und
wieder hinunter in die Gießhalle läuft; den Rundweg „Die Ratte" für Kinder, der, gestaltet von Wolf Erlbruch, der Geschichte eines imaginären
Nagetiers folgt, und den „Grünen Weg", der die besondere Flora und
Fauna der Industriebrache erkundet. Denn nach der Stilllegung hat die
Natur begonnen, sich das Hüttenwerk zurückzuerobern, hundertfünfzig verschiedene Pflanzen, Flieder und Johanniskraut, wilder Majoran
und stinkender Storchschnabel, aber auch Neophyten wie japanischer
Staudenknöterich oder Motten-Königskerzen wachsen hier. In einer der
Erztaschen hat gar ein Götter- oder Himmelsbaum Wurzeln geschla-
gen, als habe sich China für den abgebauten Hochofen revanchiert.

Noch im Umbau ist die hundertfünfzig Meter lange Gebläsehalle, die
zur einen Hälfte für Dauerausstellungen und zur anderen als Veranstal-
tungsraum genutzt werden soll. Erst in Planung ist die Erweiterung der
Schaugießerei, die schon vor ein paar Jahren eingerichtet wurde, und
der Anschluss an das Gleissystem, das den Hochofen eines Tages mit
dem Industriemuseum Zeche Nachtigall in Witten verbinden soll. Doch
auch ohne solche Attraktionen hat das Museum, so berichtet sein Leiter Robert Laube, im vorigen Jahr schon hunderttausend Besucher
gezählt – noch vor der offiziellen Eröffnung. Mehr als alle wissenschaft-
lichen Mitarbeiter zusammen aber wisse August Kuhnert hier über den
Ort, schon deswegen habe er ihn bekniet, als Museumsführer zurück-
zukommen. „Die meisten meiner Kollegen wollen nichts mehr mit dem
Werk zu tun haben. Ich aber kann das nicht vergessen", sagt der Mann,
der sich jetzt „als Teil eines Denkmals" und dazu berufen fühlt, die
Erinnerung an die Stahlzeit weiterzugeben. Seit zehn Jahren ist er, der
noch bis 1989 in der Schlackenverwertung und im Fallwerk gearbeitet
hat und dann in den Sozialplan ging, nicht mehr auf der Henrichshütte
beschäftigt. Doch wird ihn die Henrichshütte weiter beschäftigen.

Aschenputtels Krone: das Westfälische Museum für Archäologie

Eine viertel Million Jahre auf
gut zweihundert Metern

Herne – das ist, streng geographisch, die Mitte des Ruhrgebiets. Dessen Zentrum aber bildet es nicht, das kann auch keine der größeren Städte – wie Essen, Dortmund, Duisburg oder Bochum – für sich beanspruchen. Ebendieses Manko gibt dem drittgrößten europäischen Ballungsraum seine Struktur und macht es schwer, ihn mit anderen Agglomerationen zu vergleichen. „Die goldene Stadt" wurde Herne nach dem Zweiten Weltkrieg, der seinen Kern unversehrt ließ, genannt, Großstadt aber wurde es nur, weil ihm bei der Gebietsreform 1975 Wanne-Eickel zugeschlagen wurde, das daraufhin zu seinem Kummer als „Herne 2" firmierte. 168 000 Einwohner zählt die Stadt heute, mehr als Darmstadt oder Osnabrück. Im Konzert der Kulturstädte aber ist sie kaum zu vernehmen. Das Emschertal-Museum, untergebracht auf Schloss Strünkede, einer Wasserburg aus der Renaissance, hat nur regionale Bedeutung, es gibt „Tage Alter Musik" und – für die freie Szene – die Flottmann-Hallen. Ein eigenes Theater leistet sich die Kommune nicht, dafür liegen Bochum und Gelsenkirchen gleich um die Ecke. Herne ist die typische Zwischenstadt.

Das aber wird sich nun ändern. Denn seit ein paar Tagen hält Herne eine Institution in seinen Mauern, um die es das ganze Bundesland beneiden kann: das Westfälische Museum für Archäologie. Das war bis Mitte 2001 in Münster zu Hause und dort so gut aufgehoben, dass es die westfälische Hauptstadt lieber nicht hergegeben hätte: Hier war es 1825 als „Museum Vaterländischer Alterthümer" gegründet und 1908

ins neu eröffnete Provinzialmuseum aufgenommen worden, hier hat
es 1930 eigene Räume in der ehemaligen Domschule und 1970 einen
Neubau an der Rothenburg erhalten. Der platzte bereits nach zwanzig
Jahren aus allen Nähten, doch dass das Museum der Universitätsstadt
entzogen werden könnte, wollte dort niemand recht glauben. Die Entscheidung des Landschaftsverbands Westfalen-Lippe (LWL), die 1991
– mit 61 zu 60 Stimmen – denkbar knapp ausfiel, war das Ergebnis
einer gezielten Strukturpolitik für das nördliche Ruhrgebiet: Das neue
Museum ist auch das letzte Projekt der Internationalen Bauausstellung
Emscher Park (IBA), die der geschundenen Industrieregion von 1989
bis 1999 ein umfassendes Erneuerungsprogramm verpasst hat.

Dass Herne gegenüber den Mitbewerbern Münster, Bielefeld und
Dortmund den Vorzug erhielt, nimmt sich ein wenig aus wie das
Märchen von Aschenputtel. Die Kommune konnte dabei nur gewinnen. Denn achtzig Prozent der Baukosten in Höhe von 28,1 Millionen Euro übernahm das Land, zwanzig der das Museum tragende
Landschaftsverband, und so musste sie lediglich das Grundstück zur
Verfügung stellen. Die Grünfläche am Südrand der Innenstadt, zwischen der neogotischen Kreuzkirche von 1875 und dem schandfle-
ckigen Kulturzentrum von 1976, ist eine erste Adresse: Europaplatz 1.
Sechs Jahre dauerte es, bis der Wettbewerb ausgelobt wurde, aus
dem die Essener Architektengemeinschaft von Busse, Klapp, Brüning
als Sieger hervorging. 1999 wurde mit dem Bau begonnen, der hält,
was der Entwurf versprach: Ohne auftrumpfende Geste fügt er sich
in das städtebaulich heterogene Umfeld und deklassiert es zugleich.
Für Herne hat sich die IBA damit erneut als Segen erwiesen: In Bör-
nig hat sie die Zechensiedlung Teutoburgia, eine der schönsten Gar-
tenstädte des Reviers, saniert, in Sodingen die neue Fortbildungs-
akademie des NRW-Innenministeriums auf das Gelände der Zeche
Mont Cenis gesetzt, wo nach den Plänen des Lyoner Büros Jourda
et Perraudin Stadtteilzentrum und Solarkraftwerk zusammenfinden.

Hernes Reichtum lag schon immer unter der Erde, doch der letzte Pütt – „Friedrich der Große" – wurde 1978 geschlossen. Den Architekten des Museums genügt es, acht Meter in die Tiefe zu gehen. Der größte Teil des Komplexes liegt unter dem Straßenniveau, von wo drei pavillonartige Klinkerbauten auftauchen. Der höchste von ihnen, ein turmartiger Kubus, enthält den Eingang, daneben das Café und den Museumsshop, darüber einen doppelgeschossigen Vortragssaal mit zweihundert Plätzen und im dritten Stock, um einen Dachgarten gruppiert, die Räume der Verwaltung. Über eine Stahltreppe geht es ins Tieffoyer und weiter zu den beiden Hallen, die, jeweils vier Geschosswerke hoch, nur mit ihren oberen Hälften aus dem Boden ragen: links – und im rechten Winkel zum Foyer – der Saal für Wechselausstellungen, der, stützenfrei und achthundert Quadratmeter groß, an der Stirnseite um ein Kino ergänzt wird; rechts, parallel zum Foyer, doch durch zwei Innenhöfe getrennt, der 2500 Quadratmeter große, von zwei Säulenreihen gestützte Saal für die Dauerausstellung. Sheddächer, die mit Photovoltaikflächen zur Energiegewinnung bestückt sind, bescheren eine unerwartete Lichtfülle. Das ziegelrote Mauerwerk ist außen durch horizontal geschichtete Profile und innen glatt verfugt, Treppen und Geländer sind aus Stahl, die Einbauten aus Buche. Glas „erleichtert" Ecken und Fassaden: Einfach in Strukturen, Materialien und Fügeprinzipien, verbindet das Gebäude die Kargheit der Industriearchitektur mit der Detailpräzision des Maschinenbaus.

Die Versenkung der Schauräume unter die Grasnarbe, wo sie vom Erdreich umschlossen sind, bietet die Voraussetzung für ein konstantes Klima und eine Inszenierung der Exponate, die Ausgrabungsort und Ausstellungsfläche in eins zu setzen scheint: Der Besucher wird gleichsam selbst zum Archäologen, der eine fiktive Grabungslandschaft und darin die Geschichte der Menschheit durchwandert. Der weitläufige Steg, der dafür angelegt wurde, hat eine Länge von 210 Metern: Das älteste Objekt, ein Faustkeil aus Quarzit, gefunden im Kreis Borken, ist 250 000 Jahre alt. Schon die nächste Station ist „nur" noch 80 000 Jahre entfernt: Knochen und Steinwerkzeuge, die 1847 in der Balver Höhle entdeckt wurden. Aus der Steinzeit ist ein Mahlstein überliefert, der in einem Acker ganz in der Nähe, auf dem Stadtgebiet von Herne, zum Vorschein kam. Etwas jünger ist – mit 6500 bis 5000 Jahren – eine Hirschhornharpune, die 1992 bei Hamm auftauchte.

Das 1959 gefundene Grab eines begüterten Mannes aus Beckum, Kreis Warendorf, wird effektvoll in Szene gesetzt, ein Großsteingrab aus der Jungsteinzeit, das zwischen 1986 und 1993 bei Warburg frei-gelegt wurde, realitätsnah rekonstruiert. Die Bronzezeit ist mit Prunk-schwertern, die, womöglich eine Geste der Versöhnung, bei Hagen begraben wurden, aber auch mit Rasiermessern und Pinzetten, die, gefunden in einer Sandgrube bei Gütersloh, den Toten mitgegeben wurden, und Bernsteinschmuck aus dem Kreis Steinfurt dokumen-tiert. Von den Anfängen der Eisenproduktion im Siegerland, etwa 500 v. Chr., künden Messer und Pflugscharen, von der frühen Salz-herstellung im Kreis Soest Tiegel und Säulen. Die Dauerausstel-lung, von dem Stuttgarter Atelier Brückner unter Berücksichtigung von zehntausend Objekten konzipiert, folgt der Chronologie nicht linear, nimmt Seitenwege und Seitenblicke, lässt durch 63 Fenster in die Nachbarschaft und durch neun Fernrohre in die weite Welt – bis nach Ägypten und Amerika – schauen. Allgemeine Themen werden in Lichtkuben konzentriert: Einer von ihnen, mit Pfeilen und Geschrei ausgestattet, steht für den Krieg, ein anderer ist der Sexualität gewid-met und kredenzt einen gläsernen Dildo, mit dem, erhalten geblieben in der Kloake eines Damenstifts bei Herford, die Äbtissinnen sich die Keuschheit versüßt haben mögen.

Den Abstand zu den Römern, die sich nur kurz nach Westfalen wag-ten, um sich danach, in der Varusschlacht vernichtend geschlagen, auf die linke Rheinseite zurückzuziehen, veranschaulicht eine gestufte

Kulisse, an deren Rand eine Augustusstatue steht. Eine kuriose Entdeckung bieten Keramiktöpfe aus dem 9. Jahrhundert, die in die Mauern der karolingischen Stiftskirche St. Walburga in Meschede eingelassen waren und wohl der Verbesserung der Akustik dienten. Brustharnisch und Beinzeug sind von den Turnieren übrig geblieben, die Adlige um 1420 auf Haus Herbede in Witten austrugen, die Überreste eines Friedhofs in Münsters Stubengasse werden ebenso erfasst wie die einer Glashütte in Gernheim, die von 1812 bis 1877 arbeitete. Bis zum Zweiten Weltkrieg reicht die archäologische Spur: Ein SA-Dolch, der gegen Kriegsende in einem Klosett in Billerbeck versenkt wurde, gehört zu den jüngsten Funden. Noch neuer ist eine Parkuhr, die auch schon Museumsreife erheischt: Aufsatz eines dreieinhalb Meter hohen Profilblocks, der aus dem ehemaligen Parkplatz an der „Welle" in Bielefeld geschnitten wurde und knapp 1100 Jahre Stadthistorie schichtet.

Eine viertel Million Jahre auf 210 Metern. Mit dem Umzug von Münster nach Herne wurde das Museum völlig neu konzipiert sowie wissenschaftlich wie präsentationstechnisch auf den aktuellen Stand gebracht. Aus allen Ecken und Enden Westfalens wurden Objekte zusammengetragen und auch jüngste Funde einbezogen. Aufwendig inszeniert und medientechnisch aufgerüstet, geben die raschen und oft auch raffinierten Wechsel der Objekte und Wirklichkeitsausschnitte, der Formate und Distanzen Ein- und Ausblicke, An- und Absichten, dem Parcours eine Dramaturgie, die das Interesse wachhält und entwickelt: Selten wird mit Ton, Steinen, Scherben und Knochen so konkret und lebendig erzählt.

Es ist gerade sechs Jahre her, dass Herne, dem erst 1897 die Stadtrechte verliehen wurden, hundertsten Geburtstag feierte. Bereits 880 – als Haranni – in den Heberegistern der Werdener Benediktinerabtei erstmals erwähnt, zählte es noch 1847 weniger als tausend Seelen. Mit den Zechenbaronen, die – allen voran Thomas Mulvany – aus Irland, England und Belgien einfielen, ist das schlagartig

anders geworden: Die Industrialisierung hat Herne schnell und ungeordnet wachsen lassen, so stammte um 1900 auf der Zeche „Friedrich der Große" die Belegschaft zu 62,5 Prozent aus dem preußischen
Osten. Dass hier zuerst und vor allem die Arbeit zählt, ist der Stadt
bis heute anzusehen: Auch das mächtige Rathaus (1912) von Wilhelm
Kreis und die Stuckfassaden in der Bahnhofstraße können nicht darüber hinwegtäuschen. Noch immer ist Herne eine graue, unscheinbare
Stadt. Doch jetzt trägt Aschenputtel eine Krone.

*Ein Zaun zieht die Grenze, drüben malocht das
alte Ruhrgebiet, hüben ist es schon in Rente*

„Wir sind wieder hier, in unserm Revier"

Die Halle Marl ist ein Ort des alten Ruhrgebiets. Wer hierher kommt,
um eine Aufführung der Ruhrfestspiele zu besuchen, kann noch sehen,
wie das Revier einmal war. Hinter dem Parkplatz am Ende der (neu
angelegten!) Straße „Am Alten Pütt" erscheint es, von einem grünen
Metallzaun getrennt, im Blickfeld: „Bergwerksgelände – Betreten verboten." Bilder einer Landschaft, wie sie Albert Renger-Patzsch oder
Willy van Heekern photographiert haben. Weit hinter den Bahngleisen,
auf denen Güterwaggons rollen und Kohle abtransportieren, streckt
sich eine schwarze Berghalde in die Breite, deren Oberkante so glatt
erscheint, als wäre sie mit dem Lineal gezogen. Auch am Abend rollen, wie von Geisterhand bewegt, darauf riesige Lkws. Alles andere als
eine, im landläufigen Sinn, schöne Gegend, aber eine, die noch von
schwerer Arbeit und großen Umwälzungen erzählt, die Monumentalität, Pathos, Strenge, Charakter hat. Nur ganz rechts wird aus dem

Schwarz dichtes Grün, die schon früher aufgeschüttete Halde ist von Gräsern und Büschen überwuchert. Das Gelände gehört zur Schachtanlage Auguste Victoria 1/2, die erst im Herbst vergangenen Jahres stillgelegt und inzwischen verfüllt wurde. Etwas weiter nördlich, in den Schächten 3/7 und 8, wird weiter Kohle gefördert.

Der Zaun zieht auch eine Zeitgrenze. Drüben arbeitet das alte Ruhrgebiet, hüben ist es schon in Rente, drüben liegt es in den letzten Zügen, hüben auf der faulen Haut. Die beiden alten Fördertürme stehen, schwarz und filigran, unter Denkmalschutz; die Häuser und Hallen um sie herum, überwiegend mit roten Klinkern ausgefachte Stahlfachwerkbauten vom Anfang des 20. Jahrhunderts, haben ausgedient und wurden neuen Nutzungen zugeführt: So wurde die ehemalige Grubenausbauwerkstatt zu einer Konzert- und Theaterhalle umgerüstet, welche die Ruhrfestspiele als Spielstätte anmietet. Seit drei Jahren heißt sie „Yehudi-Menuhin-Forum" – in Erinnerung an den weltberühmten Geiger, der mit der in Marl ansässigen Philharmonia Hungarica musiziert hat. Auf einem Banner aus Metall prangt der große Name an der Fassade, dem Replikate einer Violine und einer Panflöte silberne Kronen aufsetzen. Vorne am Zaun zeigen die Ruhrfestspiele – und mit ihnen die Sparkasse Vest Recklinghausen – sechsmal Flagge.

An die Schmalseite der Halle wurde ein Zelt mit tonnenförmigem Dach als Foyer angesetzt, um das, in einem weiten Bogen und eingegrenzt von einem weißen Lattenzaun, ein holpriges Rasenstück abgesteckt ist. Zur Premiere von *Anna Karenina* hatte ein BMW-Händler in der vorderen Ecke ein Partyzelt aufgebaut und darin drei Luxuslimousinen geparkt, in deren Lederfauteuils man Probe sitzen und Knöpfchen drücken konnte. Die „Aktion" war zeitlich begrenzt, und so wird das Feld mittlerweile einem metallischen Zierbrunnen überlassen, der, eingefasst von einem zerzausten Blumenbeet, munter seine wasserspeienden Orgelpfeifen sprudeln lässt. Die 24 Sponsoren haben ihre Namenszüge und Logos auf zwei plexigläsernen

Stellwänden am Eingang zum Foyer verewigt, die sich aber nicht als stabil genug erwiesen haben, um sechs Wochen durchzuhalten. Der Malerbetrieb Lambernd tut sich besonders hervor, indem er Wandteiler in verschiedenen Tönungen sowie quadratische Fußbodenmuster aus unterschiedlichen Materialien ausstellt, auf denen vier Partyhocker aus Edelstahl um einen hohen Tisch stehen. In der hinteren Ecke unter dem Zeltdach wird eine Miniaturausgabe des Obelisken präsentiert, der seit 2005 die Halde Hoheward in der Nachbarstadt Herten krönt: Im Maßstab eins zu fünf verspricht der glitzernde Phallus „aus zeitlosem Edelstahl" mit seinem goldenen Fuß und ebensolcher Kugelspitze in jedem privaten Garten eine potente Figur abzugeben. Der Theaterbesucher ist hier, ob er will oder nicht, erst einmal Kunde: Bevor er zu Leo Tolstoi, Arthur Miller oder Luigi Pirandello vorgelassen wird, soll er sich durch ein breites Warenangebot kämpfen.

Auf der anderen Seite des Eingangs beult sich die Rasenfläche zu einem provisorischen Biergarten, den ein runder Thekenanhänger von Veltins zentriert: Billige weiße Plastikstühle stehen um runde Tische, Sonnenschirme der Brauerei spenden Schatten. Eine einzelne Hollywoodschaukel schert, gleichsam als Thron, aus der kleinbürgerlichen Ordnung aus. Das Preisschild hängt – Schnäppchenheimer aufgepasst! – hinten noch dran: „Slöinge-Hollywoodschaukel, Kiefer, Stück 269.90 €". Die mit neoromanischen Fenstern gegliederte Südfassade der Halle ist mit Container-Klos verstellt; und ihr schräg gegenüber wurde, hinter einem hofartigen Platz, ein geräumiges Gastronomie-Zelt aufgeschlagen, in das „Westernkartoffeln mit Dipp" oder „Scampi-Spieße" locken. So gestärkt, lässt sich der Eingang sicher bewältigen, wo ein rostroter Teppich aus Kunststoff die letzten Meter ins Foyer überbrückt. Eingestaubte Plastikpalmen in hohen Plastiktöpfen, unten mit Plastikefeu garniert, flankieren den Weg in die Halle, der, erhellt von klapprigen Kronleuchtern, vom Konsum zur Kunst führt. Denn was immer drinnen folgen wird, der Theaterbesucher darf erst jetzt endlich sicher sein, dass er nach einer Anfahrt, die aussieht wie zu einem Campingplatz, nicht auf einer Kreuzung aus Straßenfest und Baumarkt-Outlet gelandet ist.

Es ist noch keine zehn Jahre her, dass im nördlichen Ruhrgebiet die Internationale Bauausstellung Emscher Park zu Ende ging, eine ehrgeizige und vielteilige „Werkstatt für den Umbau", die den Anspruch hatte, die geschundene Industrieregion zu revitalisieren und, ohne ihre Unverwechselbarkeiten einzuebnen, ein Bewusstsein für ihre „anderen" Schönheiten zu entwickeln. Auch ein Versuch, das Ruhrgebiet zu einer neuen Kenntlichkeit zu entstellen und doch seine Identität zu wahren. Die Festspiele, die es im Namen führen, wissen davon nichts. Während hinter dem Zaun noch die Vergangenheit herrscht, wird sie davor von einer ubiquitären Schäbigkeit erobert. Anderthalb Jahre noch, dann ist das Ruhrgebiet Europäische Kulturhauptstadt 2010. Wie, bitte, soll das aussehen?

Der Wasserbahnhof an der Ruhr:
ein Dampfer, aufs Trockene gesetzt

Ein Potemkinsches Schiff

Wer hier einkehrt, ist auf dem falschen Dampfer. Besonders auf der Terrasse, die einem Sonnendeck gleich an das kleine Hafenbecken grenzt, kann der Besucher des Mülheimer Wasserbahnhofs momentweise der Illusion erliegen, eine Flussfahrt zu unternehmen. Doch nur die Schiffe der Weißen Flotte bewegen sich, der „Steamer" sitzt auf der Schleuseninsel fest und wäre für die Ruhr auch viel zu mächtig: Seit Kurzem gibt er einem Gebäude die Form, das es in Mülheim, einer Stadt ohne große Kunst- und Architekturtradition, zum Wahrzeichen gebracht hat. Seit Jahrzehnten schon ist es eines ihrer wenigen Ansichtskartenmotive.

„Wasserbahnhof" – das Paradox dieses Namens geht ins Jahr 1927 und auf den florierenden Ausflugsverkehr auf der Ruhr zurück, die hier, gesäumt von Auen und Grünanlagen, alle Klischees vom Kohlenpott aufs heiterste Lügen straft. Statt an dieser Stelle, auf halber Strecke zwischen Kettwig und Raffelberg, die schon seit 1780 vorhandene Schleuse zu nutzen, wurden die Fahrgäste aufgefordert, umzusteigen und den Niveauunterschied zwischen Kanal und alter Ruhr zu Fuß zu überwinden: Treppenanlagen, ein unterirdischer Gang, zwei „Bahnsteige", Fahrkartenschalter, Aufenthaltsräume und auch eine kleine Gastronomie wurden errichtet. Doch deren 25 Plätze waren dem Ansturm schon nach wenigen Monaten nicht mehr gewachsen: 1929 wurde das anderthalbgeschossige rechteckige Gebäude zum zwei- und 1933 gar zum dreistöckigen Halbrundbau erweitert, der dreihundert Besuchern Platz bot. Seitdem trägt er auch sein pyramidales Kupferdach. Ein dritter Umbau folgte in den fünfziger Jahren. Dass sich seine Substanz als überaus marode herausstellte, eröffnete auch die Chance, den Wasserbahnhof, der 1984 als Teil eines Ensembles technischer Zweckbauten (zu dem auch die Schleuse, eine Turbinenhalle und ein Bootshaus gehören) in die Denkmalliste eingetragen wurde, von Grund auf zu erneuern und umzugestalten. Ein halbrunder gläserner Vorbau, der in das zentral gelegene Treppenhaus führt und die Arbeitsabläufe der Gastronomie neu ordnet, wurde an der Frontseite angefügt, vor allem aber der Schiffscharakter deutlicher herausgearbeitet: Die Assoziation wird von Sonnendecks, einer kommandobrückenähnlichen Empore, Bullaugen, Reling, Bordbeleuchtung, Dachaufbauten sowie einer Farbgebung mobilisiert, die mit Weiß, Türkis und Hellblau auskommt.

Der Dampfer, in der Baukunst der zwanziger Jahre eine wichtige Kollektivmetapher der Avantgarde, aber in seiner symbolischen Bedeutung inzwischen verbraucht, wird von dem jungen Mülheimer Architekten Peter Schnatmann, dem die Restauration der Restauration anvertraut wurde, ohne jede Spekulation auf vergangene Ansprüche, gleichsam untertreibend, aufs Trockene gesetzt: Sein realer Bezugspunkt ist und bleibt der kleine Ausflugsdampfer, der gleich vor der Haustür liegt. Keine große Architektur, aber eine mit Augenmaß und Spielwitz, auch wenn dieser nicht in jedem Detail – etwa des Mobiliars – steckt: ein Potemkinsches Schiff.

Theater an der Ruhr: Solbad wird Spielhaus

Metamorphose für Mimen

Aus Zechengeländen werden Wohn- und Gewerbeparks, ein Gasometer wird zur Ausstellungshalle, ein Stahlwerk zum Kultur- und Freizeitzentrum – der Strukturwandel im Ruhrgebiet setzt sich auch aus vielen, großen und kleinen Umbauten zusammen, die Relikte der Schwerindustrie neuen Nutzungen zuführen. Es finden mitunter kuriose Funktionswechsel statt: Aus einem Kesselhaus ist ein Design-Zentrum, aus Klärbecken ist eine Tauchsportanlage geworden. Auch die Transformation, die heute ihrer Bestimmung übergeben wird, ist denkbar ausgefallen: Aus dem ehemaligen Solbad Raffelberg in Mülheim-Speldorf ist ein Schauspielhaus geworden. Nach fast siebzehn Jahren erhält das Theater an der Ruhr, das 1981 gegründet wurde, endlich ein festes Domizil.

Wo einst ärmerer Leute Kinder Rachitis und Tuberkulose auskurierten, wo ein Kuppelsaal zum Tanz und ein Wandelgang zum Prome-

221

nieren luden, hat die Muse Thalia, nachdem sie hier schon von 1981 bis 1994 provisorisch gehaust hatte, Quartier bezogen. Die großen Zeiten des dreigeschossigen, sachlich gestrafften und symmetrisch gegliederten Jugendstilbaus, die nie ganz große waren, liegen weit zurück: Nach einem Entwurf des Mülheimer Stadtbaumeisters Karl Helbing waren Kinderheilanstalt und Kurhaus 1909 errichtet worden, drei Jahre später war der Kursaal dazugekommen. Doch schon in den dreißiger Jahren geriet das Projekt in wirtschaftliche Schwierigkeiten. Den Krieg überstand es nicht unbeschadet. Mehrere Gebäudeteile standen lange leer und verfielen, dennoch wurde das Solbad erst 1992 ganz aufgegeben. Die idyllische Lage auf der Hangkante über den Auen der Ruhr aber war ihm nicht zu nehmen: Eingefasst von einem Park, überlebte es, auch wenn inzwischen umzingelt von Straßen und Autobahnen, als grüne Oase an der Stadtgrenze zu Duisburg.

Ein gläsernes Tortenstück, das dem Kursaal als abgeschnittener Segmentbogen vorne angesetzt wurde, ist neu hinzugekommen. Über den Vorplatz und die neue Eingangssituation, die so entstanden sind, wird der frühere Speisesaal als Foyer erschlossen. An seinen Säulen wurden unter mehreren Farbschichten goldverzierte Ornamente entdeckt und freigelegt. Der Theatersaal, der technisch aufgerüstet und um eine Seitenbühne ergänzt wurde, verfügt über eine variable Bestuhlung mit 199 Plätzen. Das Kernstück des zweieinhalbjährigen, denkmalgerechten Umbaus, für den das Mülheimer Architekturbüro Peter Schnatmann mit Münker und Wüsthoff Architekten eine Arbeitsgemeinschaft eingegangen ist, aber bildet die Neuordnung der Raumstrukturen: Helle Büros und Werkstätten wurden geschaffen und an einem Funktionsgang so aneinandergereiht, dass sie auf die Arbeitsprozesse des Theaters abgestimmt sind.

Fast ein richtiges Stadttheater. Für den Regisseur Roberto Ciulli und sein Ensemble, die ausgezogen sind, ihm Alternativen aufzuzeigen, dürfte das Anerkennung und Ansporn zugleich sein. Aber auch schon ein Theater für die Stadt? In Mülheim, das achtzig Prozent der Baukosten in Höhe von 18,3 Millionen Mark aus Subventionen des Landes Nordrhein-Westfalen bestreiten konnte, fühlt sich die Truppe bis heute nicht recht aufgenommen. Das „offene Haus", als das sich das Theater im Raffelbergpark das ganze Wochenende über präsentiert, enthält auch den Willen und die Vorstellung, das endlich ändern zu können.

In der Galerie im Schloss ist der Sammler der Star

Mit dem Fahrstuhl an den Nil

Der Außenanstrich ist roter als früher. Aus dem zarten Rosa hat die Sanierung ein Rostbraun gemacht. Das entspricht dem historischen Original, die Denkmalpflege hat darauf bestanden. Aber es lässt sich auch als Kompensation deuten, denn die Werke, für die das Ludwig Institut für Kunst der DDR 1983 in Schloss Oberhausen gegründet wurde, sind bis auf ein einziges – Bernhard Heisigs *Christus fährt mit uns* – zur Wiedereröffnung des erst 1997 in „Ludwig Galerie" umbenannten Hauses wieder abgezogen oder ins Depot verbannt worden. Ein Grund zu erröten? Es wäre nicht der einzige.

Was hier in knapp anderthalb Jahren für 10,7 Millionen Mark durchgeführt wurde, ergibt mehr als ein Facelift. Der barocken Anlage wurde eine umfassende Sanierung zuteil, die auf die neue Museumskonzeption abgestimmt ist und über eine bloße Erhaltungsmaßnahme hinausgeht. Schließlich ist das Schloss, das zu Beginn des 19. Jahrhunderts von dem Münsteraner Baumeister August Reinking als Residenz für den Grafen Maximilian von und zu Westerholt-Gysenberg errichtet wurde, weithin Schloss-Imitat: Im Zweiten Weltkrieg zerstört, wurde es 1958/59, dank einer Spende der benachbarten Gutehoffnungshütte, zwar rekonstruiert, doch von der Verkehrsplanung auch beschädigt. Seine nach Osten gerichtete Straßenansicht ist durch die Böschung der einfallenden Holland-Autobahn entstellt. Weniger rigide beschneiden Rhein-Herne-Kanal im Norden und Emscher im Süden die insulare Lage.

Nach Westen aber öffnet sich das Schloss zum Kaisergarten, einem beliebten Naherholungsgebiet der Stadt und einer der schönsten Parkanlagen des Reviers, und im Niederrhein-Stadion gleich dahinter probt Rot-Weiß Oberhausen den Aufstieg in die Zweite Liga. Doch der Fußball spielt hier, anders als in Gelsenkirchen oder Dortmund, nicht den Vorreiter. In Sachen Strukturwandel hat Oberhausen das amerikanische Wachstumstempo seiner Gründerzeit wiederaufgenommen: Negative wie positive Begleiterscheinungen, ein Rathaus ohne Ämter wie das brachial-banale, zur „Neuen Mitte" ausgerufene Einkaufs-Eldorado CentrO. zeigen es an.

Obwohl außerhalb der Innenstadt gelegen, war es das auf dem Boden des mittelalterlichen Herrensitzes „Overhusa" erbaute Schloss, das der „verspäteten" Großstadt, zu der sich 1929 Alt-Oberhausen, Sterkrade und Osterfeld vereinten, den Namen und so etwas wie eine kulturelle Mitte gab. Im Ruhrgebiet finden sich nicht viele Orte, an denen die Epochen so anschaulich und schroff aufeinanderstoßen. Das feudale Schloss, der zum Ausstellungsort umgerüstete Gasometer und der Konsumtempel CentrO., der mit einer trivial-eklektischen Disneyland-Architektur auftrumpft, paradieren als „Wahrzeichen" des vor-, hoch- und postindustriellen Zeitalters.

Dass das Museum knapp anderthalb Jahre nach der Einweihung des CentrO. wiedereröffnet wurde, gibt auch Aufschluss über Prioritäten. Die Sanierung erstreckt sich ebenso auf das „kleine Schloss", wie die dahinter liegende Vorburg genannt wird, sowie die beiden, in den Verbindungsbögen verbreiterten Seitengebäude, die den großen Innenhof flankieren: Im nördlichen sind das Standesamt und ein Restaurant, im südlichen die Gedenkhalle, in der zeitgeschichtliche Ausstellungen stattfinden, die Museumspädagogik und die Verwaltung untergebracht. Im kleinen Schloss wurde eine „Galerie für populäre Kunst" eingerichtet, in der zum Auftakt die Schau *... als Mickey Mouse nach Deutschland kam* Station macht. Die transparente Fassade öffnet sich zum Kaisergarten, dessen Natur sie förmlich hereinholt. Der Innenhof wurde in seinen ursprünglichen Zustand versetzt und mit chinesischem Granit bepflastert: Bäume und Treppen wurden entfernt, und wo der Springbrunnen stand, strahlt nun ein achtzackiger Stern in alle Himmelsrichtungen.

Herzstück der Sanierung aber ist der gläserne Anbau, der so an die Rückseite des in seinem Mitteltrakt dreigeschossigen Schlosses gesetzt wurde, dass er sich zwischen die zweigeschossigen Seitenflügel schiebt. Zwölf Meter hoch, achteinhalb Meter tief und siebzehneinhalb Meter breit, steht er wie ein überdimensionaler Windfang vor dem historischen Gebäude, dem er zu einer großzügigen Erschließung verhilft und als Verteiler dient: Ein Panoramaaufzug und die Treppenanlage bringen die Besucher auf verschiedene Ebenen. Darüber hinaus fungiert der Glaskasten als Austauschkörper, der überhaupt erst ein museumsgerechtes Raumklima gewährleistet. Ein System gleichmäßiger Belüftung und Kühlung wurde entwickelt, das über das Grundwasser reguliert wird.

Die „Vitrine" dient dem historischen Baukörper, aber sie dient sich ihm nicht an. Die Glas-Stahl-Konstruktion der Düsseldorfer Architekten Eller + Eller besteht, auch indem sie die Höhe der Seitenflügel überragt, auf Autonomie. Alte und neue Architektur geraten in Spannung und verfremden sich gegenseitig: Mit dem Tageslicht wechselt der Durchblick auf die frühklassizistische Fassade, zumal die vorgesetzten Scheiben auch das gegenüberliegende kleine Schloss spiegeln. Gleichwohl stellt sich die Frage der Verhältnismäßigkeit: Das alte Treppenhaus ist das größere Schmuckstück, und als Versammlungsort ist die „Vitrine", wie die Eröffnung zeigte, kaum geeignet.

Obwohl das sicher nicht in der Intention der Architekten lag, lässt sich der Glaskasten auch als Symbol für das Museum nehmen, wie es mit der Sanierung neu konzipiert wurde: Ist es doch ein Haus, das ohne nennenswerte eigene Bestände auskommen muss und auf einer Fläche von 1830 Quadratmetern, eben wie eine Vitrine, in Kooperation mit der Stiftung Ludwig bespielt wird. Die DDR-Kunst, die der Galerie einmal Substanz und Profil geben sollte, taugt dafür nicht mehr. Die besten der einst 650 Werke hat Ludwig nach der Wende, die das Haus aus seinem Auftrag entließ, nach St. Petersburg und Peking weitergereicht. Was blieb, hat mehr Masse als Klasse.

Aus dieser Bestandsnot wollen der Galerieleiter Bernhard Mensch und sein Kurator Peter Pachnicke eine konzeptionelle Tugend machen. Ihr „Museum auf Zeit" soll thematische Ausstellungen zeigen, für die diverse Ludwig-Sammlungen, aber auch andere Häuser „Meisterwerke ganz unterschiedlicher Kulturen" ausleihen. Als Vorbild wird die Nürnberger Ausstellung *LudwigsLust* genannt, mit der das Germanische Nationalmuseum 1993 erstmals den Versuch unternahm, einen Querschnitt durch das Universum der rheinischen Mäzene von der Antike und Altamerika bis in die Gegenwart zu ziehen. In Oberhausen wird dieses Verfahren zum Prinzip erklärt: „Berührungen der Kulturen" heißt die Reihe, die schon vor dem Umbau mit *Versuche zu trauern* begonnen wurde und nun mit *Götter, Helden und Idole* fortgesetzt wird.

Mit dem Fahrstuhl an den Nil der Nofretete oder in achtzig Minuten um die Kunstwelt – was wird nicht alles in dieses Passepartout gestopft: „High" und „Low", Nahes und Fernes, Fremdes und Vertrautes kommen darin unter. Viele bedeutende Werke sind, keine

Frage, dabei, nicht nur Picassos Minotaurus-Zyklus und Malewitschs Suprematismus leuchten. Die Ludwig-Stiftung hat sich nicht lumpen und hochkarätige Stücke aus vielen Städten, zumal aus den Kölner Museen, anliefern lassen; aber auch Häuser, die unter eigener Flagge segeln, sind beteiligt und steuern etwa ein Drittel der 152 Katalognummern bei. Der Aufbau ist großzügig, die Räume werden attraktiv erschlossen, die Dramaturgie der in sieben Kapitel und einen Epilog gegliederten Präsentation aber ist denkbar problematisch.

Denn die Ausstellung frönt einem Synkretismus, der auf kunsthistorische Kriterien pfeift: Das Kapitel „Götterbilder" etwa bittet die Kendenicher Madonna (um 1275) und Andy Warhols *Marilyn Monroe* (1967), eine mittelalterliche russische Gottesmutter und ein Photo von Greta Garbo (1928) zum Rendezvous. Als „Krieger und Heroen" treten ein Venusgott der Maya und ein japanischer Glaubenskämpfer (1665), ein Plakat zu Fritz Langs Film *Die Nibelungen* (1924) und der *Heilige Georg* aus der Werkstatt des Niklaus Weckmann (um 1510) gemeinsam an. „Göttinnen und Heilige" lässt Yves Kleins *Venus blue* (1962) mit einem antiken Aphroditetorso, „Stille Helden" eine weibliche Figur aus Thailand (um 700) mit Mark Rothkos *Earth and Green* (1955) korrespondieren. Im „Pantheon" stecken römische und romanische, Buddha- und Maya-Köpfe zusammen, „Starke Frauen" geben Roy Lichtensteins *Blondine* (1968) und die brünette *Maria mit dem Granatapfel* (um 1340) als zweieiige Zwillinge aus, „Heldengeschichten" werden mit Picassos Stierkampf-Radierungen ebenso wie mit einem lärmenden Zusammenschnitt aus klassischen Kultfilmen erzählt, und im „Epilog" tritt eine Uli-Statue aus Papua-Neuguinea vor A.R. Pencks *Großes Weltbild* (1965).

Derart kreuz und quer verwiesen und aus ihren Koordinaten gelöst, werden die Werke Vergleichen ausgesetzt, die ihre ästhetische und historische Eigenheit zugunsten vager Gemeinsamkeiten zurücktreten lassen. So tappt die Ausstellung in die Globalisierungsfalle: Aus

Weltkunst wird Allerweltskunst. Die Frage, was die Stücke verbindet, verliert sich im Spekulativen und lässt am Ende nur eine Antwort zu: Der Sammler Peter Ludwig. Wie weit ausgreifend, wie enthusiastisch und unersättlich er Kunst aus vielen Kulturen gehortet hat, wird eindrucksvoll demonstriert und zur zentralen Botschaft der Ausstellung. Ihr Star ist der Sammler: Er steht noch über den „Göttern, Helden und Idolen".

Den Ruhm des Sammlers zu mehren, aber kann nur Begleiterscheinung, nicht Inhalt einer sinnvollen Museumsarbeit sein. Die ganze Problematik der Konstruktion „Museum auf Zeit" aber pointiert diese Premiere an anderer Stelle: Als „Vitrine" ist die Ludwig Galerie nur eine Außenstelle im Netzwerk der Aachener Stiftung, und da muss sie es sich schon gefallen lassen, dass zentrale Werke nur im Katalog stehen, weil sie – wie etwa Picassos *Frau mit Artischocke*, die gerade in Japan gastiert – anderswo mehr Renommee einfahren. Das Ruhrgebiet als zweite Wahl abzutun und ihm Glanz zu borgen, ist ein alter Topos, der niemanden mehr erröten lässt. Eher könnte zu viel gönnerhafte Geringschätzung den Kunstort Oberhausen im Dreieck zwischen Folkwang in Essen, Lehmbruck in Duisburg und Josef Albers in Bottrop erblassen lassen.

Was nicht ins Image von Industrie-Wildwest passt

Komm in den totgesagten Park und schau

So hat sich diese Stadt noch nie gesehen: So grün, so stolz, so aufge-schlossen. Sie muss nur in die Spiegel schauen, die, geschliffen und perspektivenreich aufeinander bezogen, in ihrem Museum aufgehängt sind. Die Ludwig Galerie Schloss Oberhausen zeigt eine Ausstellung mit Photographien, die sich zu einem neuen, überraschenden Bild der Industriestadt fügen. Der Grauschleier, der seit dem Verlöschen der Schlote von Kohle und Stahl mehr als Klischeewolke denn als dicke Luft auf ihr liegt, wird weggezogen und erkennbar, was vergessen, verdunkelt, verschüttet war: die „Park-Stadt Oberhausen".

Angelegt wurde das historische Zentrum in der zweiten Hälfte der zwanziger Jahre, als nach der Ruhrbesetzung ein Innovations-schub die erst 1862 gegründete Stadt erfasste. Im Nachhinein wurde Oberhausen eine Mitte gegeben, die das ungestüme, von Stadtpla-nung wenig gebändigte Wuchern der Industrie hier, im „Wilden Wes-ten" des Reviers, offen gelassen hatte. „Das in Zeiten überstürzten Wachstums Versäumte ist planmäßig und zielbewusst nachzuholen. Gerade das verhältnismäßig noch reichlich vorhandene Freiland kann dazu dienen, einen gesunden Stadtkörper zu gestalten, seinem Orga-nismus die markigen Verkehrsadern, die kraftvollen Lungen – ein Netz ausstrahlender Grünflächen – zu schaffen. Und schön gestaltet muss dieser Körper werden, aus Ungefügem, Ungelenkem muss rhythmi-sches Ebenmaß entstehen", forderte der Technische Beigeordnete Eduard Jüngerich 1925 im Sinne eines Strukturwandels: „Viel bleibt noch zu tun für Oberhausens städtebauliche Vollendung."

Die zeitgemäßen, von der englischen Gartenstadt und dem Werk-
bund gespeisten Utopien sind in Oberhausen nicht Papier geblieben. In der Mitte der Stadt wurde eine einzigartige Parklandschaft
angelegt, die sich zwischen zwei architektonischen Wahrzeichen
des Backsteinexpressionismus ausbreitet: Vom erst 1999 umfas-
send restaurierten Hauptbahnhof (1934) steigt sie, leicht terrassiert,
bis zum Rathaus (1930) auf dem ehemaligen Galgenberg an, das
einem Ozeanriesen ähnlich aus dem grünen Meer der wogenden
Bäume ragt. Bereits 1910 hatte der Architekt Friedrich Pützer aus
Darmstadt, wo er am Bau der Mathildenhöhe mitwirkte, den Wettbewerb dafür gewonnen, doch wurde erst 1927 mit der Ausführung
des mehrfach überarbeiteten Entwurfs begonnen. Geleitet hat sie
sein Schüler Ludwig Freitag, der in Oberhausen im Hochbauamt tätig
war und bald darauf Stadtbaumeister wurde: Durch großformatige
Kuben unterschiedlicher Höhe und Breite gegliedert, bildet das statt-
liche Gebäude die Krone der Stadt, wobei das Natursteinmaßwerk
und der asymmetrisch angeordnete Uhrenturm die Vertikale unter-
streichen, während Fenster- und Schmuckbänder aus Muschelkalk,
Ornamente und reliefartig heraustretende Backsteinflächen die Horizontale betonen. Steil fällt die Stirnfassade an der Längsfront mit den
vertikalen Fenstern des Rathaussaales ab: Bekenntnis zur Moderne
und Ausdruck der Dynamik der jungen Stadt. Die beziehungsrei-
che Einheit von Gebäuden und Grünflächen, Architektur und Alleen,
Plätzen und Parks dämmerte jahrzehntelang im Dornröschenschlaf.
Wild wachsende Pflanzen hatten die kunstvolle Komposition überwuchert, die erst die originalgetreue, 2003 abgeschlossene Herrichtung
des Grilloparks wieder zum Vorschein brachte: Das Dickicht wurde
gelichtet, Hecken wurden beschnitten, Bäume aufgeastet, Rand-
steine gerichtet und so Regelmäßigkeiten wieder sichtbar, die ein
nachlässiger Umgang mit der historischen Substanz aus den Augen
verloren hatte.

Die Aufnahmen, die der Gothaer Photograph Thomas Wolf in anderthalbjährigen Recherchen vor Ort zusammengetragen hat, wecken die Aufmerksamkeit für die verblassten Zusammenhänge und machen sie wieder erlebbar. Seine technisch exzellenten und strukturbewussten Aufnahmen bündeln sich zu der Anregung, das historische Gefühl für die Stadt zu reanimieren: Gebäude der kommunalen Infrastruktur wie Hauptbahnhof, Amtsgericht, Polizeipräsidium, Sparkasse, Gesundheits- und Arbeitsamt, Schulen, die Kirche St. Michael und das St. Josef Hospital, die Kaufhäuser Tietz, Mensing und Zentral oder das Hotel Ruhrland werden als Solitäre herausgestellt. Doch geht die Dokumentation über den zeitlichen und innerstädtischen Fokus hinaus und berücksichtigt auch Villen und Wohnhäuser des Historismus, des Jugendstils und des Bauhauses sowie die architektonischen Gütezeichen der Schwerindustrie wie das Hauptlagerhaus der Gutehoffnungshütte von Peter Behrens, das Werksgasthaus von Carl Weigle oder die Gartenkolonie Grafenbusch von Bruno Möhring. Frappierender noch sind die Bilder, die den Überblick und das Detail suchen: Luftaufnahmen, die die Alleestraßen in ihren Strahlen und Vernetzungen verfolgen lassen, sowie Nahansichten, die Fassaden, Fensterbänder, Türen, Gänge, Arkaden, Treppenhäuser und -geländer, Backsteinmuster, Wand- und Deckenornamente, Schriften, Rosetten und Heizungsgitter erfassen und ein Gespür für Materialien, Farben, Proportionen und kunsthandwerklichen Reichtum vermitteln. Wie nebenbei addieren sich die hundert Photographien zu einem eindrucksvollen Vorwurf: An den gestalterischen Standard, den die öffentliche Hand als Bauherr damals selbst in einer traditionsarmen Stadt wie Oberhausen aufrechterhielt, kommt sie heute, in keineswegs schlechteren Zeiten, auch in wohlhabenden Kommunen nur noch selten heran.

Denn zur Großstadt ist Oberhausen erst am 1. August 1929 durch das rheinisch-westfälische Umgemeindungsgesetz geworden, als

Alt-Oberhausen mit Sterkrade und Osterfeld zusammengelegt wurde. Die neue „Dreierstadt", die damals 193 000 Einwohner zählte, blieb ohne gemeinsames urbanes Zentrum, ihre geographische Mitte hielt die Schwerindustrie besetzt: Die Gutehoffnungshütte war ihr stählernes Herz, eine der größten Hochofenanlagen des Kontinents, die noch 1960 zehn Prozent der bundesdeutschen Roheisenproduktion erzeugte. 1986 stillgelegt und 1992 demontiert, ist wenig mehr als der – ebenfalls 1929 errichtete – Gasometer von ihr stehen geblieben. Heute gilt der mit 117 Metern Höhe größte Scheibengasbehälter Europas, der knapp vor dem Abriss bewahrt und 1994 zum Ausstellungsraum und zur Aussichtsplattform umgenutzt wurde, als das Wahrzeichen der Stadt.

So ist die von Peter Pachnicke konzipierte Ausstellung nicht nur eine späte Würdigung des weitsichtigen Stadtbaumeisters Ludwig Freitag (1888 bis 1973), sondern auch ein Geschenk zum fünfundsiebzigjährigen Stadtjubiläum. Erinnert sie doch an baukulturelle Maßstäbe, die weithin verkümmert sind und sich nicht so ohne Weiteres, wie das hier versucht wird, in die Gegenwart verlängern lassen: Die Absicht etwa, die Passagen des banalen Einkaufsdoms CentrO. mit ihren gläsernen Dächern in die Tradition der Gewächshausarchitektur zu stellen, erscheint ähnlich vermessen wie die suggerierte Kontinuität von der historischen Park-Stadt zu dem hypertrophen Projekt „O.Vision" auf dem benachbarten Gelände des ehemaligen Stahlwerks, wo ein aufgeständerter Baukörper in Amöbenform zur spektakulären Mitte eines „Gesundheitsparks" werden soll.

Welch radikalen Wandel die Krise von Kohle und Stahl, die hier 40 000 Arbeitsplätze kostete, der Stadt aufgezwungen hat, erhellt schlaglichtartig das Vorher-Nachher, das das Industriepanorama der Hüttenwerke Oberhausen AG von 1951 mit der „Neuen Mitte" des CentrO. von 1996 kontrastiert. Die Präsentation verschenkt dieses Gegenüber, und der Lokalpatriotismus, der in den Kommentaren von

Roland Günter immer wieder durchschimmert, blendet mitunter den historisch-kritischen Blick: „Und wie kam man auf die Idee, den Kern einer Stadt – Bahnhof, Rathaus, Gericht, Schulen und Arbeitsamt – als Park zu konstruieren? Das wagte nicht einmal der Großherzog von Baden, als er Karlsruhe gründete. Er legte sein Schloss als Verbindung zwischen Park und Stadt an." Abgesehen davon, dass es der Markgraf von Baden-Durlach war, der – noch im Geiste des Absolutismus – die Planstadt Karlsruhe mit ihrem fächerförmigen Grundriss bauen ließ, verfängt sich dieser Vergleich, schon weil es damals (1715) noch keine Eisenbahn gab, in der Unverbindlichkeit des Phänomenologischen.

Um die Aktualität der wiederentdeckten „Park-Stadt" herauszustellen, hätten gerade in einer krisengeschüttelten Stadt wie Oberhausen, die einen Schrumpfungsprozess durchläuft und heute 219 000 Einwohner hat, Fragen der Lebensqualität und Infrastruktur eine eingehendere Betrachtung verdient. Entsteht Urbanität doch weniger durch Solitäre und Grünanlagen als durch Verdichtung, zu der auch Gebrauchsarchitektur gehört. Eine von Parkhäusern eingefasste Mall wie das CentrO. aber kann ein Zentrum nicht ersetzen und wirkt auszehrend auf die alte Innenstadt, wo die umgeleitete Kaufkraft den Mittelstand schwächt und Leerstände verursacht. Indem sie diese Aspekte unterbelichtet lässt, verwischt die Ausstellung in ihrem Ausblick die Grenze zum schönfärberischen Stadtmarketing.

In ihrem Grundimpuls aber leistet die Schau etwas Ungewöhnliches, gibt sie der Reflexion über die Stadt doch ihr historisch anspruchsvolles Fundament zurück. Gerade für eine „verspätete Stadt" (Heinz Reif) wie Oberhausen kommt das einer Offenbarung nahe. Denn jeder Besucher kann hier nicht ohne Staunen etwas Seltenes erfahren: Dass er die Stadt nach dieser Ausstellung mit anderen Augen sieht als vorher.

„Und alles, watte siehst, ist Oberhausen"

Dose in XXXL

Andere Städte haben Kathedralen, Schlösser oder Torgebäude als Wahrzeichen. Oberhausen hat den Gasometer. Der erhebt sich, 117 Meter hoch und mit einem Durchmesser von 68 Metern, seit 1929 am Rhein-Herne-Kanal, eine Dose in XXXL, die als größter Scheibengasbehälter Europas errichtet und 1988 ausgemustert wurde. Zum Wahrzeichen aber wurde der Riese aus Stahl erst in seinem zweiten Leben, nachdem Karl Ganser, der Direktor der Internationalen Bauausstellung Emscher Park, ihn Anfang der neunziger Jahre in letzter Minute – die Abrissbagger standen schon bereit – erhalten und, mit geringfügigen Eingriffen und Ergänzungen, für sechzehn Millionen Mark zum Veranstaltungsort umrüsten ließ: Die Gasdruckscheibe, die auf vier Metern fixiert wurde, nahm eine Manege mit Tribüne auf, ein Außen- und ein Panoramafahrstuhl wurden installiert und eine Aussichtsplattform aufs Dach gesetzt: „Andere Städte haben auch einen Zoo, / Aber so wie bei uns issat nirgendwo. / Lieber auffem Gasometer im Sturmesbrausen / Und alles, watte siehst, is Oberhausen", schwärmen die Missfits, Gerburg Jahnke und Stephanie Überall, hemmungslos lokalpatriotisch, denn bei klarem Wetter lässt sich von hier oben aus erkennen, ob die Kokerei in Duisburg-Huckingen oder die Arena Auf Schalke mehr Dampf ablässt. Gleich der Auftakt mit *Feuer und Flamme*, der zweihundert Jahre Ruhrgebiet überblickte, brach 1994/95 mit fast einer halben Million Besuchern alle Rekorde, und auch spätere Installationen wie 1999 *The Wall* von Christo und Jeanne-Claude erneuerten das grandiose Raumerlebnis. Gerade noch als Altlast der Montanwirtschaft geschmäht, avancierte die Landmarke zum Symbol des Strukturwandels: Kein Gigant der großen Industrie hat eine rasantere und radikalere Konversion vollzogen. Doch die Unterhaltskosten sind beträchtlich, und die kleine Betreibergesellschaft ist als Tochter der verschuldeten Stadt gehalten, ohne institutionelle Zuschüsse auszukommen. So stellt jede Ausstellung die Überlebensfrage. Dass in diesem Sommer erstmals keine geplant ist, muss – „Kreativpause" hin oder her – auch als Indiz für die unsichere Zukunft des Industriedenkmals gelesen werden. Die Signale eines Ideenworkshops in der letzten Woche bestätigen das: Der Gasometer soll, so die Empfehlung, eine künstlerische Intendanz erhalten und die Bespielung kontinuierlich entwickelt werden. So könnte die Dose zur Konserve werden und die kulturpolitische Chance, die in ihr steckt, dem Ruhrgebiet Unverwechselbarkeit und Ausstrahlung sichern.

Die Brückenskulptur Slinky springs to fame
von Tobias Rehberger

Leicht zu sein bedarf es wenig

Das Ruhrgebiet ist das größtmögliche Gegenteil von Venedig, doch hat es mehr Brücken: 9432 wurden im Jahr 2005 gezählt. Erst wurden sie aus Holz errichtet, dann aus Ziegeln, später aus Stein, Eisen und Eisenbeton, heute aus Stahl und Stahlbeton. Straßen-, Eisenbahn-, Rohrbrücken, Energietrassen und Viadukte: Um Güter, Kohle, Erz, Gas, Öl, Strom, Maschinen und auch Menschen zu befördern, alles, was für den Kreislauf der Produktion gebraucht wurde. Wirtschafts- und Transportwege, die den Erfordernissen der Industrie folgten und durch die von ihr zerrissene Landschaft funktionale Verbindungen legten. Wie es gerade sein musste, ohne Rücksicht auf Natur und Topographie.

Besonders auffällig aber sind die meisten Brücken hier nicht. Es sei denn vom Dach des Gasometers in Oberhausen, 117 Meter über der Emscher und dem Rhein-Herne-Kanal, zwischen denen, schmal wie eine Stricknadel, die Emscher-Insel verläuft, bis sich weiter westlich die Wasserwege spreizen: Von oben eine Spielzeuglandschaft mit einer Brücke nach der anderen, für Autos, Strom und Gas, für S-Bahn, Güter- und Schnellzüge. Eine aber sieht anders, wie ein echtes Spielzeug aus: ein Spannband, zweieinhalb Meter breit und umwickelt von 496 Spiralen, die, und daraus bezieht es seine Dynamik, abwechselnd links und rechts, oben und unten aus der Mittelachse verschoben sind. Mit einer S-förmigen Rampe auf der einen und einer U-förmigen auf der anderen Seite, schwingt sich die Skulptur über den Kanal auf eine Durchfahrtshöhe von, so schreibt es das Wasser- und Schifffahrtsamt vor, zehn Metern. Eine lebendige Schlange zwischen toten, zurechtgeschnittenen Ästen, nicht grau oder schwarz, sondern bunt schillernd. Eine Verführerin.

„Slinky springs to fame" nennt der Künstler Tobias Rehberger seine Fußgängerbrücke über den Rhein-Herne-Kanal, die den Kaisergarten, einen 1903 angelegten Bürgerpark hinter dem Schloss Oberhausen, und die Emscher-Insel mit Stadion Niederrhein, Schwimmbad und Sportplätzen verbindet. Nach dem amerikanischen Spielzeug „Slinky", das, 1945 von dem Mechaniker Richard James erfunden, im Jahr darauf mit „springs to fame" beworben wurde: Wenn man es anstößt, bewegt es sich wie von selbst treppab. Dieses Prinzip aufnehmend, ist die Brücke mit einer ondulierten Spirale von fünf Metern Durchmesser aus Aluminiumhohlprofil umwickelt, die ausgerollt eine Länge von 7,8 Kilometern hätte.

Brücken sind die Königsdisziplin der Ingenieurbaukunst, Rehberger aber ist ein Grenzgänger zwischen Bildhauerei, Design und

Architektur. Das Tragwerk seines Entwurfs hat das Stuttgarter Inge-
nieurbüro Schlaich Bergermann und Partner als dreifeldrige Spann-
bandbrücke entwickelt und technisch umgesetzt. Auf ein Minimum
reduziert, ist es ein Wunder der Leichtigkeit: Zwei Blechbänder aus
hochfestem Stahl sind über zum Kanal geneigte Stützen geführt, die
resultierende Zugkraft wird über äußere vertikale Zugstäbe in kräftige
Widerlager abgetragen. Aufgeschraubte Betonfertigteile, an denen
Spirale und Brückengeländer befestigt sind, dienen als Lauffläche.

Das Spannband ist 106 Meter lang, 62 Meter hängen frei über dem
Kanal. Insgesamt aber bringt es die Brücke auf 406 Meter, denn für
die Rampe auf der Emscher-Insel kommen 130, für die am Kaisergarten 170 Meter dazu. Wer sie von hier aus begeht, muss – bei einer
konstanten Steigung von sechs Prozent – erst eine weite Kurve nach
rechts, dann eine scharfe nach links nehmen, danach geht es gerade
über den Kanal und in einer Schleife wieder hinunter. In der Mitte, wo
sie leicht durchhängt, lässt die Brücke am stärksten ihre kalkulierte
Schwingungsanfälligkeit spüren, die durch den wattigen, tartanbahn-
ähnlichen Belag, der sie in sechzehn Farbtönen rhythmisiert, abge-
federt wird. Ihre ästhetische Umweg-Rentabilität enthält die Einladung zur Entschleunigung, ja, ein Angebot zum Müßiggang, der die
Äste touchiert und in Baumkronen blicken lässt. Der Fußgänger wird
durch einen Springreifen geführt, das aber gleich so oft, dass er gar
nichts mehr dabei findet. Und wird nachts, wenn der Handlauf einsei-
tig leuchtet und die Unterseiten der Spiralen wie eine Stahlbramme
zu glühen scheinen, zum Darsteller in einem Lichtspieltheater. Das
Kunststück als Selbstverständlichkeit.

Sechs Monate nach ihrem Finale hat die Kulturhauptstadt Ruhr
2010 noch ein Feuer entzündet, dessen Brennkraft ihre eigene weit
überdauern dürfte. Fünf Millionen Euro, doppelt so viel wie zunächst
veranschlagt, hat die Brückenskulptur gekostet, achtzig Prozent
davon sind Fördermittel der EU und des Landes Nordrhein-West-

falen. Doch nicht die hoch verschuldete Kommune, sondern die Emschergenossenschaft ist die Bauherrin, die das Jahrhundertprojekt der Renaturierung des zum Abwasserkanal verrohrten Flusses mit Kunstorten akzentuiert. Der Umstand, nicht den geradlinigen und schnellsten Weg zu nehmen, wird auch zur Übung, sich der Dominanz der Zweckdienlichkeit zu entziehen. Das 406 Meter lange Erlebnis, den Boden unter den Füßen zu verlieren, belohnt dafür.

Auf dem grünen Gewerkschaftshügel

Das entbunkerte Festpielhaus

Es gibt keinen Theaterbau der Nachkriegszeit, der in seiner verfehlten Monumentalität so fatale Erinnerungen hervorruft wie das Ruhrfestspielhaus in Recklinghausen. Auf den grünen Gewerkschaftshügel geklotzt, sollte der mit grauer Basaltlava verkleidete Bau den kulturbeflissenen Kumpel wohl schon vor Betreten des hehren Kunsttempels in eine dankbare Demutshaltung ducken. Als der von zwei örtlichen Architekten entworfene Betonbunker 1965 eröffnet wurde, ging die große Zeit der Ruhrfestspiele bereits langsam zur Neige, und der 1947 zwischen Hamburger Theaterleuten und Recklinghäuser Bergleuten begründete Mythos „Kunst für Kohle – Kohle für Kunst" verlor an Glühkraft. Die Arbeiterfestspiele gerieten, auch weil sich ihr Zielpublikum differenzierte und auflöste, unter Legitimationsdruck, verschiedene Reformversuche blieben in Ansätzen stecken und wichen einem muffigen Anachronismus, aus dem erst Hansgünther Heyme, der 1990 die Leitung übernahm, sie herausführte, indem er ideologischen Ballast abwarf und die Ruhrfestspiele in den internationalen Festivalzirkus einklinkte. Die einschüchternde Architektur aber lastete weiter wie eine unlöschbare Hypothek auf dem Unternehmen, bis vor zwei Jahren ein erweiternder Umbau auf den Weg gebracht wurde, der inzwischen so weit abgeschlossen ist, dass das erneuerte Festspielhaus am 4. Dezember wiedereröffnet wird: Einen Kubus aus Glas und Stahl, der viel Licht und Luft hereinlässt, haben die Stuttgarter Architekten Auer, Weber und Partner in den vordem offenen Eingangsbereich gesetzt und ihn so nach vorne verlängert, dass ein über die Geschosse offenes Foyer mit Treppen und Galerien entstanden ist. Ein zweiter Saal mit siebenhundert Plätzen, acht Tagungsräume, eine Studiobühne und ein Restaurant wurden eingerichtet, und selbst die beiden Wandgemälde von Hans Werdehausen konnten nach bundesweiten Protesten, wenn auch nicht an ihrem angestammten Platz, gerettet werden. Doch soll das Haus künftig nicht der Kunst vorbehalten bleiben, sondern – und allein unter dieser Bedingung hat das Land achtzig Prozent der Umbaukosten in Höhe von 41,5 Millionen Mark übernommen – auch einträgliche Kongresse beherbergen. Das erscheint nur konsequent in einem Bundesland, in dem Kultur neben Arbeit und Sozialem, Stadtentwicklung und Sport als fünftes Rad am Wagen ressortiert. Die Stadt hat denn auch eine eigene Betreibergesellschaft gegründet, die eine Marketingstrategie entwickeln soll und sich dafür bereits einen überaus apart geschriebenen Namen zugelegt hat: Als „Vestische Cultur- und Congresszentrum GmbH" meint sie genügend Tradition zu suggerieren, um die gewachsene Identität gleich mit entsorgen zu können. Denn das Ruhrfestspielhaus soll künftig „Festspiel Congress Zentrum" heißen, womit das längst legendäre Bündnis von Kunst und Kohle auch nominell der landesväterlich verordneten Mesalliance von Kultur und Kommerz geopfert wäre. Dabei bietet sich ein Kompromiss an, der der künftigen Rolle der Kunst an diesem Ort eher gerecht werden dürfte: Restspielhaus.

Das Schiffshebewerk Henrichenburg: Eine Ikone
der Ingenieurskunst wird hundert Jahre alt

Die Rückkehr des Oberwassers

Gerade mal fünfzig Minuten hatte sich der Kaiser Zeit genommen,
als er am 11. August 1899 das Schiffshebewerk Henrichenburg in
Waltrop einweihte. Der Salondampfer „Strewe" fuhr in dessen Trog
hinein, während sich an den Kanalböschungen, wie zeitgenössische Aufnahmen dokumentieren, die Untertanen versammelt und
in mehreren Reihen Aufstellung genommen hatten: Aus sechshundert Sängerkehlen erscholl ein brausendes „Hurra", das sich gegen
das Geräusch der Spinden durchsetzte. Dabei war es noch früh am
Morgen, genau zwischen 7.20 Uhr und 8.10 Uhr, doch Wilhelm II.,
der mit großem Gefolge reiste, hatte es eilig. Am späteren Vormittag
hat er in Dortmund den Hafen eröffnet und das Montankonglome-
rat Union besichtigt, am Nachmittag seinen Freund Alfred Krupp in
Essen besucht.

Majestät traf Majestät an jenem Sommermorgen vor hundert Jahren. Denn das Schiffshebewerk Henrichenburg ist das größte, teu-
erste und imposanteste der insgesamt 484 Bauwerke am Dortmund-
Ems-Kanal, der die Anbindung des östlichen Ruhrgebiets an den
Seehafen Emden vollzog und am gleichen Tag feierlich in Betrieb
genommen wurde. Seine Baukosten beliefen sich auf achtzig Millionen Reichsmark, zweieinhalb davon entfielen auf das Schiffshebewerk; vierzig bis sechzig Mark verdiente damals ein Kanalarbeiter
im Monat. Dass hier ein Schwimmerhebewerk und nicht etwa eine
Schleusentreppe errichtet wurde, stellte eine technische Neuheit dar.

Innerhalb weniger Minuten konnten Schiffe mit bis zu achthundert Tonnen Ladefähigkeit gehoben und gesenkt werden, und das war genau das doppelte der Leistung, die die senkrechten und auf der Grundlage hydraulischer Prinzipien arbeitenden Presskolbenhebewerke aus der zweiten Hälfte des 19. Jahrhunderts in England, Frankreich und Belgien schafften.

Mit seinen vier markanten, im Formenkanon der Neorenaissance stehenden hellen Sandsteintürmen, die mit einer Eisenbrücke zu einem repräsentativen Ober- und einem nicht ganz so repräsentativen Unterhaupt verbunden sind, spiegelt das Meisterwerk der Ingenieurskunst staatliches Selbstverständnis. Die Hochbauverwaltung, so formulierte es ihr Direktor, der preußische Staatsbeamte Karl Hinckeldeyn in Anwesenheit des Kaisers, bemühe sich, insofern ideale Werte zu schaffen, „als sie auf Urkunden in Stein mitschreibt an der Kulturgeschichte der Zeit, der Nachwelt Kunde gibt von den Baugedanken unserer Tage und ihrem Ausdruck in konstruktiver und architektonischer Beziehung. In sichtbaren, allgemein verständlichen Zeichen spricht sie zum ganzen Volke von der Fürsorge der Staatsregierung."

Auf den beiden Schauseiten des Schiffshebewerks prangen denn auch weithin sichtbare Wappen. Während den Torleitstand des Oberhaupts der Preußische Adler mit den Insignien Krone, Zepter und Reichsapfel ziert, stehen die beiden ineinander verschlungenen Buchstaben „F" und „R" für „Fridericus Rex". Indessen ist auf der Südseite des Oberhaupts das Wappen von Westfalen, auf seiner Nordseite das von Hannover in Stein gehauen – jenen beiden Provinzen, die der Kanal durchzieht. Auf dem Torleitstand des Unterhaupts erinnert ein Koggenbug an die Hanse als eine Zeit der wirtschaftlichen Blüte, während das zinnenbekrönte Frauengesicht, das den Bug wie eine Galionsfigur ziert, sich als Fortuna zu erkennen gibt.

Vierzehn Meter Höhenunterschied haben die Schiffe in Henrichenburg zu überwinden. Genau 132 Stufen muss der Besucher hinaufsteigen, um die Stützkonstruktion aus Stahlfachwerk zu erreichen, von der aus er in das Herz des Hebewerks blicken kann. Dessen Funktionsweise, die anhand mehrerer Modelle dargestellt wird, vermag Eckhard Schinkel vom Westfälischen Industriemuseum in Dortmund besonders prägnant zu erläutern: „In fünf Schwimmschächte sind fünf Schwimmer eingelassen, die aus eisernen Hohlkörpern bestehen. Sie erzeugen eine Auftriebskraft von 3100 Tonnen. Auf ihnen ruht der wassergefüllte Trog, in den das Schiff einfährt. Er erzeugt einen Gegendruck nach unten von 3100 Tonnen. Wenn man nun dem Trog mehr Wasser zuführt, verschiebt sich das Gleichgewicht und der Trog samt Schiff senkt sich. Wird etwas Wasser abgelassen, hebt sich der Trog samt Schiff." Dieser einfache Balance-Akt erfolgt, so Herbert Niewerth, der die Außenstelle Altes Schiffshebewerk leitet, fast ohne Wasserverlust und mithin sehr viel ökonomischer und ökologischer als eine Schleuse.

Die Länge des Trogs beträgt 68 Meter, die damaligen Maßkähne waren 67 Meter lang und 8,20 Meter breit, ein halber Meter Luft auf jeder Seite reichte aus. Um auch größere Schiffe passieren lassen zu können, wurde schon 1914 in unmittelbarer Nachbarschaft eine Schachtschleuse dem Verkehr übergeben, die, achtzig Meter lang und 9,20 Meter breit, bis 1989, als sie von einer neuen Schleuse ersetzt wurde, in Betrieb blieb. Ein neues Hebewerk wurde dagegen erst 1962 gebaut. 1969 stillgelegt, verfiel das alte zur Industrieruine: Die betriebstechnischen Einrichtungen wurden demontiert und verschrottet, der Rest wurde geplündert. Die Abrisskosten waren, mit 400 000 Mark, schon kalkuliert, als die Stahlfachwerkkonstruktion und die Betriebsgebäude 1979 als technisches Denkmal unter Schutz gestellt wurden. Schiffshebewerk und Maschinenhaus mussten aufwendig restauriert werden, erst 1992 konnten sie als einer von acht Stützpunkten des Westfälischen Industriemuseums eröffnet werden.

Schon vor anderthalb Jahren wurde der Hafen ausgebaut und, nachdem er 1970 trockengelegt worden war, erneut geflutet. Das vierhundert Meter lange Oberwassser ist zurückgekehrt und zu einer Ausstellungsfläche des „Verkehrssystems Binnenschifffahrt" geworden: Schiffsanleger, historische Schiffe, schwimmende Arbeitsgeräte, eine Helling von 1906, alte Kräne, das restaurierte Durchlassbauwerk mit Klapptor von 1914 und eine Hubbrücke von 1897, Lande- und Wasserbaustellen lassen eine kanaltypische Szenerie entstehen, wie sie vom Anfang bis in die Mitte des 20. Jahrhunderts anzutreffen war. Begleitet von einem historischen Schiffskorso, wie es hier schon zum hundertsten Geburtstag am 11. August unterwegs war, wird am heutigen Samstag in Henrichenburg mit dem Oberwasser auch offiziell das „Jahr der Industriekultur 2000" eröffnet, das das Land Nordrhein-Westfalen als deutschen Beitrag zu der Denkmalschutzkampagne „Europa – ein gemeinsames Erbe" ausruft. Als Ehrengast und mithin in der Kaiserrolle wird Kulturminister Michael Naumann in Waltrop erwartet: Ob er sich mehr als fünfzig Minuten Zeit nimmt?

Eine symbolische Grundsteinlegung im Musiktheater im Revier

Der Rauch verbindet die Städte nicht mehr

„Wozu hier Essen, da Duisburg, Hamborn, Oberhausen, Mülheim, Bottrop, Elberfeld, Barmen? Wozu so viele Namen, so viele Bürgermeister, so viele Magistratsleute für eine einzige Stadt? Zum Überfluss läuft noch in der Mitte eine Landesgrenze. Die Bewohner bilden sich ein, rechts Westfalen, links Rheinländer zu sein. Was aber sind sie?" So schreibt Joseph Roth 1926 in einer Reportage für die *Frank-*

243

furter Zeitung, in der er auch gleich das Wuppertal mit seiner Textil- und Metallindustrie dem neuen, noch keine hundert Jahre alten Ballungsraum zuschlägt, der ihm wie eine einzige große Stadt vorkommt und doch in viele mittlere und kleine zerfällt. Sein „Wozu?" wurde seitdem immer mal wieder gestellt, und am Donnerstagabend hat es – auch nicht zum ersten Mal – eine Antwort bekommen. Formuliert wurde sie im Musiktheater im Revier in Gelsenkirchen, und ihr Wortlaut fiel alles andere als bescheiden aus: „Wir gründen Deutschlands größte Stadt."

Das ist erst einmal nur ein symbolischer Akt, doch dahinter stehen nicht nur die anwesenden fünfhundert Teilnehmer, sondern potenziell fünf Millionen Menschen, die sich, so die Bürgerschaftliche Initiative pro Ruhr, „nicht länger übersehen lassen" wollen. Denn „das Ruhrgebiet", so ihre Forderung, „muss eine Einheit werden, demokratisch regiert". Politisches Gewicht gewann die Veranstaltung vor allem dadurch, dass der zweite Mann des Staates die beste Rede hielt: Norbert Lammert, Bundestagspräsident und Bochumer Bürger und damit zugleich einer Stadt, die „größer ist als Berlin, unsere Hauptstadt", „größer als Hamburg, München und Köln zusammen". Das Thema treibt den Chef der CDU Ruhr „seit zwanzig Jahren" um: „eine Vision, die der Konkretisierung bedarf."

Wie sie zu bewerkstelligen ist, aber bleibt auch nach dieser „Grundsteinlegung" die Frage. Was Politiker, Professoren und Prominente, Sportler und Schauspieler in ihren Statements erklärten, ergab eine Mischung aus Image- und Standortwerbung, Forderungskatalog und Wunschzettel: „Vitale Wirtschaft, exzellente Forschung, neue Arbeitsplätze" wurden angeführt, die Aufwertung des Standorts Ruhr und der „Schluss der Fremdherrschaft" angemahnt. Denn seit jeher wird das Ruhrgebiet von außen verwaltet, dreigeteilt in die Regierungsbezirke Düsseldorf, Münster und Arnsberg, die mit den Stadtgrenzen von Essen, Gelsenkirchen und Bochum aneinanderstoßen:

ziemlich genau in seiner Mitte. Dagegen steht eine wachsende Zahl von Bürgern, die sich nicht länger als Hörder oder Heisinger, Herner oder Hattinger, sondern als Bürger des Ruhrgebiets verstehen.

Dagegen steht auch der Regionalverband Ruhr (RVR), dem 53 Städte und Gemeinden zwischen Xanten im Nordwesten und Fröndenberg im Südosten angehören. Seine Befugnisse aber sind bescheiden, ist er doch nur für Wirtschafts- und Tourismusförderung, den Emscher Landschaftspark und die Route der Industriekultur zuständig. Ab Herbst 2009 soll er wieder die staatliche Regionalplanung übernehmen, die seinem Vorgänger, dem Kommunalverband Ruhr (KVR), 1975 abgenommen wurde. Von dem einstigen, 1920 gegründeten Siedlungsverband Ruhrkohlenbezirk (SVR) aber ist er nur ein Schatten, eine administrative Klammer bietet er den Kommunen nicht. So konkurrieren sie im Einzelhandel immer noch um die größere Shoppingmall, und das Nahverkehrssystem funktioniert nur in Teilbereichen. Ein direkt gewähltes Ruhrparlament gibt es ebenso wenig wie eine eigene Finanzhoheit.

Der Wunsch einer gemeinsamen Verwaltungseinheit Ruhr ist alt. Zechenbarone äußerten ihn schon Ende des 19. Jahrhunderts, weil es ihnen, wenn es Streiks gab, zu lange dauerte, bis die Polizei von Arnsberg aus in Marsch gesetzt wurde. In den zwanziger Jahren setzten weitblickende Köpfe wie der Hagener Mäzen Karl Ernst Osthaus mit Gedanken eines Zweckverbands oder der Essener Stadtbaurat Robert Schmidt mit seinen schon 1912 veröffentlichten Ideen zur „Aufstellung eines Generalsiedlungsplans" die Metropole auf die politische Tagesordnung. Erstmals tauchte der Begriff „Ruhrstadt" auf, doch kommunale Rivalitäten – vor allem die zwischen Essen und Dortmund – erwiesen sich als stärker. Die Nationalsozialisten wollten den „Gau Ruhr" und sprachen vom „Ruhrvolk".

Schon in den fünfziger Jahren beschäftigte sich der Düsseldorfer Landtag mit einem Regierungsbezirk Ruhr – eine Neuordnung, die

Johannes Rau in seinen zwanzig Jahren als Ministerpräsident auf die lange Bank schob. Die Regierung Rüttgers ist angetreten, aus den fünf Regierungsbezirken und zwei Landschaftsverbänden drei Regionen zu formen – Rheinland, Ruhr, Westfalen. Doch die Aussichten, dafür eine politische Mehrheit zu erhalten, schätzen selbst Vertreter der Initiative pro Ruhr als gering ein. „Wir müssen den Politikern Feuer unterm Hintern machen", gibt sich der Bochumer Historiker Klaus Tenfelde, der das Projekt seit Jahren wissenschaftlich stützt und begleitet, kämpferisch.

Dass das Thema gerade jetzt, im Vorfeld der Europäischen Kulturhauptstadt Ruhr 2010, die sich die Metropole auf die Fahnen geschrieben hat, hochkommt, ist kein Zufall. Denn „der Rauch verbindet Städte" – so noch die Überschrift von Joseph Roth 1926 – schon lange nicht mehr, die Kohle ist nach Norden weitergewandert und die letzten Zechen werden bis 2018 dichtgemacht. Doch die Orte, Siedlungen, Verkehrswege und Strukturen, die ihre Förderung nach sich gezogen hat, prägen das Ruhrgebiet weiter, eine Städtelandschaft mit Ortskernen und Siedlungsrändern, Gewerbeparks und großen Grünzügen, Industrie-, Brach- und Restflächen, von Verkehrstrassen vielfach zerschnitten: Ein amorphes Gebilde, das neue Koordinaten, Zusammenführung und Ordnung sucht.

Die flächenfressende Industrie ist weggebrochen und hat sich zurückgezogen: „verbotene Städte" damals und doch oft Mitte, um die sich alles andere, Markt, Kirche, Rathaus, Wohnen, Freizeit bildete. So sind Freiräume entstanden, die neue Attraktivität ausstrahlen und zu Kristallisationspunkten einer – womöglich insularen und ephemeren – Urbanität werden, die – abseits der glatten, ökonomisch durchrationalisierten Fußgängerzonen und Einkaufszentren mit ihrer Kontrolle – Arbeits- und Möglichkeitsräume öffnen können, für Existenzgründer ebenso wie für Künstler. In dieser Hinsicht birgt das Ruhrgebiet ein riesiges Potenzial zum gesellschaftlichen Wandel.

Diesen Prozess zu befördern kann ebenso wenig Aufgabe einer einzelnen Stadt sein wie der Ausbau eines Nahverkehrssystems mit schnellen Takten und abgestimmten Anschlüssen oder das Herausbilden eines Images von globaler Ausstrahlung. In einem Kulturhauptstadtjahr ist das nicht zu leisten, und wie die Bürger daran beteiligt werden, blieb in Gelsenkirchen weitgehend offen. Die politische Strategie dafür wird, das zumindest wurde angetippt, herausarbeiten müssen, welchen Gewinn eine polyzentrische Großstadt Ruhr für das ganze Land bedeutet. Dann könnte sich ändern, was Joseph Roth bereits im kritischen Blick hatte: „Jede Stadt hat ihr Theater, ihre Andenken, ihr Museum, ihre Geschichte. Aber nichts von diesen Dingen hat erhaltende Resonanz. Denn die Dinge, die historischen (sogenannten ‚kulturellen‘), leben vom Echo, das sie nährt."

Institutionenregister

Register

Personenregister

• Der Rauch verbindet die Städte nicht
mehr. Eine symbolische Grundsteinlegung im Musiktheater im Revier,
7.11.2008

Der Beitrag „Die industrielle Kulturlandschaft Zollverein" ist zuerst erschienen in: *Unser Weltkulturerbe – Kunst
in Deutschland unter dem Schutz der
UNESCO*, DuMont Verlag, Köln 2003.

Abbildungsverzeichnis

Cover: A 42, Emscherschnellweg,
Duisburg-Nord 1999
S. 8/9: Duisburg-Rheinhausen 1988
S. 10/11: An der Hafenpromenade,
Duisburg-Ruhrort 1995
S. 12/13: Duisburg 1995
S. 16/17: Skulptur *Rheinorange* an
der Mündung Ruhr – Rhein, Duisburg-
Ruhrort 1995
S. 46/47: Stahlarbeiter, Duisburg-
Rheinhausen 1988
S. 48–51: Zeche Zollverein, Essen 1974
S. 82–89: Landschaftspark Duisburg-
Nord 1999
S. 114–117: Zeche Zollverein, Essen 1974
S. 118–121: Stahlarbeiter, Duisburg 1988
S. 160/161: Borussia Dortmund 1995
S. 164/165, 168: Duisburg 1995
S. 202–205: Stahlarbeiter, Duisburg-
Rheinhausen 1988
S. 216/217: Zeche Zollverein, Essen 1974
S. 248/249: Landschaftspark Duisburg-
Nord 1999
S. 250/251: Rhein bei Duisburg 1995
S. 252/253: A 42, Emscherschnellweg,
Duisburg-Nord 1999

Impressum

© 2012 Andreas Rossmann und Verlag
der Buchhandlung Walther König, Köln
Photographien © 2012 Barbara Klemm

Korrektur: Julia Frohnhoff
Gestaltung: Selitsch Weig, Düsseldorf
Lithographie: Farbanalyse, Köln
Druck und Bindung: fgb freiburger
graphische betriebe, Freiburg

Erschienen im
Verlag der Buchhandlung Walther
König, Köln
Ehrenstr. 4, 50672 Köln
Tel. +49 (0) 221 / 20 59 6-53
Fax +49 (0) 221 / 20 59 6-60
verlag@buchhandlung-walther-koenig.de

Bibliographische Information der
Deutschen Nationalbibliothek
Die Deutsche Nationalbibliothek
verzeichnet diese Publikation in der
Deutschen Nationalbibliographie;
detaillierte bibliographische Daten sind
über http://dnb.d-nb.de abrufbar.

Printed in Germany

ISBN 978-3-86335-179-3